새로 쓴 교육학의 이해

이승원 송선희 공저

신정

머리말

교육에 대한 세간의 높은 관심만큼이나 그동안 교육에 대한 체계적 이해를 돕기 위하여 많은 교육학 개론서들이 출간되었다. 다양한 기존의 개론서들은 교육학을 공부하거나 교직을 이수하는 학생들에게는 물론 일반인들에게도 교육에 관한 폭넓고 균형적인 시각을 제시해 주는 데 크게 기여해 왔다.

이러한 상황에서 새로운 교육학 개설서를 소개한다는 것은 감히 두려운 결정일 수밖에 없었다. 특히 내세울 만한 연구경력이나 업적이 없는 처지이고 보니 더욱 주저할 수밖에 없었음은 당연한 것이었다. 그럼에도 부족한 저자들이 교육학 개론서를 저술하게 된 것은 다음의 두 가지 이유 때문이었다.

가장 큰 이유는 저자들의 강의의 편의성을 도모하고자 하는 것이었다. 기존의 훌륭한 개론서들 모두 강의를 위한 좋은 길잡이임에는 틀림이 없으나, 저자들과 그 관점이나 강조점들이 반드시 일치하는 것은 아니었다. 그래서 능력의 한계에도 불구하고 평소의 강의안을 중심으로 교재를 엮는 것이 좀 더 효율적인 강의를 위해 필요하다는 판단을 하게 되었다.

그리고 최근의 학문 경향을 반영하면서 독자들에게 쉽게 접근할 수 있는 소개서가 필요하다고 느꼈기 때문이다. 물론 내용의 충실성을 기하면서도 쉽게 이해할 수 있는 저서를 집필한다는 것은 학문적인 성숙과 깊이가 동반되어야 하기 때문에 뜻대로 되었는지 의구심을 가질 수밖에 없다.

본서의 체제는 총 11장으로 구성되어 있다. 1장은 교육의 개념과 본질을 중점으로 교육에 관한 기본적인 원리를 이해하도록 하였으며, 2장부터 10장까지는 교육학의 하위 영역이라고 볼 수 있는 교육의 역사적 · 철학적 · 심리적 · 사회적 기초, 교육과정, 교육방법, 교육평가, 생활지도와 상담, 교육행정 등을 다루었다. 그리고 11장은 교직의 이해를 통해 교직자의 바람직한 자세와 방향에 대해 고찰하였다. 가장 평이하면서도 개론서의 역할에 부합되는 체제로 구성하고자 하였다. 이 중 교육의 개념과 본질, 교육의 역사적 · 철학적 · 사회적 기초, 교육행정, 교직의 이해 부분은 이승원 교수가, 그리고 교육의 심리적 기초, 교육과정, 교육방법, 교육평가, 생활지도와 상담 부분은 송선희 교수가 담당하였다.

참고로 이 교재는 모든 부분을 새로 쓴 것은 아니고, 기존의 교육학 개론서 중의 내용을 보완하거나 수정하면서 내용의 균형을 잡고자 하였다.

저자들의 의도에도 불구하고 막상 원고를 정리하여 세상에 출간하고자 하니 미흡한 점들이 하나 둘이 아니어서 두렵고 떨린다. 여러 가지 부족한 점들에 대해서는 은사님, 선배, 동료와 독자 여러분들의 꾸지람과 질책을 토대로 계속적으로 보완해 갈 생각이다.

이 부족한 것도 많은 분들의 도움이 있어서 가능하였다. 이 저서가 발간되기 까지 힘이 되어주신 많은 분들과 사랑하는 가족들에게 깊은 감사를 드린다. 끝으로 본서가 출판되기까지 늘 관심을 가져 주시고 수고해 주신 도서출판 신정 최용구 사장님과 편집부 직원 여러분께 감사드린다.

2015년 2월

봄볕이 따사로운 태조산 자락 연구실에서

차 례

Chapter 02 교육의 역사적 기초

Chapter 03 교육의 철학적 기초

01 Chapter

교육의 본질

1. 교육의 개념
2. 교육의 형태: 가정교육, 학교교육, 평생교육
3. 교육과 교육적 행위
4. 교육의 기반
5. 교육가능성
6. 교육의 3대 요소
7. 3가지 교육관

본 장은 교육의 의미와 정의, 교육의 형태, 교육의 기반, 교육가능성 , 교육을 이루는 3대 요소, 교육관, 교육이 이루어지는 과정과 교육목적 설정, 그리고 교육학의 성격 등을 다루고자 한다.

1 교육의 개념

1) 어원으로 본 교육의 개념

다양하고도 다의적(多義的)으로 사용되는 교육의 개념을 좀 더 체계적으로 밝혀 보기 위한 노력의 하나가 교육에 대한 어원(語源)의 고찰이다.

교육이란 말은 가장 먼저 중국의 고전인 《맹자(孟子)》의 진심장(盡心章) 가운데 '군자유삼락(君子有三樂)'의 한 구절에서 비롯되었는데 다음과 같다.

> 군자에게는 세 가지 즐거움이 있으나 천하에 왕 노릇을 하는 것은 여기에 들지 못한다. 부모가 다 살아계시며 형제가 모두 무고함이 첫째 즐거움이요, 하늘을 우러러 부끄럽지 않고 구부려 사람들에게 부끄럽지 않음이 둘째 즐거움이요, 천하에 영재를 얻어 교육하는 것이 셋째 즐거움이다(君子有三樂이나 而王天下는 不與存焉이니라 父母俱存하고 兄弟無故가 一樂也요, 仰不愧於天하며 俯不怍於人이 二樂也요, 得天下英才하여 而教育之 三樂也니).

교육이란 말의 어원은 중국의 한자어인 教育(교육), 그리고 서양어 pedagogy, education 등을 분석함으로써 그 의미를 파악할 수 있다.

한자성어에서 교육(敎育)이란 말은 어원적으로 보아 '敎'와 '育'의 파자(破字)로 구성되어 있다. '가르칠 교(敎)'라는 글자는 '爻(본받을 효, 效)+子(아들 자)+卜(점복, 막대기)+攴(손 수, 手)'로 구성되어 있는데, 쉽게 풀이해 부모나 교사가 손에 막대기를 들고 자식이나 학생으로 하여금 올바른 일을 본받게 한다는 뜻을 담고 있다. 엄한 가르침, 지도·편달을 의미한다고 볼 수 있겠다.

그리고 '기를 육(育)'은 '𠫓(운, 子를 거꾸로 한 모습, 젖먹이나 어린 아이) + 肉(살 육, 어머니의 가슴)'의 결합으로, 어머니가 따뜻한 살과 몸으로 젖먹이를 안아 키운다는 뜻이다.

교(敎)가 부성을 상징하는 엄한 가르침이라면 육(育)은 젖먹이의 바램, 요구를 따뜻하게 감싸주는 모성을 나타낸다고 할 수 있다(김정환, 1976, 2007). 그러므로 '敎'는 미성숙한 세대들을 기성세대(부모·교사)가 올바른 방향으로 이끌어 주는 것을 의미하며, '育'은 아동의 내부에 있는 소질과 가능성 등이 잘 발달하도록 부모나 교사가 조력해 주고, 격려해 주는 것을 의미한다고 볼 수 있겠다.

서양에서는 교육을 의미하는 말로 pedagogy와 education을 들 수 있다. pedagogy의 어원은 그리스어의 'paidagogos'인데, 이것은 'paidos(어린이)'와 'agogos(이끌다)'가 결합된 합성어로 한자어 '敎'자와 의미가 상통한다.

education은 라틴어 educo에서 비롯되었는데 'e(밖으로)'와 'duco(꺼낸다)'의 합성어이다. 안에 있는 소질, 가능성을 밖으로 꺼내 키워 준다는 의미로 한자의 '育' 자와 비슷한 의미를 지니고 있다고 할 수 있다.

그리고 우리말의 경우 교육의 어의로는 '가르치다', '기르다'가 있다. 한글로 "가르치다"를 풀어보자. 이것은 "갈다"와 "치다"의 합성어다. 한자어의 교육과 같은 말이다. 그러면 "갈다"는 무엇인가. 논밭을 갈고, 숫돌을 갈고, 새것으로 갈아 치우는 경작, 연마, 갱신이다. "치다"는 무엇인가. 소를 치고, 하숙생을 치고, 떡매로 치는 양육, 보육, 형성이다. 갈다는 갈구어 다듬는 敎에, 치다는 보살펴 키워주는 育에 해당

한다. 참으로 아름답고 슬기로운 가르침이다(김정환, 2007).

한자성어 교육(教育)과 서양어 pedagogy, education이라는 단어들 속에는 크게 기성세대가 가치로운 문화유산을 가지고 미성숙한 세대들을 올바른 방향으로 이끈다고 하는 지도·편달의 의미와 함께 어린이가 선천적으로 타고난 무한한 성장가능성을 계발해 주고, 신장시켜 준다는 조력·조성의 의미를 함께 지니고 있음을 알 수 있다.

어원적으로 볼 때 교육의 의미는 엄함과 감싸 안음 즉, 부성과 모성의 상보적인 작용이요, 외부적인 노력과 내부성의 발현이라는 상보적 결합이라는 것을 알 수 있다. 교육이란 스승과 제자, 부모와 자식 간의 공동노력이 필요한 것이요 어느 일방이 주도해서는 바람직한 효과를 낳을 수 없는 행위라고 하겠다. 그런 면에서 동양에서 속담형식으로 전해지는 '줄탁동시(啐啄同時)'의 아름다운 비유와도 그 맥락이 닿는 것 같다.

줄이나 탁이나 다 두 마리의 새, 즉 알 속의 새끼 새의 쪼음(줄), 알 밖의 어미 새의 쪼음(탁)을 뜻한다. 두 마리의 새의 부리가 동시에 활동한다는 뜻이다. 암탉과 병아리의 예를 들자. 암탉이 알을 따스한 날개로 품고 감싸 안으면 18일 전후해서 알 속의 병아리가, "엄마 인제 나갈 준비가 되었어요" 하면서 그 연한 부리로 껍질을 톡톡치고 쪼으며 신호를 보낸다. 이 소리를 듣고 암탉은 "야, 알았다" 하면서 이에 그 알껍질을 밖에서 톡톡 치며 쪼은다. 두 생명의 신호와 작업은 이렇게 사흘 이어진다. 그래서 드디어 껍질이 잘 벗겨져, 그 환희의 새 생명이 탄생한다. 두 부리가 동시에 신호를 보내며 치고 쫓는 이 모습, 얼마나 아름답고 장엄하기까지 한가(이 줄탁동시는 취훼동시(嘴喙同時)로도 쓰인다. 부리 취, 부리훼 즉 두 마리 새의 부리들이다. 또 동시를 동기(同機)로 쓰는 경우도 있다)(김정환, 2007).

2) 교육에 대한 정의 유형

교육에 관한 정의도 관점과 입장에 따라 다양하기 때문에 쉽게 일반화시키기가 어렵다. 이홍우는 교육에 관한 기존의 개념 유형을 크게 공학적 개념(정범모의 조작적 정의), 성년식 개념(Peters), 사회화 개념(Durkheim)으로 나누어 그 개념들이 지니고 있는 관점들을 정리하고, 또 다른 대안으로 듀이의 관점을 제시한 바 있다(1992).

교육의 정의와 관련하여 일반적으로 지금까지 논의되어 온 정의 유형은 크게 기능적 정의, 규범적 정의, 조작적 정의의 세 가지로 나누어 살펴볼 수 있다.

(1) 기능적 정의

기능적 정의란 한마디로 교육을 교육 이외의 다른 목적을 위한 수단·방편으로 규정하려는 관점을 말한다고 할 수 있다. 전통적으로 교육은 종교적 세계관을 소유한 사람들에게는 흔히 내세(來世)를 위한 준비로 생각되었고, 정치가들에 의해서는 국가적·정치적 목적을 달성하기 위한 수단으로 여겨졌다. 교육을 권력체제의 유지를 위한 수단이요, 부국강병의 수단이며, 경제생활의 향상을 위한 수단으로 보는 것이 다 이러한 기능적인 정의에 속한다고 볼 수 있다.

이러한 입장은 언제나 이상적인 인간상이나 이상적인 사회체제가 고정적으로 존재한다고 믿을 때 성립하는 것이다(이돈희, 1985). 그러나 이러한 관점은 교육이라는 행위 자체의 본래적 의미를 등한시한다는 문제점을 지니고 있다고 할 수 있다.

(2) 규범적 정의

규범적 정의란 교육 자체의 궁극적 목적, 내재적 목적과 관련시켜 교육을 영원한 진리나 가치 있는 것을 전달하는 것이요, 개개인의 인격 완성을 기하는 것으로 보려는 관점을 말한다고 할 수 있다. 즉, 교육의 가치실현을 위한 교육 자체의 발전에 더 큰 비중을 두는 입장이다.

피터스(Peters)는 교육이란 가치 있는 활동들 또는 사고와 행동의 양식으로 미성숙자들을 입문시키는 활동, 즉 성년식의 의미로 파악하였다. 그는 교육이 다른 어떤 것의 수단이 아니며, 교육의 목적은 그 자체 속에 내재한다고 하였다. 즉, 교육은 훈련이나 강의와 같이 인간의 구체적인 어떤 활동과정을 나타내는 말이 아니라 이러한 활동과정을 통하여 실현되어야 할 가치로운 '준거'를 의미한다고 하였다(Peters, 1978). 한마디로 교육이라는 말속에는 이미 아동의 자율적 판단능력을 향상시킨다거나, 지적인 안목을 넓혀 준다거나 하는 가치로운 행위가 포함되어 있다고 본 것이다.

(3) 조작적 정의

조작적 정의란 교육의 실제적인 과정이나 교육의 실현방법과 연계시켜서 기술적·조작적으로 규정하려는 관점을 말한다고 할 수 있다. 대표적인 것으로 교육을 '인간행동의 계획적인 변화'로 또는 '바람직한 인간행동의 계획적인 변화'로 보는 입장(정범모, 1978, 2009)을 들 수 있다. 이 정의는 인간행동(人間行動), 계획적(計劃的), 변화(變化)라는 세 가지의 중핵 개념으로 이루어져 있다. '인간행동'은 교육의 대상에 대해, '계획적'은 교육의 의도성·계획성에 대해, '변화'라는 것은 교육의 목표에 대해 언급하는 것으로 볼 수 있다. 즉, 이 정의 속에는 교육이란 물리현상이나 화학현상이 아닌 인간의 행동을 다루는 활동이고, 계획과 일정한 과정이 동반되는 구체적이고 절차적인 활동이며, 인간행동의 변화를 도모하는 데에 그 목표를 두고 있는 활동이라는 것을 말해 주고 있다.

이 정의는 잠재가능성, 주체성 그리고 존엄성을 지닌 인간을 교육의 대상으로 삼는다는 것과 우리가 어떤 활동을 교육이라고 명명하기 위해서는 유목적적이고 계획적인 활동과정이 동반되어야 한다는 것이다. 그리고 교육은 수학문제를 풀지 못했던 학생이 그것을 풀 수 있다든가, 의존적이던 자세에서 독립적이고 자율적인 자세로 바뀌었다든가, 운동기능이 과거에 비해 발달했다든가 하는 인간행동의 변화에 그 목적이 있다는 것 등을 포괄적으로 함축하고 있는 정의라고 볼 수 있겠다.

이러한 세 가지의 정의 유형들은 모두 교육 본질의 일면을 나름대로 잘 규명하고 있다고 할 수 있다. 그리고 이 세 가지 유형들은 서로 접근하는 입장이 다르지만 모두 교육의 인간 형성적(人間 形成的)인 의미를 포함하고 있다고 할 수 있다. 그러므로 이에 기초하여 보았을 때 교육이란 크게 '인간 형성을 촉진하는 일련의 과정・행위'라고 정의할 수 있겠다. 이 말은 정신과 육체가 분리되지 않은 전 인격적인 인간을 대상으로 지적・정의적・운동기능적 측면 등 모든 영역에 걸쳐 좀 더 바람직하게 성장시키고 발달시키는 일련의 과정이요 행위라고 할 수 있으며, 미래지향적인 행위라고 할 수 있겠다.

2 교육의 형태: 가정교육, 학교교육, 평생교육

교육은 인류의 역사와 함께 존재해 왔다. 교육이라는 행위는 학교제도가 역사적으로 출현하기 이전부터 존재했고 오늘날에도 학교 밖의 여러 종류의 다양한 생활공간 속에서 일어나고 있다. 교육은 가정 내의 부모-자식 간의 대화와 훈계를 통해서 이루어지기도 하며, 유치원과 초・중등학교, 그리고 대학 등 학교교육을 통해 행해지기도 한다. 또한 TV 등의 대중매체와 각종 사회기관들을 통해 이루어지기도 한다.

교육의 형태는 교육의 대상, 교육의 장소, 그리고 형식의 유무 및 의도성에 다라 달라질 수 있다. 교육의 대상에 따라서는 유아교육, 아동교육, 청소년교육, 성인교육 등으로 구분할 수 있다. 그리고 교육이 이루어지는 장소에 따라서는 가정교육, 학교

교육, 사회교육 등으로 구분할 수 있다. 가정, 학교, 사회를 교육이 이루어지는 세 마당이라고도 하는데, 물론 여기서 말하는 마당이란 공간이나 건물만을 의미하는 것은 아니고, 관계, 문화적 특성 등을 아우르는 의미로 이해해야 할 것이다.

교육의 형태를 구분할 때 형식의 유무, 의도성에 따라 형식교육(formal education)과 비형식교육(informal education)으로 구분하기도 한다. 형식교육이란 특정한 교육목적(의도성)을 가지고 교육자, 교육대상, 교육내용, 시설과 설비 등을 갖추어 체계적으로 형식을 갖추어 실시되는 교육이라고 할 수 있다. 형식교육의 대표적인 예로는 학교교육을 들 수 있다. 비형식교육이란 학교교육과 같이 의도성을 가지고 체계적, 형식으로 운영되는 것이 아니라 일상생활 속에서 자연스럽게 지식, 가치관, 기능, 행동양식들을 습득하게 되는 교육이라고 할 수 있다. 대표적으로는 학교 외 교육인 가정교육과 평생교육을 들 수 있다.

1) 가정교육

가정은 사랑과 유대로 맺어진 최초의 원초적인 기관이자, 가장 기본적인 지식과 양심, 도덕의 기본적인 토대가 형성되는 곳으로 그 교육적 중요성은 매우 크다. 가정의 기능은 학자에 따라서 다양하게 설명하지만 크게 다음과 같이 구분할 수 있다(송병순, 1981).

① **사회·경제적 기능**: 가정은 개인이 삶을 영위하는 가장 기초단위로서 직업 및 기술훈련을 통하여 사회생활의 기초를 마련한다.

② **애정적 기능**: 가정은 부부의 애정에 의하여 자녀를 생산하고 가족 간의 희생의 터전을 마련한다.

③ **보호기능**: 가정은 가족의 신체적 보호, 직업보호, 성장발달에 필요한 모든 보호의 제1의 장소이다.

④ **사회적 재생산 기능:** 가정은 성적인 욕구를 만족시키고 자녀를 출산하기 위한 합법적인 조직으로, 가계의 유지·존속은 물론 사회가 유지되도록 기능을 한다.

⑤ **교육적 기능:** 자녀들은 가정에서 지식, 태도, 가치관, 풍습, 예법, 종교, 직업교육 등을 학습한다.

전통적인 사회에 있어서는 가정이 이러한 5대 기능을 전담했으나 현대사회로 오면서 전통적인 가정이 갖고 있던 많은 기능이 다른 전문화된 사회집단에 이관되고 있으며, 교육적 기능도 어린이집, 학원, 학교 등으로 이관되고 있는 실정이다.

일반적으로 아동의 사회화와 관련하여 가정은 부모, 형제와의 상호작용을 통해 다음 세 가지를 자연스럽게 체득하게 된다. 첫째, 읽고 쓰고 셈하기 등의 기초교육과 모국어를 배우게 된다. 둘째, 관습·행동양식을 익히게 된다. 셋째, 선·악 판단의 기준, 즉 양심의 토대를 형성하게 된다. 이와 같은 것들은 인간 성장에 있어서 가장 근본이 되는 아동기의 핵심적 발달과제이다.

그런데 가정교육은 이러한 교육적 기능을 담당하는 데 있어서 학교나 사회와는 다른 방식으로 이루어진다. 그 방법상 특징으로는 다음과 같은 것들을 들 수 있다(김정환, 1976).

첫째, 서로의 신뢰와 사랑 위에서 성립하는 교육이다. 의무나 강제, 구속과 획일적 평가가 아닌 자연스러운 사랑의 유대 속에서 교육이 이루어진다.

둘째, 심신 양면의 교육이 이루어지는 곳이다. 학교교육은 아무래도 지육에 중점이 놓이고 사회교육은 시민교육에 중점이 놓이기 마련인데, 지·덕·체를 겸해서 인간교육을 조화롭게 이루는 곳은 가정뿐이라 할 것이다.

셋째, 개성적인 교육이 이루어지는 곳이다. 학교가 개성을 평준화하여 사회화하는 곳인데 비해 가정은 가정의 가풍과 특성 등에 의해 좋은 개성을 키워 주는 곳이라 할 수 있다.

넷째, 부성(父性)·모성(母性) 상보(相補)의 교육이 이루어지는 곳이다. 정의를 대표하는 아버지의 엄격함과 자애로운 어머니의 손길을 통해 정의와 사랑이 조화되고 균형 잡힌 교육이 실현될 수 있다.

다섯째, 비형식적인 교육이 이루어진다. 어린이의 생활 장면 속에서 산발적·즉흥적·기회적으로 이루어지기 때문에 학교교육과 같은 형식적 교육과는 다른 것이다.

가정은 인간의 행복이 깃들어 있는 가장 자연스러운 사랑의 교육마당이다. 그런데 가정의 위기가 심각한 지경에 이르는 등 현대 사회 이후 가정의 교육적 기능이 크게 변질되고 약해지고 있다. 가정의 교육적 중요성에 비추어 볼 때 이는 결코 바람직하지 않으며, '밥상머리교육'이 회복되고 사랑의 교육이 회복되도록 사회적 공감대 속에서 교육적 예지를 모아 슬기롭게 극복해야 한다.

2) 학교교육

학교는 체계적이고 조직적인 운영을 통해서 아동과 청소년의 교육을 주목적으로 하고 있는 제도화된 기관이다. 학교의 역사적 기원은 문자가 발생한 기원전 4000년 전후로 볼 수 있으며, 생활양식과 생산기술이 복잡해지고 문화가 축적되면서 이를 다음세대에 체계적으로 전승시키기 설립되었다.

그러나 전근대까지의 학교는 관리 양성을 위한 소수의 엘리트 중심 교육기관이었으며 인문 중심의 교과목을 전수하였다. 그러던 것이 산업혁명 이후 다방면의 실제적인 직업교육의 필요성이 증대되고, 일반서민들의 지위가 높아지고 자녀들에 대한 교육적 요구가 커지면서 국가가 국민들의 세금을 거두어 남녀노소, 귀천을 가리지 않고 모든 자녀에게 일정한 수준의 교육적 혜택을 제공하게 되는 공교육체제로서의 오늘날과 같은 학교제도가 일반화되었다.

현대 산업사회에서의 학교는 크게 사회적 선발과 배치, 그리고 사회화의 기능을 담당하고 있다고 할 수 있다. 사회적 선발과 배치의 기능이란 학교교육을 통해 사람들의 능력과 자질에 따라서 그것에 적합한 지위와 역할에 맞게 선발하고 분배하는 것으로 사회의 존속과 발전을 위해 필수 불가결한 것이다. 사회화의 기능이란 서로 다른 계층과 인종적 배경, 그리고 다양하고 전문화된 사회 속에서 자칫 상실하기 쉬운 동질성과 공동체 의식을 갖추도록 하는 것을 의미한다. 듀이는 학교의 본질적 기능을 다음 세 가지로 요약하고 있다(Dewey, 1968).

첫째, 학교는 아동에게 이해가 갈 수 있는 정도의 경험·지식 내에서 극히 기본적인 사회적 활동을 선택하고, 이것에 난이(難易)의 순서를 세워 한층 복잡한 사태에 대한 통찰력을 기르는 수단으로서 경험을 제공하는 곳이다.

둘째, 학교는 아동의 심적 습관에 영향을 미치는 현존의 환경 속에서 아동에게 무익한 부분을 제거함으로써 나쁜 풍습과 나쁜 감화를 타파하는 곳이다.

셋째, 학교는 사회 환경의 여러 요소와 균형을 유지하고 각 개인으로 하여금 타고난 사회집단의 제한에서 벗어나 보다 넓은 환경과 생동적인 관련을 맺게 하는 곳이다.

김정환은 이러한 듀이의 학교의 세 가지 본질적 기능을 조직적 교육성(組織的 教育性), 환경조정성(環境調整性) 그리고 생활확충성(生活擴充性)으로 정리하였다(김정환, 1976).

제도적인 사회화 기관으로서 학교의 역할은 심대하다. 대부분의 나라에서 학교교육은 사회적 신분 상승이나 직업 획득의 필수적인 통로로 제도화되어 있다. 교육을 통하여 취득되는 졸업장이나 자격증은 현대사회에서 일종의 '문화적 화폐(cultural currency)'로서의 구매력을 지닌다. 특정 직업집단의 참여기회, 사회적 지위나 대우, 배우자나 친구의 선택, 취미 및 여가활동의 종류 등 현대사회에서 한 개인이 누리는 삶의 형태와 질은 그가 지닌 학력에 의하여 결정적인 영향을 받는다.

그러나 학교의 역할이 큰 만큼 그에 대한 역기능에 대한 비판도 높다. 신분과 계층, 남녀노소 모두의 행복 증진과 권익을 위해서 존재해야 하는 제도화된 학교교육이 졸업증과 자격증을 통해 오히려 불평등을 초래하고 있으며, 획일화된 교육을 통해 개성을 상실한 인간, 점수 따기에만 급급해하는 인간들을 양성하고 있다는 것들이다. 참으로 사회화의 중심적 기관으로서 학교의 역할과 기능에 대한 점검이 필요하다고 할 것이다.

3) 평생교육

최근의 급격한 사회변동은 과거와 다른 교육패턴을 요구하고 있다. 정보화 사회, 지식기반사회로 접어들면서, 지식과 정보의 양이 폭발적으로 증가되고 또 그만큼 소멸의 주기도 빨라지고 있다. 이 때문에 보다 나은 삶을 영위하기 위해서는 종래의 학교교육만으로는 그 요구에 부응할 수 없게 되었다.

평생교육이란 학교교육뿐만 아니라 가정교육, 사회교육 등을 망라하여 연령에 한정을 두지 않고 '요람에서 무덤까지' 전 생애에 걸친 교육으로 조직화하려는 교육체제라 할 수 있다. 1967년 유네스코 성인교육회의 주창 이후, 넓게 그 중요성이 인식되고 있으며 우리나라의 경우도 헌법, 평생교육법 등을 통해 평생교육을 강조하고 있다. 평생교육은 형식적, 비형식적 형태의 모든 교육을 포함하며, 성인교육뿐 아니라 초·중등교육 등 모든 단계의 교육을 포함한다. 또한 특기교육, 취미교육, 직업교육, 학위과정 등을 모두 포함하여 지역사회와의 연계를 중시하고, 국민들의 삶의 질을 고양하기 위한 수직적인 연결성과 수평적인 통합성을 중시한다.

평생교육의 정착과 발전을 위해서는 국가나 지방정부는 물론, 민간단체, 학교, 기업, 종교단체 등의 협력과 공동노력이 필요하다. 평생교육의 발전을 위한 과제들을 정리해 보면 다음과 같다(임일남 외, 2003; 정일환 외, 2002; 이현림 외, 2005 등 참조).

첫째, 국민의 삶의 질을 향상시키기 위해 다양한 평생교육 요구를 반영할 수 있는 탄력적인 교육체제의 개방이 필요하다. 어느 곳에서든, 그리고 언제라도 필요한 지식과 정보, 기능을 습득할 수 있고, 그것을 기반으로 삶의 질을 고양시킬 수 있는 열린 개방 체제 구축에 노력해야 한다.

둘째, 교육수요자 중심의 교육프로그램이 더욱 확대되어야 한다. 수요자들이 원하는 그 '무엇'을 중심으로 가르침과 배움의 네트워크가 자유롭게 구성되어야 한다.

셋째, 국민들의 삶의 질 향상에 기여하는 다양한 사회교육 기관, 민간단체 등에 국가나 지방정부가 더 많은 재정적 지원을 해야 할 것이다.

넷째, 평생교육 관련 기관들끼리의 네트워크를 더욱 강화해야 할 것이다. 기존의 기득권을 내려놓고 유기적인 협력 네트워크를 통해 효율성을 기해야 할 것이다.

국가사회의 발전 측면에서도 평생교육은 중요하다. 미래의 평생교육체제는 정보화・세계화・다원화・개방화 시대의 도래와 더불어 국가의 경쟁력 차원에서도 중시되고 강화되어야 한다.

3 교육과 교육적 행위

우리는 우리의 삶을 영위하기 위하여 정치, 경제, 법률행위 등 여러 가지 행위를 하고 있다. 그리고 우리는 수없이 많은 교육적 행위를 하면서 살고 있다. 교사와 학생 간에는 물론이고 부모와 자식 간에 선배나 후배 혹은 친구들 간에도 교육적 행위를 하고 있다고 볼 수 있다.

그런데 어떤 행위를 교육적 행위로 볼 것인가 하는 점은 교육에 대한 그릇된 사고와 혼동을 막기 위해 명확한 이해가 요구된다고 볼 수 있다. 어떤 행위를 교육적 행위로 여길 수 있는가 하는 것은 교육에 관한 정의와 관련하여 우리의 다양한 행위들 중 '인간 형성적인 의미'를 지니고 있는가의 여부로 판단할 수 있다. 이 말은 흔히 학교에서 이루어지는 모든 행위들 중에서도 무언가 인간 형성을 위한 의도를 지닌 행위만이 교육적 행위가 될 수 있다는 말이 된다. 다시 말해 학교에서 이루어지는 행위라고 해서 아무런 의도도 없이 반복적으로 이루어지는 행위나 인간 형성에 대한 관심이 아닌 다른 의도로 이루어지는 행위들까지도 교육적 행위로 판단해서는 안 된다는 것이다.

물론 인간의 행위들이 명쾌하게 구분되는 것은 아니다. 동일한 행위도 보는 관점에 따라 정치적 행위, 법률적 행위, 경제적 행위, 교육적 행위로 여겨질 수 있다. 가령 자기의 자녀들 앞에서 부모 중 어느 한 사람이 밭갈이 작업을 하는 행위를 생각해 보자. 그것은 작물의 생산에 관계되고 있다는 점에서 경제적 행위이며, 자기 사유(私有)의 밭을 경작하고 있다는 점에서 법률행위이며, 혹은 경작활동이라는 신체의 운동만을 별도로 생각해 볼 때에는 생리적 또는 물리적 행위이기도 하다. 그러나 그 부모가 자녀들에게 밭갈이 작업에 관한 이해를 증진시키고, 밭갈이 기술을 습득시키며, 노동의 보람을 직접 느끼게 할 의도를 가지고 있다든가 혹은 실제로 그러한 효과를 가지고 있을 때 우리는 그것을 교육적 행위라고 규정할 수 있다(이중, 1976).

이렇게 우리는 인간 형성적인 의도와 관심 여부, 그리고 그 실제적 효과라는 준거로서 교육적 행위와 그렇지 않은 행위들을 구분할 수 있다. 또한 이러한 판단의식을 구비함으로써 교육적 행위보다는 선전과 광고, 영리 등에 일차적 관심과 의도가 있으면서도 교육에 종사한다고 주장하는 사이비 교육행위를 구분할 수 있을 것이며, 교육이란 말을 아무렇게나 써도 된다고 여기는 혼동과 무지를 극복할 수 있을 것이다.

4 교육의 기반

교육이란 진공 속에서 이루어지는 추상적인 행위가 아니다. 그것은 철저하게 문화적 전통 속에서 그리고 사회적 활동으로서 구체화된다. 교육 작용이 그 어떤 고귀하고 가치로운 성격을 지닌 것이라 할지라도 그것은 사회와의 고립 속에서는 불가능하다.

인간이 인간적인 사회를 통하여 인간이 된다는 말은 사회의 문화 양식, 문화 전통을 습득하게 됨으로써 비로소 인간다운 인간이 될 수 있다는 뜻으로 해석해 볼 수 있다.

인간은 어떤 연고로 삶을 같이하게 된 사람 사이에서 태어나 그 사회의 문화 전통, 행위 전통에 참여하게 됨으로써 자신의 삶을 영위해 나갈 수가 있다. 우리가 학교나 기타 교육기관에서 배우게 되는 교과나 교육 경험들은 인류의 오랜 역사 속에서 축적되고 전달된 문화유산이라고 할 수 있다. 교육이란 이런 점에서 교과 또는 학문으로 대표되는 문화유산 혹은 문명된 행위 전통으로 개인을 참여하도록 이끄는 일련의 과정이요 절차라 할 수 있다(김병희, 1995).

인간의 성격 및 인지능력, 감각능력 등의 발달은 어느 정도 선천적인 기질이나 생물학적 특성에 의하여 영향을 받지만 사회적 상호작용에 의해서 더 큰 영향을 받는다. 사회적 상호작용을 통해 인간은 그 사회의 신념, 가치체계, 언어, 풍습 등을 자연스럽게 체득하게 되는 것이다.

늑대 어린이(wolf child)에 관한 이야기나 침팬지에 의해 키워진 소년의 사례들은 어린이가 사람이 아닌 동물에 의해 양육되는 경우 그 어린이는 인간이 갖는 사회적 성격 특성이나 정신적 능력을 거의 갖지 못한다는 점을 밝히고 있다. 늑대에 의해 키워진 어린이는 사람에게 돌아와서도 오랫동안 동물처럼 울부짖고 팔과 다리로 기어 다니며 음식도 입으로 핥아먹고, 낮에는 구석진 곳에 숨어 있다가 밤이 되면 기어서 돌아다녔다고 한다. 그리고 흔히 인간행동에서 볼 수 있는 것과 같이 질서를 지키거나 서로 협동하거나 부끄러워하는 등의 행동을 그 늑대 어린이에게서는 찾아볼 수 없었다는 것이다.

침팬지에 의해 양육된 소년의 경우에도 발견 후 어린이집에 위탁되었으나 침팬지처럼 땅을 팔로 짚으며 구부정하게 걸어 다녔고 밤마다 침대 사이를 뛰어다니며 소란을 피웠다. 점점 나아지기는 했으나 말도 못할 뿐 아니라 높이 뛰어오르고 괴성을 지르고 손으로 머리를 연신 때리는 등 인간보다는 침팬지 쪽에 가까운 행동을 한다고 한다(손영환・권미량, 2008). 이러한 사실은 인간이 다른 사람과의 사회적 교섭과 접촉을 통해서, 그리고 인간 문화 속에서 사회적 인간으로서 성장할 수 있음을 말해주는 것이다.

물론 인간은 사회적 관계 속에서 운명 지워지고 문화유산, 문화 전통을 일방적으로 습득하는 수동적인 관계 속에만 놓이는 것은 아니다. 인간은 잘못된 사회관계를 비판하고 개혁하기도 하며, 새로운 문화를 창출하기도 하는 적극적이고 능동적인 존재이다. 그럼에도 불구하고 인간이란 그를 둘러싼 사회와 문화와의 관련성을 떠나서는 존재할 수 없으며, 교육 역시 문화와 사회와의 관련 속에서 그것을 기반으로 하여 이루어질 수 있다.

5 교육가능성

1) 인간의 미완전성과 장기간의 준비성

모든 고등 포유동물 중 인간은 출생 당시 어느 포유류보다도 무능한 존재로 태어난다. 다른 동물들은 거의 완전한 상태로서 개체의 축소판으로 태어난다. 송아지는 모체에서 태어나는 순간 벌써 네 다리로 일어나서 어미의 젖을 빨고, 얼마 가지 않아 자기 발로 뛰어다니며, 풀을 뜯어 먹고 독립하여 만 2년 뒤에는 모체로서의 구실을 완전히 할 수 있게 된다.

그러나 인간은 루소가 《에밀》에서 지적하고 있듯이 아주 약하고 불안정한 상태로 태어난다. 갓난아이는 태어나는 순간 불구가 아닌 한, 손발이 붙어 있기는 하지만 그 기능을 제대로 발휘하지 못하며, 서서 걸음마하는 데 꼭 1년이 걸린다. 뜨거운 것에 손이 데어 울부짖고, 추워도 옷을 스스로 입지 못하며 컵에 주는 물을 흘리지 않고 받아 마시는 데 꼭 2년이 걸린다. 더욱이 스물두 단어의 뜻을 알고 외마디로 의사를 전하는 데 18개월이 소요된다(김정환, 1982).

인간은 생리적인 의미에서 개체의 구실을 하는 데만 15년 정도가 소요되고 가정인, 사회인, 문화인, 직업인으로서 그리고 기타 인간에게 요청되는 구실을 다하게 되기까지는 수십 년이 걸리며 그것으로 충분한 것도 아니다. 이처럼 인간은 생리적으로 미숙한 상태로 태어나며, 인간으로서 제대로 구실하기 위해서는 장기간의 준비기간을 거쳐야 하는 피조물이다.

2) 교육가능성

불완전하고 미숙한 생리적 구조를 지닌 인간이지만 우리는 인간을 만물의 영장으로서 찬란한 문화를 건설할 수 있는 존재라고 말하고 있다. 그렇다면 무엇이 인간으로 하여금 이렇게 높은 수준의 삶을 영위할 수 있도록 하는가? 물론 교육이다. 인간과 동물의 차이는 동물은 커다란 현실성과 극히 적은 가능성을 지니고 태어나는 데 비해 인간은 커다란 가능성과 적은 현실성을 가지고 태어난다는 점이다. 현실성이 다 갖추어져서 성장발달의 여지가 없는 제한성을 말한다면 가능성이란 갖추어지는 것으로 성장발달의 여지가 열려 있는 것이라 해석할 수 있다.

듀이(Dewey, J.)는 미성숙을 성장의 가장 큰 조건으로 들고 있으며, 미성숙성에 의존성과 가소성의 두 가지 특징을 포함한다고 주장한다. 듀이는 의존성은 연약함이 아니라 지성을 지닌 인간과 인간끼리의 상호 의존 상태를 가리킨다고 한다. 또 가소성이란 외적인 힘에 의한 변화를 가리키지 않고 지나간 경험의 결과를 기초로 하여 행위를 수정하여 자신을 성장시킬 수 있는 힘 내지는 학습할 수 있는 내적인 능력으로 본다. 가소성이란 진흙 반죽처럼 변화한다기보다는 자신의 기질을 유지하면서 환경에 적응하면서 변화해 가는 탄력성을 나타낸다. 미성숙은 결핍의 뜻이라기보다는 적극적으로 성장·발달할 힘과 능력이라는 것이다(김수동, 1999).

인간은 인간으로서의 성장가능성을 지니고 있다. 인간은 가소성(可塑性)을 지니고 있으며 도야성(陶冶性)을 지닌 존재이다. 즉, 인간은 폐쇄적이고 제한적인 존재가 아니라 어떠한 존재가 될지 모르는 개방적 존재로 열려 있다(김재복 외, 1995).

물론 인간의 성장발달에는 환경적·교육적인 영향 이외에 기질적·유전적 요인에 의해 어느 정도 규정되고 있다. 그래서 교육의 한계성이 지적되기도 한다. 일반적으로 인간의 성장가능성은 환경을 세로, 유전을 가로로 한 직사각형 속의 면적과 같이 설명할 수 있다. 인간의 발달은 유전과 환경의 상호 관련 속에서 이루어진다고 하겠으며, D=F(H·E)의 공식으로 나타낼 수 있다([그림 1-1] 참조).

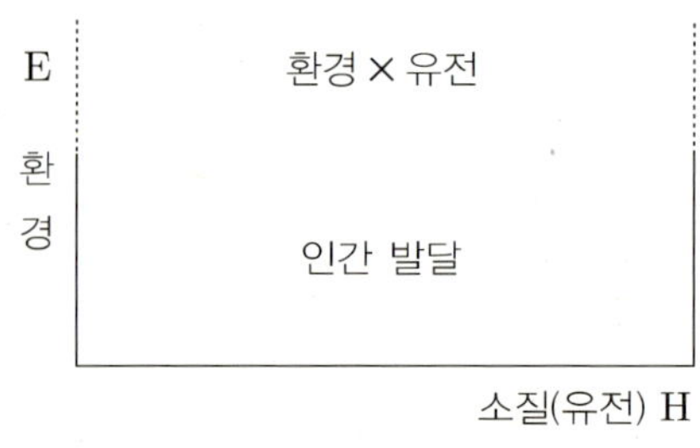

그림 1-1 인간발달과 환경·유전의 관계

또 환경과 유전의 상호관계를 [그림 1-2]와 같이 H와 E를 극점으로 삼은 삼각형과 같이 나타내고 인간의 성장가능성을 H-E 선상에 자리 잡은 X와 X′라고 설명할 수 있다. X의 경우 유전의 힘이 더 크게 작용하며, X′의 경우는 그 반대의 경우를 의미한다.

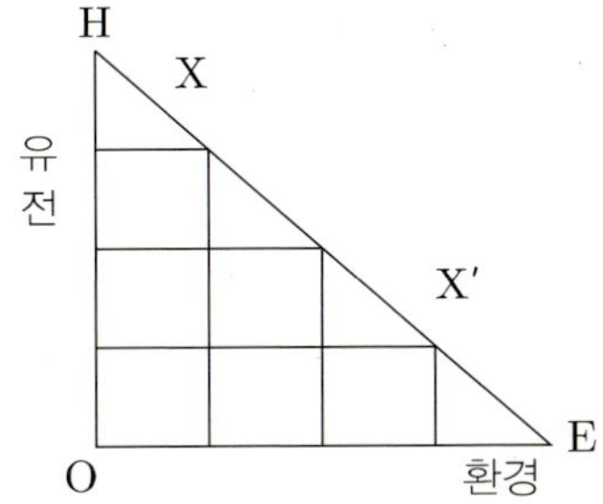

▌그림 1-2▐ 환경과 유전의 상호관계

이처럼 인간의 성장가능성을 설명함에 환경과 유전과의 상호관계, 상호작용 속에서 설명하는 것이 대다수의 일치된 견해라 할 수 있다. 만약 이것이 사실이라면 교육자가 할 수 있는 것은 일정한 한계가 있는 유전적 요인을 개선하는 것이 아니라 변화가능성이 있는 환경요인을 개선하고 힘쓰는 일이라 할 수 있다.

교육가능성을 믿는 것은 교육이 성립할 수 있는 존재의 근거이다. 만약 인간의 존재가 운명적으로 결정되어 있다거나 유전적 요인에 의해 더 이상 변화될 수 없는 것이라면 우리는 교육을 할 수도 없고, 또한 할 필요도 없을 것이다. 우리는 지적 · 정서적 · 신체적으로 결함이 있고 부족하게 태어난 아동들도 적절한 환경을 조성해 주고, 지속적으로 그리고 계획적으로 올바른 교육적 처치를 가해 주면 지적으로 우수하고 정서적으로 원만하며 신체적으로도 균형 잡힌 인간으로 변화시킬 수 있다는 신념에서 교육하고 있다.

6 교육의 3대 요소

일반적으로 교육활동이 이루어지는 과정을 생각해 보면 교육의 주도권을 가지고 실천하는 주체와 그 실천의 대상이 되는 객체, 그리고 주체와 객체가 상호 교섭할 수 있도록 양자를 연결해 주는 매개체로 구성되어 있다는 것을 알 수 있다. 주체, 객체, 매개체를 교육 성립의 3요소라고 한다.

전통적인 학교교육의 관점에서 보았을 때 교육의 주체는 교사요, 객체는 학생이며, 매개체는 교재를 위시한 학습 경험이라고 할 수 있다. 그리고 가정교육에 있어서 주체는 부모요, 객체는 자녀이며, 매개체는 가정의 언어방식, 예절, 가훈, 풍토 등을 들 수 있다. 더 확장시켜 사회교육의 경우도 똑같은 방식으로 생각해 볼 수 있다. 예를 들어 종교단체에서 실시되는 종교교육의 경우 교육의 주체는 목사나 승려 등이 될 것이고, 객체는 신도들 그리고 매개체는 종교의 교리와 생활방식이 포함될 것이다. 이러한 관계를 간단히 도표화하면 〈표 1-1〉과 같다.

표 1-1 교육의 마당에 따른 3요소

교육의 마당 / 요소	가정교육	학교교육	사회교육
주 체	부 모	교사	전문요원
객 체	자 녀	학생	전 국민
매개체	가정의 언어, 예절	학습 경험(교재)	사회교육 내용

물론 이러한 접근이 오늘날에 와서는 변화하고 있다. 즉, 전통적인 관점에서 주장하는 교사 중심, 부모나 종교지도자 중심의 교육 패턴이 학습자의 주체적 참여를 강조하고 있는 현대에 있어서도 그대로 적용될 수 있는가 하는 점이다.

학교교육의 경우 아동을 새롭게 발견한 루소 이래 심리학의 발전으로 뒷받침된 아동 중심의 교육관이 점차 등장하면서, 교사 위주의 교수(teaching)활동을 중시했던 교과 중심 교육과정에서 학생 위주의 학습활동이 중시되는 경험 중심 교육과정으로 교육의 흐름이 전환되었다. 이때에도 역시 교사는 교육자임에는 틀림없으나 그가 담당하는 역할로 미루어 보아 교육의 주체에서 조력자로 물러났으며, 학생이 교육의 주체로 바뀌는 학생 중심, 학생 위주의 학습활동이 주류로 자리 잡게 되었다.

그러던 것이 1957년의 스푸트니크(Sputnik)의 충격과 지나친 학생 중심, 학생 위주의 교육이 지닌 기초 학문 경시와 체계성 소홀의 문제가 전면에 부각되면서, 1960년대부터는 각 학문의 골격을 이루고 있는 기본적 개념, 원리, 법칙의 심화를 중시하는 학문 중심 교육과정이 등장하게 되었다. 학문 중심 교육과정에서는 발견을 위한 학생들의 능동적이고 적극적인 참여와 함께 치밀하게 계획된 교사의 수업설계와 안내가 요구되기 때문에 이제 교사의 교수활동과 학생의 학습활동이 함께 강조되고 중시되기에 이르렀다.

그런데 교육의 주체와 객체의 문제를 생각해 본다면 인간 형성을 촉진시키려는 교육의 경우, 인간 형성을 촉진시키기 위한 계획을 가지고 교육 프로그램을 준비하며 수업 설계를 하는 교사의 역할은 어떤 경우에도 경시될 수 없다. 또한 수동적 입장이 아니라 자발적 참여가 요구되는 학생의 권리나 학습권 역시 존중되어야 한다. 사실 교육의 주체, 객체 논의는 교육 프로그램의 내용과 성격에 따라 결정되어야 할 성격의 것이다. 어떤 경우에는 교사가 주도권을 갖고 중요 내용을 소개하고 이해시키는 것에 주안점이 놓일 수도 있고, 반대로 교사는 조력자로서 남아 있고 학생들 스스로의 주도적인 계획과 참여가 요구되기도 한다. 즉, 과제의 성격에 따라 결정되어야 할 것이다.

7 3가지 교육관

교육현장에서 학생들을 대하고 가르치는 교사들이나 교육이론의 정립에 힘쓰고 있는 교육학자들은 모두 나름대로의 교육관을 견지하고 있으며, 그 교육관 속에서 자신들의 일상적인 교육행위를 정당화하고 있다고 할 수 있다.

교육관이란 교육을 받고 또 교육에 종사하면서 느끼고 체험한 구체적 경험들, 자신들을 둘러싼 세계관, 우주관, 그리고 인간을 보는 인간관 등에 근거하여, 큰 틀에서 교육을 보는 일관적인 관점, 틀, 렌즈라고 말할 수 있다. 그 체계성과 일관성, 논리적 정합성의 차이는 있겠으나 교육에 종사하는 사람이라면 누구나 자신만의 교육관을 지니게 마련이다. 교육을 보는 교육관 역시 학자들마다 구분이 다를 수 있겠으나, 여기서는 일반적으로 수용되고 있는 유기체적 교육관, 기계적 교육관, 각성적 교육관으로 크게 구분하고자 한다(목영해, 1992; 임일남 외, 2003; 김정환, 2007 등 참조).

1) 유기체적 교육관

루소로 대표되는 식물재배적인 교육관이라 할 수 있다. 식물의 본성과도 같이 아동들도 각자 자연으로부터 부여받은 본성을 지니고 태어나며 본성이 잘 발현되도록 도와주자는 입장이다. 지켜봐주고 격려해 주면서 아동의 본성에 맞게 성장하도록 부추겨 주어야지, 성장이 더디다고 서두르거나, 자기가 원하는 모습이 아니라고 인위적으로 제어하려고 해서는 안 된다는 것이다. 그럴 경우 인간의 본성을 무시한 채 편견과 권위, 모범 등과 같은 모든 사회제도가 합세하여 인간 속에 있는 자연성을 질식시켜 버리는 결과를 낳는다는 것이다.

맹자가 호연지기(浩然之氣, 지극히 크고 굳세며 천지에 가득하게 되는 기운을 의미함)를 설명하면서 그 기운은 삶 가운데서 의리와 도덕에 배합되도록 해치지 않고 꾸준히 기름으로써만 가능한 것이라고 가르쳤다. 그러면서 빨리 자라지 않을까봐 서둘러 싹을 뽑았던 어리석은 송나라 사람을 빗대어 경계한 적이 있다(孟子, 公孫丑上).

송나라 사람이 그 싹이 자라나지 않음을 민망히 여겨 빨리 자라도록 뽑아 놓고 망연히 돌아와 그 집 사람에게 말하기를 '오늘은 피곤하다. 내가 싹이 자라는 것을 도왔노라'하거늘, 그 아들이 달음질하여 가서 보니 싹이 곧 말라버렸더라(宋人 有閔其苗之不長而揠之者 芒芒然歸 謂其人曰 今日 病矣 予助苗長矣 其子趨而往視之 苗則稿矣).

유기체적 교육관에서는 교육은 학습자에게 외적인 지식정보나 덕목, 기능들을 투입하여 학습자의 활동을 통제하는 일이 아니라, 학습자 스스로 자신의 성장능력을 발휘하여 조화 있는 성장 발달을 이루도록 도와주는 일이요, 교사는 조력자로 상담자로 남아서 학습자 중심의 활동을 지원해야 한다고 본다.

2) 기계론적 교육관

기계론적 교육관은 훈련적 교육관, 목공제작적 교육관이라고도 할 수 있는데, 교육이라는 행위를 원하는 제품을 생산하는 과정, 동물을 훈련시키는 과정처럼 이해하는 교육관이라 하겠다. 파블로프를 위시한 행동주의자들의 관점에서 두드러지게 나타나는 교육관으로 인간을 외부적인 자극과 통제를 통해 원하는 행동으로 이끌어낼 수 있다는 신념에 근거하고 있다. 즉 적절한 자극과 반응을 연합시키도록 적절히 강화(reinforcement)를 제공하고, 원하지 않는 필요 없는 행동들은 벌이나 무관심 등을 통해 소멸시킬 수 있다는 것이다.

유기적 교육관에서는 인간이 자연의 본성을 부여 받았기 때문에 그 본성을 제대로 발현시키는 것을 중시했다면, 기계적 교육관에서는 인간을 어떤 선한 본성을 가지고 태어나는 존재가 아니라 환경의 영향과 외부적 통제 등에 의해 이렇게도 저렇게도 만들어질 수 있는 존재로 여기고 있다고 하겠다. 부정적으로 본다면 곰이나 다람쥐를 학습시키듯이 인간도 그렇게 할 수 있다고 믿는 관점이다. 아침저녁 대패질

하고, 먹이와 매로 닦달질해서 전에 없었던 새로운 꼴로 다듬거나 행동을 익히게 하는 것이라고도 볼 수 있다.

기계적 교육관에서 볼 때 인간의 행동은 연속적이고 누적적이며 점진적으로 획득되어 지므로, 학습과제는 작은 단계로 조금씩 나누어서 부과해야 한다. 그리고 학습의 효율성을 높이기 위해 적절한 강화와 벌을 사용하는 등 적절한 전략의 활용이 필요한 것이다.

기계적 교육관에서는 교육을 일종의 만드는 작용, 즉 주형(鑄型)으로서의 교육으로 이해하는 반면 유기적 교육관에서는 인간을 마음대로 주물러서 만들 수 있는 소재로 보지 않고 인간에 내재하는 고유한 법칙에 따라 발전하는 존재로 파악하고 이에 따라 교육을 일종의 '기르는 작용'으로 본다.

이와 같이 기계적 교육관은 교육을 적극적 형성 작용으로 보며, 유기적 교육관은 교육을 자연적 성장과정의 소극적 보호 작용으로 본다.

3) 각성적 교육관

각성적 교육관은 일깨움의 교육관, 인격각성적 교육관으로도 말할 수 있겠다. 크게 볼 때 소크라테스의 교육론, 예수와 부처, 공자, 맹자를 위시한 위대한 정신적 지도자들의 가르침, 만남을 통해 학생들의 실존적 자기존재각성을 강조하는 실존주의자들의 관점들이 다 이런 교육관에 속한다고 할 수 있다.

인간의 존재를 식물적, 동물적인 존재가 아닌 인격적인 존재, 깨달을 수 있는 존재로 규정하고 있어서 교육이라는 행위를 접근할 때 차원이나 단층이 있다면 가장 높은 차원, 단계의 접근이라 하겠다. 소중한 자기존재의 의미를 상실한 채 고민 없이 무감각하게 살아가거나, 눈앞에 보이는 조그만 이익에 빠져서 현실에 안주하려는 인간의 비본연적인 모습을 깨우치고 각성시키려는 교육관이다. 잠들어버린 영혼들을 깨우는 작용, 잃어버린 자의식을 깨치고 참된 본성으로 이끌려는 노력, 먹고 입는 근심에 눈이 멀어 헤매는 자들에게 천하보다도 귀한 하나님의 자녀로 깨우쳐 주려는 노력들. 다 인격각성적 교육관의 실례라고 하겠다. 예수의 일깨움을 보자.

> 그러므로 내가 너희에게 이르노니 목숨을 위하여 무엇을 먹을까 무엇을 마실까 몸을 위하여 무엇을 입을까 염려하지 말라 목숨이 음식보다 중하지 아니하며 몸이 의복보다 중하지 아니하냐 공중의 새를 보라 심지도 않고 거두지도 않고 창고에 모아들이지도 아니하되 너희 하늘 아버지께서 기르시나니 너희는 이것들보다 귀하지 아니하냐… 너희 하늘 아버지께서는 이 모든 것이 너희에게 있어야 할 줄을 아시느니라(마 6: 25-26, 32)

8 교육의 과정과 교육목적

1) 교육의 과정

모든 종류의 교육행위 속에는 의도성과 계획성에서 다소간의 차이는 있겠으나 교육을 위한 일정한 순서, 일정한 과정(過程)이 존재하기 마련이다. 일정한 순서나 절차에 따라 교육이 이루어질 때 필요 없는 시간 및 경비의 낭비를 막고 좀 더 체계적인 교육을 실시할 수 있다고 할 수 있다.

일반적으로 교육이 이루어지는 과정을 간략화하면 아래의 그림과 같이 ① 교육목표의 설정, ② 교육내용의 선정, ③ 교육내용의 조직, ④ 교수-학습과정, ⑤ 교육평가라는 다섯 가지의 요소로 구별할 수 있다.

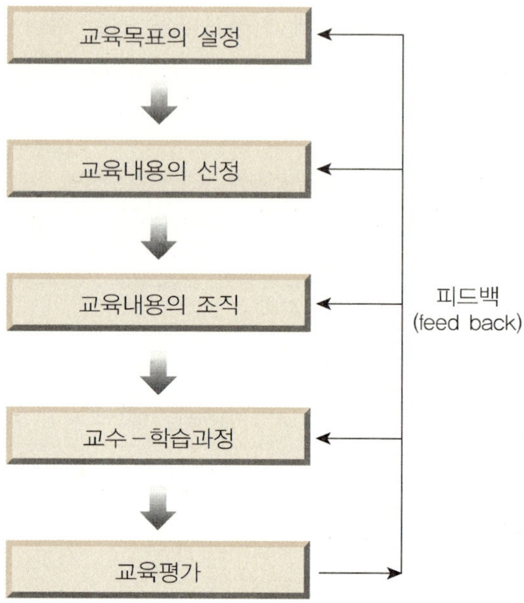

그림 1-3 교육의 과정 개괄

그런데 이러한 요소들 간의 관계는 단순한 단계상의 직선적 과정이 아니라 순환적이고 상호 보완적 관계에 놓여 있다. 이중 교육목표의 설정은 교육의 과정 중 제일 먼저 고민해야 할 작업이며, 나머지 과정들은 교육목표를 달성하기 위한 합목적적이고 연관된 활동들이라 할 수 있다.

2) 교육이념, 교육목적과 교육목표

교육목적이라고 할 때 교육이념, 교육목적, 교육목표, 학습목표 등을 통칭하기도 하나, 그 위계에 있어서는 엄연한 역할 구분이 있게 마련이다.

- **교육이념**: 한 국가, 사회가 지향해야할 교육적 이상이자 지향점이라 할 수 있으

며, 우리나라의 교육이념은 '홍익인간(弘益人間)'으로 '자기뿐 아니라 널리 유익이 되는 사람'을 지향하고 있는 것이다.

- **교육목적**: 각 급 단계의 교육기관에서 교육이념의 가치와 부합되면서도 각 기관의 설립목적에 맞게 키워내고자 하는 이상형을 제시한 것이라 하겠다.
- **교육목표**: 교육목적을 교육과정과 연계하여 좀 더 구체화한 실질적인 목표라고 하겠으며, 교사가 학생들을 직접 가르쳐서 달성하고자 하는 학생자신의 어떤 학습 성과라고도 표현할 수 있다.

구분하자면, 교육목적을 정수화(精粹化)한 것이 교육이념이고, 구체화한 것이 교육목표라고 구분지을 수도 있다(정범모, 2010).

그리고 그 하위의 단계로서는 개별 교과의 학습단원에서 달성하고자 하는 학습목표, 매 시간 수업을 통해 달성하고자 하는 학습목표 등으로 더욱 명세화할 수 있을 것이다.

3) 교육의 목적에 관한 논의의 역사적 전개

교육의 목적이 어떠해야 하는가에 대해서는 오랫동안 철학자들 사이에서 논의되어 왔다. 교육의 목적과 관련하여 대표적인 논의를 제기한 철학자들로는 플라톤, 루소, 듀이, 피터스, 화이트헤드 등을 들 수 있겠다.

플라톤은 이상적인 교육의 목적을 정의국가의 실현으로 보았다. 그에게 있어서 정의란 서로 다른 집단 간에 균형과 조화를 필요로 하며, 각 개인이 자신의 천성에 따라 공정한 대접을 받는 것이었다. 인간의 영혼이 욕망, 의지, 이성의 세 부분으로 이루어져 있어서 이들 간에 서로 균형을 유지할 때 개인도 가장 좋은 개인이 되듯이 본래 국가생활의 경우도 양식과 생업, 외부에 대한 방어 그리고 이성을 통한 계도 등이 필요하게 마련이라고 보았다. 그런데 이 세 가지의 과제를 위해서는 여기에 일치하는 생산자, 수호자 그리고 통치자의 세 계급이 있게 마련이고, 정의란 다름 아닌 이상의 세 계급 간의 균형과 조화의 상태라는 것이다. 그러므로 플라톤은 사회 성원이 각자의 역할을 가장 잘 달성할 수 있는 교육을 통해서 이상적이고 균형 있는 정의로운 사회를 이룩하는 것을 교육의 목적으로 삼았다. 플라톤에 있어서 교육목적은 개인적인 것이 아니라 사회적인 것에 중점이 놓여 있다고 할 수 있겠다.

루소는 아동의 자유로운 개성 실현을 교육의 목적으로 삼았다. 당시 아동의 발달과 교육에 영향을 미치며, 개개인의 정체성을 빼앗아 가고 있는 국가나 사회 그리고 부모의 간섭과 구속을 비판하면서 아동의 자유로운 성장을 중시하였다. 그는 중요한 발달시기에 있는 아동을 위해서는 사회의 관습이나 인습적 제약 대신에 어른이 아닌 자연으로부터 그리고 교재가 아닌 경험으로부터 배워야 한다고 주장했다. 즉, 중요한 발달시기에 사회의 영향으로부터 벗어날 때 비로소 아동은 자신의 본성에 따라서 참된 개별적인 인간으로 자유롭게 발전할 수 있다고 보았다. 이렇게 볼 때 루소는 교육의 목적을 정의로운 사회의 건설에 두었던 플라톤과는 달리 유일한 개성의 발전과 실현에 두었던 것이다.

듀이는 교육은 개인적 목적과 사회적 목적 모두를 가져야 한다고 생각했다. 사회적인 요구나 필요에 개인의 발달을 희생시킬 수도 없고, 사회적 조화와 균형을 희생시키면서까지 개인의 자유를 허용하고 있지도 않다. 그는 플라톤이 말하는 개개인의 차이와 사회 내에서의 협력에는 공감하나 민주사회에서의 교육은 세 계층에게 적합한 교육보다 훨씬 다양해야 한다고 보았다. 그리고 루소가 말한 개성, 자유, 경험의 중요성에는 공감하나 우리의 자연적 능력은 다른 사람과의 상호작용을 통해서 생기고 계발되는 것이라고 사회와의 관련을 중시했다. 그는 두 가지 모순되는 교육목적을 이상적인 민주사회, 즉 자유로우면서도 동시에 서로 협력하는 환경 안에서 개개인을 교육함으로써 조화시키려고 하였다.

화이트헤드 역시 개인과 사회 발전을 교육목적에 관련시켰으나 이때의 사회는 개인의 확대된 자아의 개념이었다. 그는 학생 중심, 아동 중심의 목적을 기초로 하고 그것을 확장시켜서 타인의 복지에까지 연관시키고자 하였다. 교육의 목적은 자율적인 개인의 양성, 개인의 복지에 일차적인 비중을 두어야 하나, 개인의 진정한 복지는 타인의 번영과 불가분 얽혀 있는 복지일 수밖에 없으므로 서로 관련될 수밖에 없다는 것이다. 그리고 이는 자율적 존재자인 아동들에게 사리 분별을 통해 타인의 복지를 존중할 때 결국 참다운 나의 복지가 이루어질 수 있다는 확대된 자아개념을 지니게 함으로써 가능하게 된다고 보았다. 결국 그는 교육목적은 학생 중심의 자율성 증대라는 측면이 중심이 되어야 하되 이는 타인에 대한 도덕적 의무 및 경제적 목적들과 관련을 가져야 한다고 주장하였다.

4) 우리나라의 교육목적

우리나라는 교육을 중시하여 헌법과 교육기본법 등의 제정을 통해 교육목적과 교육방침을 설정하고 그것에 의거해 교육을 실시하고 있다.

교육기본법(법률 제11690호, 2013. 3. 23) 제2조에는 우리나라 교육의 기본 이념과 목적이 제시되어 있다. 즉, "교육은 홍익인간(弘益人間)의 이념 아래 모든 국민으로 하여금 인격을 도야(陶冶)하고 자주적 생활능력과 민주시민으로서 필요한 자질을 갖추게 함으로써 인간다운 삶을 영위하게 하고 민주국가의 발전과 인류공영(人類共榮)의 이상을 실현하는 데에 이바지하게 함을 목적으로 한다"라고 명시되어 있다.

교육기본법에 나타난 홍익인간이란 널리 인간을 이롭게 한다는 뜻으로 실로 인간의 행복을 위하고 인간생활을 유익하게 하는 인류 역사의 숭고한 이념이기도 하다. 홍익인간의 이념에 비추어 볼 때 우리나라의 교육이상은 이기적인 사람이 아닌 자아 희생적이며 봉사정신이 투철한 이타적인 인간 그리고 더불어 협동하면서 살아가는 인간을 양성하고자 한다고 할 수 있다.

유치원을 비롯한 각급 학교의 교육목적은 이러한 교육의 이념과 목적을 좀 더 구체화한 것이라 볼 수 있다. 유아교육법, 초・중등교육법, 고등교육법 등을 통해 각급 학교의 목적과 운영 전반에 대해 규정하고 있다.

대학의 경우는 고등교육법(법률 제12174호, 2014. 1. 1) 제 28조에 교육의 목적을 "대학은 인격을 도야(陶冶)하고, 국가와 인류사회의 발전에 필요한 심오한 학술이론과 그 응용방법을 가르치고 연구하며, 국가와 인류사회에 이바지함을 목적으로 한다"고 밝히고 있다. 그리고 전문대학의 경우는 제 47조에, "전문대학은 사회 각 분야에 관한 전문적인 지식과 이론을 가르치고 연구하며 재능을 연마하여 국가사회의 발전에 필요한 전문직업인을 양성함을 목적으로 한다"고 규정하고 있다.

9 교육과 교육학

모든 학문이 독자적인 학문으로 인정되고 발전하기 위해서는 상식적 논의의 수준을 넘어선 이론적 체계가 갖추어져야 한다. 즉, 고유한 연구대상과 고유한 연구방법을 지니고 있으며 그 연구의 성과를 이론화하고 체계화할 수 있어야 한다.

교육학은 교육의 현상과 행위에 관한 학문적 탐구과정과 그 과정을 통하여 획득된 지식의 체계를 통칭한다고 할 수 있다. 좀 더 구체적으로 말해 교육현상과 교육행위를 연구대상으로 삼고 있으며, 귀납법(歸納法)과 연역법(演繹法) 그리고 환원법(還元法) 등의 과학적 방법들을 연구방법으로 삼아 체계적으로 교육이론을 정립해 가는 학문이라 할 수 있다.

교육학이란 말이 문헌상으로 소개되기 시작한 것은 17세기 초 라트케(W. Ratke, 1571~1635)의 《교수의 방법(Methodus Didactica)》과 코메니우스(J. A. Comenius, 1592~1670)의 《대교수학(Didactica Magna)》에서였다.

그러나 일반적으로 헤르바르트(J. F. Herbart, 1776~1841)로부터 체계적인 교육학이 수립되었다고 볼 수 있다. 그는 교육의 목적을 윤리학 그리고 교육의 방법을 심리학에서 구함으로써 교육의 전 과정에 대한 이론을 사변적(思辨的)으로 전개하였다. 사변적 교육학은 이상과 자연, 정신과 육체의 변증법적인 조화와 통일을 인간의 의지와 능력으로 실현시킬 수 있다는 낭만적인 세계관에 서 있는 교육학으로, 헤르바르트 이래 독일을 중심으로 발전하였다.

이러한 독일의 사변적 교육학에 반기를 들고 나선 사람이 프랑스의 사회학자 뒤르켕(E. Durkheim, 1858~1917)이었다. 그는 교육이라는 현상이 시대와 민족에 따라 다르다는 입장에서 그리고 가치중립적인 관점에서 교육의 법칙을 포착하려고 하였다. 즉, 객관적이고 실증적인 방법에 의한 교육학 연구를 중시하였다. 이렇게 함으로써 교육의 본질, 목적, 방법, 제도, 행정의 원리를 규범적으로 미리 규정하였던 종래의 전통적인 교육학에 대하여 교육을 사회적・역사적 현상으로 보고, 그 성질 및 기능을 가치중립적으로 연구하는 새로운 '교육과학(science of education)'을 탄생시켰다. 이후에 여러 학자에 의한 여러 계보의 교육학이 부침(浮沈)하면서 교육학이 발전하여 왔다.

학문의 일반적인 기능과 목적이 그러하듯이 교육학은 교육활동 또는 교육현상을 객관적으로 기술하고, 타당하게 설명하며, 합리적으로 예언할 수 있는 지식체제와 이론체제를 구축함을 목적으로 한다.

그런데, 이제까지의 교육학은 대체로 통일적 이론의 구성을 위하여 전통적으로 철학이나 역사학과 같은 인문과학에 의존하거나 법학과 정치학 그리고 경제학 등의 사회과학에 의지해 왔고, 또 그 실천을 위하여 생물학, 심리학, 사회학, 민속학, 인류학 등 여러 학문의 방법을 빌려 활용하고 있다. 다양한 학문들과의 연계성 속에서 교육학이 발전해왔던 것은 어찌 보면 당연한 일이기도 하다. 한 국가의 정치, 경제와 상관이 없는 교육이란 있을 수 없으며, 인간을 위한 학문으로서 그 사회의 주류를 이루는 가치, 종교, 전통과 무관한 학교교육도 있을 수 없기 때문이다(전성은, 2011). 교육은 단순하지 않으며 수많은 요소가 복합적으로 작용하는 현상이기 때문에 교육을 연구하는 교육학은 다양한 학문적 접근과 지원을 필요로 하는 종합 학문적 성격(손영환 · 권미량, 2008)을 지닐 수밖에 없다고 하겠다.

그러나 교육학은 다양한 인접 학문들의 연구방법과 연구 성과의 지원을 받으면서 성장하여 왔기 때문에 교육학의 학문적 독자성에 대한 회의를 불러오기도 했다. 이는 응용과학, 종합 학문적 성격을 지닌 교육학의 성격과 그 특유의 독자적 과학으로서 존립하기 위한 통일적인 조직적 체계 구축과의 모순 속에서 대두되었다고 할 수 있다. 바로 이러한 모순의 극복이 교육학의 주요 과제가 된다고 할 수 있다. 다시 말하면 교육학은 다양한 인접 과학과 관련되어 그의 연구방법에 의해 규정을 받으면서도 그들 인접 과학에 예속되지 않고 독자성을 유지하는 학문체계를 수립해야 한다는 사실이다(안기성, 1993).

인접 과학들과 연계성을 지니면서도 독자성을 유지한다는 것은 결코 쉬운 일이 아니다. 그동안 교육학의 독자적 성격에 대한 회의와 함께 다른 인접 학문들과 크게 구별할 수 있는 교육학 자체의 고유한 학문 영역과 방법을 찾기 위한 시도들이 진행되기도 하였다. 그러나 교육학이 종합 과학적 · 응용과학적 성격을 지닌다고 하여 무조건 독자적인 학문 영역이 뚜렷하지 못하다고 비난하는 것은 무리이다. 교육학이란 결국 인간 형성과 관련된 제 이론을 다루는 학문이라고 할 수 있고, 이렇게 볼 때 오히려 인접 학문들의 연구 성과를 수렴하면서도 '인간 형성을 위한 체계적인 학문'으로 발전시키는 것이 더욱 중요한 과제라 할 것이다.

교육학의 하위 연구 분야는 어떤 교육현상을 어떤 시각으로 다루느냐에 따라서 달라질 수 있는데, 일반적으로 교육철학, 교육사, 교육사회학, 교육과정, 교육심리학, 교육행정학, 교육공학, 비교교육학, 교육평가, 교육경제학, 교육정치학 등으로 분류하기도 한다.

연구 및 토의 과제

1 어원으로 본 교육의 개념을 간략히 정리해 보자.

2 교육에 대한 정의 유형을 살펴보고, 자신의 견해를 밝혀 보자.

3 교육의 형태와 교육관에 대해서 정리해 보고 자신의 견해를 밝혀 보자.

4 교육목적에 관한 논의의 전개과정을 간략히 정리해 보고, 자신의 생각을 발표해 보자.

5 교육학의 성격에 대해 논의해 보자.

6 다음의 각 개념들을 간략히 정리해 보자.

① 교육적 행위
② 교육의 형태와 3대 요소
③ 3대 교육관
④ 교육가능성
⑤ 평생교육
⑥ 교육의 과정(過程)
⑦ 교육과학

02
Chapter

교육의 역사적 기초

1. 교육사 연구의 의의
2. 우리나라의 교육 발전(한국 교육사)
3. 서양의 교육 발전

우리가 과거의 역사를 공부하는 목적은 무엇인가? 그것은 아마도 과거 사실을 제대로 이해하고 규명하는 데 머물지 않고, 나아가 과거, 현재, 미래의 관련 속에서 현재와 미래를 위한 올바른 방향 설정의 지혜를 얻고자 함에 있을 것이다.

본 장에서는 우리나라와 서양의 교육을 시대적으로 간략히 개관하고 발전 양상을 살피고자 한다.

1 교육사 연구의 의의

오늘날 존재하는 인간의 모든 제도와 관습, 사상은 과거의 산물이며, 그것은 끊임없이 미래에 영향을 주고 있다. 그러므로 역사를 연구하는 일은 현재 우리의 삶을 제대로 이해하는 토대가 되며 미래를 예견하는 길잡이가 된다.

교육사(教育史)는 교육의 제도와 이념 등 제 사상의 형성과 발전, 전개에 관한 역사적 과정을 연구하는 학문이라고 할 수 있다. 한기언은 교육사를 공부하는 까닭을 다음 세 가지로 정리하였다(한기언, 1985). 첫째, 교육적 예지(叡智)를 얻기 위해서, 둘째, 교육 현실에 대한 본질적 이해를 위해서, 셋째, 현대문화 비판 및 미래사회 발전의 지남(指南)을 위해서라는 것이다. 이처럼 우리는 교육사 연구를 통해서 현재 교육의 본질을 바르게 이해하고 보다 나은 미래의 교육을 설계하는 기초적인 안목을 형성할 수 있다.

걸어온 길을 돌아보지 않는 학문과 지식은 장님이 되고, 앞으로 나아가지 않는 학문은 덫이 된다. 뒤를 돌아보고 앞을 향할 때만 진리가 된다(전성은, 2011: 22).

2 우리나라의 교육 발전(한국 교육사)

1) 원시시대

원시시대란 문자에 의하여 삶의 경험들을 기록하고, 사회 존속을 위해 그것들을 형식적이고 체계적으로 전달하지 못한 훨씬 이전의 오랜 시기를 말한다. 교육사가(教育史家)들은 원시시대의 교육이 실제 생활의 모방을 통한 무의도적·무계획적인 교육이었다고 지적하고 있다.

원시사회는 모계 중심의 씨족사회였으며, 자연의 만물이 다 영혼을 가지고 있다고 생각하는 애니미즘(animism)과 샤머니즘(shamanism)을 바탕으로 그들의 환경을 해석하고 그것에 적응하려고 했던 사회였다. 그러므로 연장자를 도와서 흙, 나무, 돌, 뼈 등으로 일용품을 만드는 일과 고기잡이, 사냥, 농사, 바느질 등의 생산활동에 참여하는 일, 그리고 공동으로 맹수나 외적의 침입에 대항하여 싸우는 일 등이 곧 삶의 현장에서 이루어지는 교육활동이었을 것이다(박의수 외, 2008).

그러나 원시사회는 초기의 모방과 무계획의 단계를 지나 점차 커다란 자연재해나 외적과의 전쟁 등 부족 전체의 안녕과 존속을 위한 공동의 노력이 필요한 시기에 이르게 되면서 성년식과 같은 공적인 교육행위를 실시하게 된다. 원시사회의 생활양식 중 성년식(成年式)은 원시교육의 가장 보편적 형태로서 널리 성행했다고 볼 수 있는데, 기록에 의하면 원시 한족에게도 성년식 풍속이 있었음을 알 수 있다. 즉, 중국의 삼국지 위서(魏書)의 동이전(東夷傳)에 의하면 '나라에서 관리로 하여금 성곽을 쌓을 때 장정들이 필요하매, 젊고 용감하며 강건한 청년들을 모아 등가죽에 구멍을 뚫고, 또 그 줄에 큰 나무를 매달아 하루종일 환호하며 힘써도 아프다고 하지 않으면 건장하다고 하였다(其國中有所爲及官家使築城郭 諸年少勇建者 皆鑿背皮以大繩貫之 又以丈許木揷之 通日歡呼作力不以爲痛旣以勸作 且以爲健常)'는 것이다. 성년식은 종교적 의식과 함께 신체적 고통을 가하고 이를 잘 견디는 자에게 성인으로 인정해 주는 의식으로서 미성년자들에게 그 사회의 규범을 체득시키고 인내와 극기를 배우게 함은 물론 연장자에 대한 복종과 존경 의식을 지니게 하는 교육적 역할을 하였던 것이다.

이밖에 단군신화에 나오는 홍익인간의 이념이나 팔조법금(八條法禁) 등을 살펴볼 때 고대 한인들은 비록 의도적이고 계획적인 교육은 실시하지 못했다 하더라도 인본 중시 민본사상을 생활 속에서 배우고 익혔음에 틀림없다.

2) 삼국시대

고구려, 백제, 신라의 고대 국가가 세력을 다투던 삼국시대에 이르러 중국과 접촉하면서 한자와 유학경전이 수용되고, 원시적 무속신앙 이외에 고등종교인 불교나 도교 등이 전파되었다. 그리하여 교육은 문자에 의한 제도적인 교육으로 발전하였다.

(1) 고구려

고구려는 삼국 중 중국과 가까운 지리적 이점 때문에 일찍부터 한(漢) 문화의 영향을 받아들여 유학을 장려하고 숭상하였다. 기록상으로 보아 고구려에는 두 종류의 교육기관이 있었는데, 관학 고등교육기관이라고 볼 수 있는 태학과 사립 교육기관이라 할 수 있는 경당이 그것이다.

태학(太學)은 소수림왕 2년(372)에 설립되었으며 자세한 기록은 알 수 없으나 귀족의 자제들을 대상으로 오경(시 · 서 · 역 · 예기 · 춘추)과 삼사(사기 · 한서 · 후한서) 위주의 유교교육을 실시하여 유교 교양을 지닌 관리를 양성코자 하였던 것 같다. 태학은 학교교육의 시초요, 유교교육의 기원으로서 교육사적인 의의가 있다.

태학이 고등교육 수준의 관학인데 비하여 경당(扃堂)은 초등 · 중등 및 고등교육의 성격을 겸비한 지방의 사학 교육기관이었다. 지방의 촌락에 설치하여 일반 평민의 자제와 지방 호족의 미혼 자제를 대상으로 경서와 활쏘기(習射)를 겸하였다. 경당에 대한 기록을 볼 때 고구려인들의 풍속은 서적을 사랑하고 자발적으로 자제의 교육에 힘썼다는 점과 책읽기와 활쏘기를 겸한 문무일치의 교육을 행하고 있었음을 알 수 있다.

(2) 백제

백제는 제도적으로 학교가 존재했다는 기록은 없다. 그러나 박사라는 제도가 있었다는 것과 서기 375년에 박사 고흥으로 하여 서기를 만들었고, 왕인이 서기 285년에 일본에 천자문과 논어를 전했으며, 백제의 관직 중 교육을 담당하는 내법좌평이라는 관직명이 있었다는 점 등을 종합해 볼 때 분명히 높은 수준의 학교가 존재했음을 추측할 수 있다. 백제는 교육과 학문수준이 상당히 발전하였고, 이를 일본에 전해줌으로써 일본 초기의 문화 발달에 커다란 영향을 끼쳤다.

(3) 신라

신라는 지리적 여건에 의해 고구려나 백제에 비해 중국 문화의 접촉도 늦었으며 문화수준도 높지 못했다. 그러나 신라는 통일 전에는 화랑도라는 독자적이면서도 자발적인 교육제도를 통해 인재를 양성함으로써 통일의 기틀을 다졌고, 삼국통일 후에는 국학(國學)을 세워 관리를 양성하였다. 또한 당에 유학생을 파견하여 유학교육의 수준을 향상시키며 신라인의 학문적 우수성을 과시하기도 하였다.

① 화랑도 교육

화랑도는 상고시대의 전통을 계승하면서 자발적으로 형성된 단체로서 전통 계승 면에서나 교육과정 면 그리고 이념면에서 우리 교육의 모형이요, 이상이라고 할 수 있으며 교육사적 의미도 매우 높다. 화랑도는 국선, 풍월도, 풍류도, 부루교단 등으로 불리며, 전통사상 위에 유・불・선 등 외래사상을 받아들여 묘합(妙合)・융합시켰으며, 원광의 세속오계(世俗五戒)를 수양의 지침으로 삼았다. 화랑도는 평화 시에는 사회적 지도자를 기르는 수양단체로서 유사시는 국가를 위해 죽음을 다하는 전사집단으로서 신라 통일의 중추적인 인재들을 배출하였다.

화랑도의 교육과정은 지적인 것보다 활동적인 것이었다. 신체 단련을 위해 칼 쓰기, 창 쓰기 등 무예를 연마하고, 명산대천(名山大川)을 두루 다니며 호연지기(浩然之氣)를 기르고, 국토에 대한 애착과 자연에 대한 직관을 도야하였다. 또한 춤과 시, 노래로 풍류를 즐기면서 정서를 연마했다. 참으로 화랑도 교육은 문무가 일치되고 지・덕・체가 겸비된 교육이었으며, 오늘날에도 계승해야 할 자랑스러운 교육 전통이라고 할 수 있다.

② 국학

신라는 삼국을 통일한 후 당의 제도를 참조하여 국학(신문왕 2년, 682년)을 설치 유교교육을 실시하였다. 국학은 15세 이상 30세 이하의 관직이 없거나 대사(大舍) 이하의 말단 관직을 지닌 사람을 대상으로 하여 9년 동안 교육을 실시하고, 졸업자를 승진시켜 주었다. 박사(博士)와 조교(助敎)를 두어 교육했으며 논어, 효경, 예기, 주역, 좌전, 상서 등 논어와 효경을 필수과목으로 하는 유교경전 위주의 교육을 그 내용으로 하였다. 논어와 효경을 위주로 유교경전을 가르친 것은 통일 후 신라가 전제적인 왕권 수립을 위해 충효의 가부장적인 윤리질서를 확립하고자 했음을 말해 준다. 국학의 완비와 함께 과거제도의 전신인 독서삼품과(讀書三品科)를 설치해 관리 채용의 기준을 골품제도보다는 유학 능력으로 전환하였다.

그런데 국학에는 실업교육이라 할 수 있는 잡학(雜學)교육으로 의학, 법률, 천문학, 산학 등을 두어 국가에 필요한 기술 인력을 배양했다. 교육방법으로는 관련 경전을 통한 이론과 실기과정을 겸한 것으로 생각된다. 신라는 비교적 잡학교육에도 많은 관심을 보여 천문학, 건축, 공예 등의 괄목할 만한 발전을 이루었다. 신라의 문화재를 대상으로 살펴볼 때 그 정교함과 찬란함, 내구성 등은 세계에 자랑할 만하며, 이는 모두 신라가 전문적 기술 인력을 양성하는 데 큰 관심을 보여 주었던 것을 대변해 준다고 볼 수 있다.

3) 고려시대

고려시대의 교육은 당과 신라의 제도를 모방한 형태로 이루어졌고, 문(文) 숭배로 치달아 무(武)가 경시되었으며, 과거제도와 밀접한 관련을 맺으면서 발전하였다. 학제를 볼 때 관학교육으로서는 중앙의 최고 학부로서 국자감(國子監)과 향교(鄕校) 및 5부 학당 그리고 사학으로는 12도(十二徒)와 서당(書堂)을 들 수 있다. 국자감은 일종의 종합대학의 성격을 지닌 것으로 유학과로는 국자학, 태학, 사문학의 3학과, 잡학과로는 율학, 서학, 산학의 3학으로 편성되었다. 지방 학교인 향교나 중앙의 5부 학당은 중등학교 수준이었다.

그런데 고려의 유교교육은 설비와 내용이 부진했던 국자감보다는 최충과 같은 학자들이 세운 12도에 의해 내실 있게 이루어졌다. 특히 과거제도와 밀접한 관련을 맺고 있는 고려의 학교교육 체제에서 사학인 12도 출신자들의 교육수준이 높았고, 과거급제율도 높아 사학 12도는 교육의 주도권을 쥐고 유학적 인재 배출에 공헌하였다. 특히 시를 짓는 방법으로 초에 금을 그어 놓고 초를 타게 한 다음 생도들로 하여금 시간을 다투어 시를 짓게 하여[각촉부시(刻燭賦詩)], 우수자에게 소작(小酌)을 베풀어 표창하는 경쟁의 원리를 도입하기도 하였다. 이밖에 서당이 등장하기 시작해 교육이 일부 서민계급에게도 개방되었으나 서당의 본격적인 발달은 조선조에 들어서였다.

기술 · 실업교육이라고 할 수 있는 율학(律學), 산학(算學) 등은 후기에 들면서 모두

행정관청에서 담당하였다. 설립목적은 해당 관청의 하급관리 양성에 있었으며, 대개 교육과정은 전문 분야의 지식과 교양, 그리고 실무를 겸하여 이루어졌다. 문(文) 위주의 유교 교양을 중시했던 고려는 무(武)를 천시하고, 기술 분야의 교육에 큰 비중을 두지 않았다.

4) 조선시대

(1) 성리학 이념의 내면화

조선시대는 국왕을 정점으로 하여 양반, 중인, 상민, 천민의 네 계층으로 신분화된 사회였으며 유교, 특히 성리학을 이념적 배경으로 하는 사회였다. 조선조의 교육은 고려조의 학제와 연장선상에 놓여 있었다. 구체적으로 살펴보면 관학으로는 중앙에 최고 교육기관인 성균관(成均館)과 4부 학당, 향교와 종학(宗學) 등이 있었고, 사학으로는 서원(書院)과 서당이 있었다.

조선조의 교육들은 문과(생진과와 문과로 구성)와 무과, 잡과로 치러지는 과거제와 깊은 관련을 지니고 실시되었다. 그런데 조선조의 교육들은 과거를 통한 관리양성이라는 목적과 함께 성리학적 세계관을 이념화시키는 데도 주력하였다. 성균관이나 향교 등에서 문묘제례 및 선현에 대한 제사를 함으로써 자연스럽게 유교 이념을 내면화시켰고, 향교를 통해 특별강습, 향음례(鄕飮禮), 향사례(鄕射禮), 양노례(養老禮) 등의 행사를 거행함으로써 노인 공경과 덕행 존중의 풍토 조성에 힘썼다.

조선조에 들어서면서 일반 서민의 자제들에게도 교육기회가 확대되었는데, 특히 서당의 발흥과 그 맥을 같이한다. 서당은 비형식적 사설 초등교육기관으로서 국민들에게 읽기, 쓰기, 글짓기 등의 기초적인 교육을 담당하였다. 조선조는 전국 곳곳에 서당이 세워져 기초교육에 진력하였을 뿐만 아니라 한글의 창제로 서민들이 쉽게 글을 읽을 수 있게 되는 등 서민들에게 비교적 교육기회가 넓게 열려져 있었다.

그러나 조선 사회는 척불숭유(斥佛崇儒)로 대표되는 유교 중심의 사회였으며, 특히 성리학의 이념을 고수하는 사회였다. 그러므로 성리학 일변도의 교육은 사대주의적이고 주지주의적으로 흘렀고, 민중의 삶의 문제와는 점점 괴리되는 공론으로 흐를 수밖에 없었다.

(2) 실학교육

이러한 사대주의적이고 실생활과 괴리된 학문 풍토에 대해 비판과 자성의 목소리가 의식 있는 학자들에 의해 높아지면서 임진왜란 후부터 실학이 등장하게 된다. 실학은 청의 고증학(考證學)과 서양 문물의 전래 등의 외부적 요인과 함께 관념적이고 추상적인 성리학 풍토를 비판하는 내적 요인이 작용하여 실용적이고 실증적인 학문 풍토와 민본 위주의 주체적인 사상 풍토로 전개되었다. 그러므로 유형원, 이익, 박지원, 정약용 등이 중심이 된 실학운동은 근대지향적인 개혁운동이었다. 이러한 실학의 발전에 따라 교육에 있어서도 과거제 폐지와 학교교육의 내실화, 능력 위주의 인재 선발, 반상 차별의 개혁과 교육기회의 확대, 실용적 교육 중시와 주체성 교육의 중시 등이 강조되었다. 실학운동은 그 후 개화사상으로 연결되어 근대화의 내재적 원리로 작용하였다.

5) 근대의 교육

1876년 강화도 조약을 기점으로 우리나라는 문호를 개방하고 근대화를 추진하게 되었다. 근대화를 실현하기 위해서 정부와 민간이 하나가 되어 외국과의 통상교류와 함께 신식교육을 받은 인재 배출에 힘썼다. 1883년에 민관이 합심하여 세운 최초의 근대식 사립학교인 원산학사를 위시하여, 같은 해 묄렌도르프(Möllendorf)에 의해 통변학교(通辯學校)가, 1886년에는 영어교육을 목적으로 정부에 의해 육영공원(育英公

院)이 설립되었다. 그리고 1894년 갑오개혁에 의해 과거제가 폐지되고, 1895년 2월 근대교육을 통한 교육입국을 천명한 교육칙서(教育勅書)가 발표되는 등 근대교육을 위한 법적 체제가 갖추어지게 되었다.

그리고 우리나라의 근대교육은 선교사들의 공헌에 크게 힘입게 되었다. 배재학당, 이화학당, 경신학교 등 선교사들에 의해 세워진 학교들은 신식 교육과정을 통해 주체적이면서도 선구적인 인재를 배출함으로써 한국의 근대화에 크게 기여하게 되었다. 이밖에도 애국계몽사상가들에 의해 많은 사립학교들과 교육단체들이 속속 설립되면서 신교육을 통한 조국 근대화의 열기를 고취시켰다. 근대교육 발전의 특징을 개괄해 보면 다음과 같다.

① 과거 중심의 구교육체제를 일소하고 근대적인 교육과정을 수용했다.

② 소학교 → 중학교 → 전문학교・대학으로 연결되는 계통적 교육체제가 형성되었다.

③ 남녀평등, 신분차별 철폐의 기회균등과 초등교육의 의무화에 대한 원칙이 정착되었다.

④ 사학과 기독교계 학교가 주류를 이루면서 발전하였다.

⑤ 외국어교육, 교원 양성, 실업교육이 강조되었다.

그러나 이러한 우리 민족의 교육을 통한 근대화의 노력은 일제의 침탈의욕에 의해 좌절되는 비운을 맛보게 되었다. 일제는 1910년 무력에 의해 한국을 강점한 후 교육의 식민지화를 획책하였다. 일제는 충량(忠良)한 황국신민(皇國臣民)을 양성한다는 목적 하에 식민지화를 추진하고, 실용적이란 미명하에 초보적 실업교육에 치중하였으며, 지속적으로 민족성 말살을 위한 교육정책을 실시하였다.

우리나라의 교육 발전을 간략히 요약하면 〈표 2-1〉과 같다.

표 2-1 한국 교육의 발전 요약

<table>
<tr><th>시 기</th><th colspan="3">교육적 특성</th></tr>
<tr><td>원시시대</td><td colspan="3">• 문자사용 이전단계, 모방적·무의도적 교육 → 원시성년식
• 홍익인간의 이념, 인본 중시 민본사상</td></tr>
<tr><td rowspan="3">삼국시대</td><td colspan="3">• 한자와 유학경전, 유교·불교·도교 전래</td></tr>
<tr><td>고구려</td><td>백제</td><td>신라</td></tr>
<tr><td>–태학: 최초의 관학(고등교육)
–경당: 사학, 독서와 활쏘기</td><td>–교육과 학문수준이 높았을 것이나, 학교에 대한 기록이 없음</td><td>–화랑도(지·덕·체 겸비의 주체적인 전인교육)
–통일이후: 국학(독서삼품과, 실업교육 중시)</td></tr>
<tr><td>고려시대</td><td colspan="3">–관학: 국자감, 향교, 5부 학당, 사학: 12도, 서당
–과거제도 시행, 문(文)중심의 유교교육, 실업교육과 무(武) 천시
–외침과 재정고갈 등으로 관학 부진. 사학 12도가 교육의 주도권</td></tr>
<tr><td>조선시대</td><td colspan="3">–관학: 성균관, 4부 학당, 향교, 종학, 사학: 서원, 서당
–성리학 이념의 내면화 중시, 성리학의 차원 높은 발전
–성리학 일변도의 경직화에 대한 반발로 근대지향적인 실학 등장</td></tr>
<tr><td>근 대</td><td colspan="3">–문호 개방과 교육근대화 추구(정부, 민간, 선교단체)
–근대적 교육과정, 계통적 교육체제, 사학과 기독교계 학교가 주도</td></tr>
</table>

3 서양의 교육 발전

1) 그리스와 로마 교육

(1) 그리스 교육

아리안족이 중심이 된 그리스인들은 기원전 1200년경에 지중해 연안에 각기 작은 도시국가(polis)를 이루면서 발전하였다. 그들은 일찍부터 무역에 힘쓰면서 화폐를 사용하였는데, 화폐의 사용은 '수'의 발달을 가져오게 하고 추상적인 사유를 발달시키는 결과를 낳게 되어 논리적이고 추상적인 학문 경향으로 흐르게 되었다. 그리고 이러한 사유 특성은 서양의 학문적 특성으로 자리 잡고 발전하게 되었다.

그리스 문화의 중심은 아테네(Athens)와 스파르타(Sparta)였는데, 두 도시국가는 정치적 지향점이 크게 달랐으며 이것은 교육에 그대로 반영되었다. 아테네는 시민에 의한 동등한 권리를 기반으로 직접민주정치를 실현하였으며, 민주정치의 발전을 위해 시민들의 개인적 수월성과 조화적 성장을 중시하였다. 그래서 교육의 목적은 심신이 조화롭게 발달하고 국가와 사회를 위해 헌신할 수 있는 선미한 인간을 양성하는 것이었다. 그러므로 아테네는 시민의 자제들에게 적절한 운동 경기를 통하여 신체를 단련시키는 한편 문학과 음악, 미술과 철학 등을 학습시키고, 자유로운 토론과 국가 행사에 참여시킴으로써 개성이 풍부하고 심신이 건강한 시민을 양성하고자 하였다.

스파르타는 이웃 영토의 정복과 이들을 다스리는 데 필요한 무력적인 힘의 양성을 중시하였다. 그래서 스파르타의 교육목적은 국가에 대한 충성심을 가진 호전적인 시민을 양성하는 것이었으며, 이상적인 군인에 필요한 강한 힘, 용기, 복종, 인내력 등을 계발시키고자 하였다. 교육내용은 체육과 군사훈련이었고 이밖에 최소한의 읽기, 쓰기, 셈하기 등을 가르쳤다. 그리고 교육방법은 대부분이 훈련을 통한 엄격한 방법이었으며, 체벌을 가하는 무자비한 것이었다.

그리스시대의 대표적 교육사상가로는 지행일치를 중시하고 산파술로 유명한 소크라테스(Socrates, B.C. 469～399), 이상적인 철인정치를 중시하고 이데아의 세계를 지향했던 플라톤(Platon, B.C. 428～348), 그리고 현실 세계의 이해에 터한 과학적 지식을 중시하고 이성에 의한 중용의 삶을 지향했던 아리스토텔레스(Aristoteles, B.C. 386～322) 등을 들 수 있다.

(2) 로마의 교육

이탈리아 반도의 소도시 국가였던 로마는 독특한 민족성을 바탕으로 이탈리아 반도는 물론 서지중해의 패권을 잡아 세계 제국으로 발전하게 되었다. 로마시대는 크게 왕정시대(B.C. 753~500), 공화정시대(B.C. 509~27) 그리고 제정시대(B.C. 27~395)로 구분할 수 있다.

로마 사회는 귀족적·계급적 사회였으며, 가족제도를 중시하였다. 그리고 로마인들은 아테네인들과는 달리 실제적이고 현실적이었으며 공리적이었다. 로마의 교육은 공화정시대까지는 로마의 전통이 크게 반영되어 실용성에 기반을 두고 애국적이고 유능한 공민을 양성하는 것을 목적으로 하였다. 가정교육이 중시되었고, 교육내용으로는 주로 12동판법과 체육 그리고 읽기·쓰기·셈하기 등이었다. 즉, 가정을 중심으로 이루어진 생활과 행동에 의한 교육이었다.

그러다가 로마가 세계를 정복하는 제정시대에 들어서면서 그리스 문화의 유입과 영향으로 전통적 교육 풍토가 변질되었다. 교육목적이 지적인 인간의 양성과 연설에 능숙한 웅변가를 기르는 것이었다. 이 시기에 들어서는 그리스 문법학교와 라틴어 문법학교 등의 중등교육기관이 생겨 문법·수사학·논리학·산술·기하·천문학·음악 등 일곱 개의 자유학과와 키케로의 문장과 웅변 등을 가르쳤다. 또한 수사학교와 철학학교 등 상류계층을 위한 고등교육이 번창하였다. 그러나 말기에 이를수록 로마교육은 형식적이고 인위적이며 언어주의화하는 경향으로 흐르게 되었다.

로마의 대표적인 교육사상가로는 인문주의적 교양을 지닌 웅변가 양성을 강조했던 키케로(Cicero, B.C. 106~43)와 체벌 부정, 조기교육, 개성 존중과 교사의 바람직한 자세를 역설했던 퀸틸리아누스(Quintilianus, 35~95) 등을 들 수 있다.

2) 중세의 교육

일반적으로 중세란 476년 서로마제국의 멸망으로부터 문예부흥운동이 싹트기까지의 약 1000년간을 말한다. 이 시기는 기독교적인 세계관이 학문, 예술, 정치 등을 지배하였으며, 사회・경제적 기반으로서는 봉건주의와 장원제도가 형성되었다. 중세는 그 기간만큼이나 역동적인 변화를 동반했던 시기였다. 그러므로 중세의 교육을 단순화하는 것은 무리이겠으나 대체적으로 내세주의와 신중심주의, 그리고 주정주의적인 특징을 지닌다고 볼 수 있다. 중세의 교육은 크게 기독교 교육과 세속교육으로 구분해 살필 수가 있다.

(1) 기독교 교육

먼저 중세의 기독교 교육은 문답학교, 고급문답학교, 본산학교(또는 사원학교), 수도원 교육 등으로 나눌 수가 있다. 문답학교는 예비자 학교라고도 하는데, 이교도나 세례를 받지 못한 사람들을 대상으로 기독교의 교리에 대한 문답을 통해서 예수의 생애, 부활, 심판 등의 기본 지식과 읽기・쓰기 등의 초보적 교육을 실시했다. 고급문답학교는 문답학교의 교사나 지도자를 양성할 목적으로 신학을 위시해 철학・수사학・천문학・문학 등을 가르쳤다.

본산학교(cathedral school)는 사원학교, 감독학교라고도 하며 교회의 지도자가 주재하는 본산에 위치하고 있었다. 이는 교회의 성직자를 양성하기 위한 고등교육기관이었으며, 성서・과학・철학・그리스・로마의 학예(學藝) 등이 전문적이고도 심도 있게 교수되었다. 특히 중세의 대표적 철학인 스콜라철학이 본산학교를 중심으로 발달하였다.

수도원학교는 수도원에 부속되어 승려나 수도사를 양성하였다. 기숙사 생활을 통한 인격교육이 가능했고 순결, 복종, 청빈 등의 정신을 내면화할 수 있었다. 수도원은 고전의 필사와 보존을 통해 고전 문화를 근세사회로 전파하는 데 큰 공헌을 하였고, 산업적 기술과 수공업 발달에도 기여하였다.

(2) 세속교육

중세의 세속교육으로는 크게 기사의 교육, 시민교육, 그리고 대학의 성장과 발달을 들 수 있다. 기사의 교육은 봉건제도 속에서 형성된 기사계급들에게 단계적 교육을 통해 신과 군주, 그리고 귀부인에게 봉사하며 무사로서 본분을 수행하도록 하는 데 목적을 두었다.

중세 유럽의 대학은 본산학교가 모체가 되어 스콜라철학의 발전, 사라센 문화의 자극으로 12세기 이후에 발달하였다. 본산학교를 기반으로 연구단체인 일반연구소(studium generale)가 성립되었고, 이것이 길드조직을 본떠 교수와 학생의 일종의 자발적인 학문의 조합 또는 단체(universitas)로서 자연스럽게 발달했는데 오늘날의 종합대학(university)의 호칭이 되었다. 대학은 점차 교회와 국가를 상대로 세력을 확대하고 병역과 납세, 처벌권 등에 관한 특권을 인정받으면서 발달하게 되었다. 최초의 대학은 이탈리아의 살레르노(Salerno)와 볼로냐(Bologna) 대학으로서 각각 의학과 법학에 명성을 떨쳤다. 또한 뒤를 이어 신학과 철학으로 유명한 파리(Paris) 대학과 그것을 모범으로 한 옥스퍼드(Oxford)와 케임브리지(Cambridge) 대학, 그리고 빈(Wien) 대학, 하이델베르크(Heidelberg) 대학 등이 설립되었다.

대학의 조직은 대개 신학, 법학, 의학 그리고 학부의 예비과정인 인문학부로 구성되어 있으며, 4년에서 7년 정도의 수학연한을 이수하게 된다. 3년 동안 인문학부에서 7자유학과, 논리학, 심리학, 자연과학 등을 마치면 학사학위(B.A)를 받아 조교가 되었고 교수들의 시험을 통해 신학, 의학, 법학 등의 전문 분야를 연구할 수 있었으며, 소정의 절차에 따라 석사와 박사학위를 취득하여 교수가 될 수 있었다. 그리고 교육방법으로는 주로 강의와 토론으로 진행되었다. 대학의 독립과 학문적 자유는 이처럼 중세 대학에서부터 발전하게 되었고 오늘에 이어지게 되었다.

이밖에 중세 말에 이르러 일반시민을 위한 교육이 생겨나게 되었다. 십자군의 원정으로 새로운 도시가 발달하고 상공업이 번창하게 되면서 부를 축적한 새로운 사회계층인 시민들이 생겨났으며, 이들은 그들을 위한 새로운 형식의 교육을 요구하게 되었다. 그에 따라 조합학교와 도제교육, 습자교육 등 생산과 기술 위주의 학교들이 생겨나게 되었다.

중세의 대표적인 교육사상가는 사랑과 용서, 교사의 권위, 어린이 존중, 신 앞에서의 평등 등을 강조한 예수 그리스도(Jesus Christ)와 이성과 신앙의 문제를 조화시키면서 지식 성취의 가능성을 제시한 아퀴나스(T. Aquinas, 1225~1274) 등을 들 수 있다.

3) 르네상스기의 교육

십자군 원정의 실패, 스콜라철학의 붕괴, 인쇄술의 발달과 지리상의 발견, 사라센을 통한 그리스 고전작품의 유입, 시민계급의 대두, 교회의 부패 등에 의해 14세기에 이르러 기독교적 내세주의의 제약에서 벗어나 현실적인 인간의 주체성을 회복하려는 인문주의가 일어나기 시작했다.

르네상스(renaissance)란 그리스·로마의 고전문학, 예술, 사상으로의 회귀요, 고전정신의 재생, 부활이라 할 수 있다. 르네상스기의 교육은 크게 이탈리아를 중심으로 전개된 개인적 인문주의와 북구 유럽 중심의 사회적 인문주의 그리고 말기의 키케로주의로 구분할 수 있다. 인문주의자들은 인간의 사고의 자유, 자기표현, 아동 인격의 존중 등의 교육을 강조하면서 중세적 교육의 불합리를 개선하려고 하였다. 그러나 16세기 말에 이르러 고전의 내면 정신보다 외적인 표현형식에 치우치고 모방과 암송에 급급해하는 등 키케로주의(Ciceronianism)에 빠지게 되었다. 르네상스기의 대표적 교육사상가로는 조기교육의 필요성, 흥미 존중과 자유스러운 아동교육의 중요성 등을 강조한 에라스무스(D. Erasmus)와 비베스(J. L. Vives) 등을 들 수 있다.

4) 종교개혁기의 교육

르네상스가 자아 발견을 통한 인간의 재생운동이라면 종교개혁은 형식적 교권주의에서 탈피하여 오직 성서에 의해서만 구원을 얻을 수 있다는 신앙 해방 운동이자 중세를 해체시킨 사회개혁 운동이요, 교육개혁 운동이기도 했다. 종교개혁은 루터(M. Luther, 1483~1546)와 쯔빙글리(H. Zwingli, 1484~1531), 칼빈(J. Calvin, 1509~1564) 등에 의해 성직자 계층의 부패와 타락, 교회 의식의 형식화를 비판하면서 오직 성서와 신앙에로의 복귀를 강조하였던 일련의 운동이었다. 종교개혁은 종교의 순수화를 통해 중세를 부정하고 서민을 주축으로 사회적·도덕적 개혁을 일으켰다.

특히 루터는 믿음을 통해서만 의로워지며 구원을 얻을 수 있다는 주장 하에 성서를 읽고 개인적 구원을 얻도록 하기 위해 모든 국민들에게 글을 가르쳐야 한다고 강조하였다. 그는 참다운 신앙생활을 위해 교육의 필요성을 중시하였는데, 그의 주장은 취학의 의무화, 공교육제도의 실시 필요성, 여자교육, 가정교육의 중요성과 학교에서의 풍부한 교육과정의 필요성, 아동 인격의 존중과 엄격한 체벌의 반대, 실제 사물에 의한 교육방법, 교직의 중요성과 고귀성 등 매우 선진적인 것이었다. 특히 초등교육의 의무화와 공교육의 실시는 근대교육 발전의 핵심이었다.

루터를 위시한 종교개혁가들의 노력은 구교 자체의 정화와 개혁을 가져왔는데, 예수회(Jesuit Order)와 기독교형제단체(Brothern of Christian Schools) 등에 의한 활동과 교육개혁이 그것이었다. 또한 고타 교육령과 매사추세츠 교육령 등을 제정하여 공교육화를 정착시키는 원동력으로 작용하기도 했다. 그러나 종교개혁도 말기에 이르러서는 근본정신을 상실한 채 언어주의, 기억주의, 서적주의로 흐르게 되었다.

5) 실학주의의 교육

실학주의는 자연과학의 발달과 경험론과 합리론 철학의 영향을 받아 형성되었으며, 인문주의와 종교개혁가들의 편협성과 형식주의에 대항하여 인간생활의 실용적 가치를 중시하는 일련의 사조였다. 실학주의는 관념보다는 사물을 중시하고, 언어나 서적을 통한 교육보다는 실물 자료에 의한 교육을 중시하며, 상업이나 외교 등 사회생활에 필요한 교육을 중시하였다. 실학주의는 크게 인문적 실학주의, 사회적 실학주의 그리고 감각적 실학주의로 구분하여 살펴볼 수 있다.

(1) 인문적 실학주의

인문적 실학주의(humanistic realism)는 고전의 연구를 통해 실생활에 잘 적응할 수 있는 사람을 양성하려고 하며, 고전 연구에 있어서 형식보다는 내용을 중시하고자 하는 것을 말한다. 대표적인 인문적 실학주의자로는 프랑스의 라블레(F. Rabelais, 1484~1553)와 영국의 밀턴(J. Milton, 1608~1674) 등을 들 수 있다.

(2) 사회적 실학주의

사회적 실학주의(social realism)는 고전과 같은 서적에 의한 교육보다는 사회생활의 경험을 주요 내용으로 하여 신사를 육성하려고 한다. 사회적 실학주의는 인문적 교양만으로는 신사 양성에 부족하므로 실생활과의 접촉을 통해서 유능한 사회인을 양성하려는 것이다. 대표적인 사회적 실학주의자로는 프랑스의 몽테뉴(Michel de Montaigne, 1533~1592)와 영국의 로크(J. Locke, 1632~1704) 등이 있다.

(3) 감각적 실학주의

실학주의 사상 중 교육에 있어서 가장 큰 영향을 미친 것이 바로 감각적 실학주의(sense realism)이다. 감각적 실학주의는 과학적 실학주의라고 하는데, 인간의 감각적 직관을 기초로 사물의 본질을 파악하려고 한다. 즉, 언어나 서적 등을 통해서보다는 실물이나 표본 등 감각적 대상을 직접 관찰함으로써 아동의 흥미를 유발하고 이해를 증진시킬 수 있다는 관점에 서 있는 것이다.

이와 같이 감각적 실학주의는 자연과학적 지식과 실생활의 결합을 도모하였으며, 교수의 원리를 자연에서 찾고자 하였다. 감각적 실학주의는 오늘날 교육방법의 원리인 직관에 의한 교육원리의 모체를 이루고 있다. 대표적인 감각적 실학주의자로는 독일의 라트케(W. Ratke, 1571~1653)와 그 유명한 체코의 코메니우스(J. A. Comenius, 1592~1670) 등을 들 수 있다.

(4) 코메니우스의 교육사상

코메니우스는 1592년 3월 28일 보헤미아, 지금의 체코의 모라비아주의 니브쯔리 마을에서 경건한 신교도였던 양친 사이에서 태어났다. 그의 생애는 구교도와 신교도 간의 격렬한 투쟁 속에서 아내와 두 자식을 잃는 등 불행의 연속이었다. 그러나 그 와중에도 그는 종교적 신앙을 지키고 교육학 저술에 힘씀으로써 후세에 업적을 남기는 삶을 영위했다. 그는 많은 저서와 논문을 남겼는데 그중 교육에 관련되는 것으로서 《어학입문(Janua Linguarum Reserata)》(1631), 《어학최신교수법(Methodus Linguarum Novissimd)》(1648), 《대교수학(Didactica Magna)》(1632), 《세계도회(Orbis Pictus)》(1658) 등을 들 수 있다. 이 중 《대교수학(大敎授學)》은 교육의 본질과 목적, 일반교수론, 도덕 및 종교적 도야와 학교훈련, 학교계통 등에 관해 체계적으로 논의한 세계 최초의 교육학 저서라고 할 수 있으며, 《세계도회(世界圖繪)》는 그림을 넣어 쓴 책으로 감각적 실학주의의 정신이 반영된 저서이다.

그의 교육사상은 대교수학에 잘 드러나 있다. 그의 교육목적론은 보편적 지식주의, 범지주의 교육론으로 교육목적은 모든 사람에게 모든 것을 가르치는 데 있었다. 인간의 궁극적 목적은 신과 더불어 영원한 행복을 얻는 것이라고 보는 그는 이를 위해 신, 자연, 인간에 관한 모든 일반적인 지식을 알아야 한다고 주장했다. 그러므로 그에 필요한 교육과정은 7자유학과와 물리학, 역사, 지리, 종교, 도덕, 모국어, 고전어, 외국어 등 전반적인 것이었다. 특히 그의 교육방법은 자연의 질서에 따르는 합자연성의 원리와 직접적인 사물을 통한 직관주의 교육의 원리를 원칙으로 하고 있으며 훈련을 중시하였다. 코메니우스의 자연에 따르며 감각에 우선하는 교육방법은 루소, 페스탈로치 등에 계승되면서 아동교육의 원리로서 현재까지 중시되고 있다.

6) 18세기의 교육

18세기는 정치적으로 보아 절대주의 시대에서 근대적 민주체제로 옮겨가는 과도기적 시기였다. 사상적으로 인간의 이성에 대한 절대적인 신뢰에 의거해 중세적 몽매성을 타파하려는 계몽주의 사조가 주류를 형성하였다. 계몽주의의 교육은 다음과 같은 세 가지 특성을 지닌다.

(1) 자연주의

계몽정신의 특질은 자연주의이다. 이는 인간을 속박이나 인위가 아닌 자연 그대로 보는 것을 본질로 한다. 인간은 본래 자유롭고 평등한 존재이며 따라서 승려나 귀족들이 특권을 행사하는 사회는 인간의 자연적인 인권을 짓밟고 자연의 질서에 위배되는 것이다.

교육에 있어서 자연주의 교육사상은 교육의 기초, 교육의 방법, 교육의 이상에 있어서 자연에 일치하는 교육을 의미한다. 그리고 자연에 일치하는 교육이란 첫째, 교육과정에 있어서 자연법칙의 발견, 형성, 응용을 의미하며, 둘째, 인간발달의 자연법칙에 일치하는 교육이고, 셋째, 인위적인 것에서 벗어나 자연으로 돌아가는 것이며, 넷째, 자율적인 활동을 강조하는 것이다(임창재, 1995). 자연주의 교육정신을 대표하는 교육사상가로는 루소(J. J. Rousseau, 1712~1788)를 들 수 있다.

(2) 합리주의

합리주의란 인간의 이성과 지성을 존중하는 경향을 말한다. 이것은 사유행동에 있어서 전통의 억제를 떠나 인식·종교·도덕 등 모든 현상을 이성적으로 비판하고 생활의 모든 문제를 이성에 의해서 해결하려고 하는 것을 의미한다. 볼테르(Voltaire, 1694~1778)는 이성의 입장에서 당시 타락한 기독교를 비판하였다. 그는 신을 세계의 창조자로 보았지만 일단 창조된 세계는 그 자체의 법칙에 의해서 움직이는 것이라고 하는 이신론(理神論)의 관점에 서서 종교에서의 기적이나 예언과 같은 신비적 요소를 부정하고 이성적 진리만을 믿었다.

교육에 있어서 합리주의는 교육을 둘러싼 불합리한 통제나 우매한 판단, 미신적 요소 등을 이성에 비추어 바로잡는 경향으로 그리고 이성과 지성에 의거한 지식만을 인정하려는 경향 등으로 전개되었다.

(3) 실리적 현세주의

계몽주의의 또 다른 특징으로 현세적 실리주의를 들 수 있다. 이는 현실 세계에서의 구체적인 행복 실현을 중시하는 것을 말한다. 이러한 경향은 자연과학의 발달을 응용하는 기계의 발명과 모국어의 존중으로 나타났다. 1765년 제임스 와트의 증기기관 발명, 1769년 아크라이트의 방직기계 발명 등의 자연과학적 성과는 영국의 산업혁명을 초래하였으며, 이로써 실생활 속에서 삶의 편리함과 윤택함을 추구하였다.

이와 같이 자연과학, 기계의 발달, 모국어의 발달에 관한 관심은 학교교육의 내용에 크게 영향을 주었으며, 종래의 고전주의에 대해서 실과주의라 할 만큼 변화되었다(차석기, 1988).

18세기 계몽주의 경향은 교육에 있어서 루소의 자연주의 교육사상으로 대표되었고, 바제도우(Basedow, 1723~1790)와 잘츠만(Salzmann, 1744~1811) 등에 의해 범애주의 교육이 강한 영향을 미치기도 했다. 그리고 18세기에는 실제 교육면에서 프랑스의 콩도르세(Condorcet, 1749~1794)에 의해 공교육제도의 이론적 근거가 마련되고 의회에서 법안으로 통과되어 보통교육제도의 원칙이 확립되었다. 또 독일의 프리드리히 빌헬름 2세에 의해 교육의 국가 통제에 관한 법률이 제정되는 등 의무교육제도가 확립되고 공교육의 토대가 갖추어졌다. 그리고 맹아, 농아, 저능아 등에 대한 특수교육이 성립되기도 했다.

(4) 루소의 교육사상

루소는 18세기 계몽사상을 대표하는 교육사상가, 언론인, 정치사상가이다. 그의 사회계약설은 주권재민의 국민주권 사상을 고취시켜 프랑스혁명과 미국 독립선언의 바탕이 되었으며, 그의 교육소설 《에밀(Emile)》은 전통적 교육관을 헐고 새로운 교육의 장을 여는 교육사적인 획을 긋는 저서이다.

그의 교육사상은 '창조주의 손에서 나올 때는 모든 것이 선하였으나 인간의 손으로 넘겨지면서 타락하였다'라고 시작되는 《에밀》에 잘 나타나 있는데, 《에밀》에 나타난 그의 교육사상은 한마디로 자연의 교육사상, 소극적 교육론이라고 할 수 있다. 그는 인간의 천성이 선하다고 보았고, 이러한 자연성을 파괴하는 인위적인 제한을 탈피해야 한다고 보았다. 그는 아동은 자기 경험에 의하여 자유롭게 배우도록 해야 하며, 학습은 자연의 발달 순서에 따라 이루어져야 한다고 보았다.

루소의 소극교육론은 단순히 방임적인 교육의 형태가 아니라 지시 일변도의 교육을 배척하고 명령, 교훈 등의 직접적인 간섭을 배제함으로써 아동의 자유를 보장하고 궁극적으로는 어린이의 자유의지를 자극하여 자립능력을 함양시키는 것을 의미하고 있다. 역설적인 표현이지만 루소의 소극적 교육은 인간의 자율성을 신장시키는 가장 적극적 형태의 교육이라고 할 수 있다.

7) 19세기의 교육

19세기는 정치, 경제, 사회, 문화 등 모든 면에서 다채로운 시기였다. 정치적으로는 미국의 독립혁명과 프랑스혁명으로 민주적 정치제도가 완성되었으며, 경제적으로는 산업혁명에 따른 근대적 산업구조의 발달로 자본주의 경제체제가 형성되었다. 그리고 생물학을 중심으로 한 자연과학의 발전이 두드러졌으며, 사상적으로도 자연과학의 영향에 의해 공리주의와 실증주의가 주류를 형성하였다. 특히 산업구조의 성장, 근대국가의 강화현상, 그리고 생태계 내의 경쟁과 도태의 원리를 밝힌 다위니즘(Darwinism) 등이 결부되어 해외 식민지 개척이라는 제국주의적 국가 경쟁을 낳게 되었다. 19세기의 교육도 이러한 사회의 제 현상과 관련을 맺으면서 전개되었는데, 19세기의 교육 경향은 크게 국가주의 교육, 신인문주의 교육, 과학주의 교육으로 정리해 볼 수 있다.

(1) 국가주의 교육

국가주의 교육은 교육의 주안점을 개인의 성장과 발달보다는 국가의 존속과 발전을 위한 근본적 수단으로 강조하는 경향을 말한다. 교육에 있어서 국가주의가 19세기에 들어오면서 절정에 달하게 된 직접적인 원인은 나폴레옹의 침략주의와 이에 반대하는 국가적 관념이 고조되었던 것에서 찾을 수 있다. 외침에 대항해 자각적 단결의 필요를 국가적 관념으로 발전시켜 고취한 대표적인 예가 독일의 피히테(J. G. Fichte, 1762~1814)에 의한 '독일 국민에 고함'이다.

국가주의 교육은 산업혁명의 발전과 더불어 자국의 번영과 영광을 위해 부국강병을 국가교육의 이념으로 전개하였으며, 선진 자본주의의 침탈에 놓이게 된 국가들에게는 대항적 민족주의 교육으로 발달하게 되었다. 특히 생물계의 생존 경쟁의 원리를 국제사회에 적용시킨 사회진화론은 국가주의 교육의 정당성을 뒷받침하게 되었고, 국가 간의 경쟁 속에서 도태되지 않고 자강과 부국을 실현하기 위해서는 국가가 중심이 되어 교육에 힘써야 한다는 논리로 발전하게 되었다.

국가주의 교육은 의무교육제도와 공교육제도의 확립 등에 영향을 주었다. 국가주의 교육의 대표적 인물로는 피히테와 슐라이어마허(F. D. E. Schleiermacher, 1768~1834), 양계초(梁啓超, 1873~1929) 등을 들 수 있다.

(2) 신인문주의 교육

신인문주의(Neo-humanism) 교육은 19세기의 대표적인 교육사조로서 18세기의 이성주의・주지주의・합리주의에 대항해 낭만주의・심미주의・주정주의의 색채를 지닌 교육 경향으로 인성의 조화적 발전을 중시하였다. 신인문주의는 고전시대의 문학과 인생관, 세계관을 새롭게 부활시켜 선미(善美)로운 인간발달을 도모하고자 하였다. 신인문주의는 15~16세기의 인문주의가 고전문학에 대한 자각 없는 기계적 모방에 힘쓰고, 고전어 학습을 유일한 이상으로 삼은데 비해, 실천에 힘쓰고 국어, 국문을 존중하고 도덕, 예술에까지 자각적 태도로 확대하고 추구했다는 점에서 차이가 난다.

신인문주의 교육은 이성적이고 합리적인 인간관에 묻혀버린 시적・예술적인 비합리적 인간관을 회복시키며, 지성 일변도의 인간에서 정서적이고 신체적으로 건강한 인간의 조화적 양성을 중시하였다. 그리고 교육에 있어서 자국의 역사와 민족이라는 면을 중시하였다. 신인문주의는 교육의 목적을 인성의 건전한 도야에 두고 정신과 신체의 조화적인 발달을 달성코자 하였으며, 또한 국가와 민족의 장래를 책임지는 인간을 양성코자 하였다.

이러한 신인문주의 교육사상의 경향은 루소에게서 그 선구적 모습을 찾을 수가 있다. 그러나 본격적으로는 페스탈로치(J. H. Pestalozzi, 1746~1827), 헤르바르트(J. F. Herbart, 1776~1841), 프뢰벨(F. W. A. Fröbel, 1782~1852) 등에 이르러 본격화되었다.

(3) 과학주의 교육

과학주의 교육이란 교육의 내용과 방법에 큰 기여를 했던 교육 경향으로 19세기 과학의 발전에 터하여 교육현상에 접근하고자 하였다. 19세기의 새로운 과학적 연구 가운데서도 특히 다윈에 의한 생물진화론과 인간의 마음을 과학적으로 접근하려는 심리학의 발달이 두드러졌는데, 이러한 과학적 발달은 학교교육에 있어서 교육의 과학화를 실현하도록 영향을 미쳤다. 과학주의 교육의 대표적인 인물로는 스펜서(H. Spencer, 1820~1903), 헤르바르트, 프뢰벨, 홀(G. S. Hall, 1846~1924), 제임스(W. James, 1842~1910) 등을 들 수 있다.

19세기 세계교육은 이처럼 국가주의, 신인문주의, 과학주의 교육사조가 병존하면서 실제 학교교육을 주도하였다. 교육은 19세기에 들어와 국민 보통교육의 공교육 제도가 정착되어 전 국민에게 기회가 확대되었으며, 교육방법 면에서도 크게 개선되었다.

(4) 페스탈로치의 교육사상

스위스의 취리히에서 태어난 페스탈로치는 신학과 법률학을 공부하기도 했으나 고아와 빈민 자제를 위해 헌신하는 등 평생교육 실천에 힘쓴 위대한 교육가였다. 그의 대표적 교육 저서들로는 《은자의 황혼(1780)》, 《린하르트와 게르트루트(1781~1787)》, 《인류의 발전에 있어서 자연의 길에 관한 나의 탐구(1797)》 등이 있다.

그의 교육사상은 인간의 조화적 발전을 도야하려는 전인교육론(全人教育論)이라고 할 수 있다. '인간은 옥좌(玉座) 위에 앉아 있으나, 초가의 그늘 아래 누워 있으나 평등하다', '모든 어린이에게 하느님이 주신 성스러운 인간성의 힘이 깃들어 있다'고 갈파한 그는 인간 본성의 선함, 발전가능성, 평등성을 대전제로 하여 머리·가슴·손으로 특징지어지는 인간의 지능력(知能力), 심정력(心情力), 기능력(技能力)을 모든 사람에게 고르게 도야하고자 하였다.

그는 교육의 목적을 개개인의 조화적 발달에 두었으며, 교육을 통해 인간을 도야하고, 도야된 인간을 통해 사회를 개혁할 수 있다고 믿었다. 그리고 교육의 내용에 있어서 초등교육의 본질적 요소로 수, 형, 언어를 들고, 모든 교재는 이 세 가지를 기준으로 분류하고자 하였다. 수에 관계되는 것은 계산과 수학, 형에 관계되는 것은 그림, 습자, 측량, 그리고 언어에 관계되는 것으로는 읽기, 말하기, 문법 등이라 할 수 있다.

그의 교수원리를 일명 교육의 ABC라고 하는데, 구체적인 것에서부터 추상적인 것으로, 쉬운 것부터 어려운 것으로, 학습자 주변에 있는 것으로부터 멀고 떨어진 것으로 항상 천천히 그리고 누적적으로 진행시켜야 한다는 것이다. 특히 자발적으로 단계에 맞추어 실물에의 직관에 의해, 사회와의 관련 속에서 그리고 조화적으로 실시해야 한다고 보았다. 그는 사랑과 믿음에 터한 가정교육을 중시하고, 노작(勞作) 활동, 아동 내면적 힘의 계발, 기능적 교육 이전에 인간됨의 교육의 중요성 등을 강조했다.

(5) 헤르바르트의 교육사상

독일의 헤르바르트는 교육학의 과학적 성격을 분명히 하고, 실천철학과 심리학을 교육의 목적과 방법으로 삼아 교육학의 독자적 체계를 세운 인물로 유명하다. 그의 교육 저서로는 《페스탈로치 직관의 ABC 이념 (1804)》, 《일반교육학 (1806)》, 《교육학 강의 개요 (1835)》 등을 들 수 있다.

그는 교육의 최고 목적을 도덕적 품성의 함양에 두고 도덕의 이념을 의지적으로 구현할 수 있는 인간을 육성하고자 하였다. 그리고 교육목적을 달성하는 방법으로 관리, 교수, 훈련을 들었다. 관리란 학습자의 신체적・감각적 욕망을 억제하여 교수 및 훈련을 받을 수 있는 소지를 이룩하는 예비적 단계이며, 교수란 지식이 감정과 결합해 흥미를 일으킴으로써 가능한 것이고, 훈련이란 교수와 달리 교재를 매개로 하지 않고 직접적으로 학습자의 정조와 도덕적 품성을 기르고자 하는 것을 의미한다고 하였다. 헤르바르트의 교수법은 그의 제자 라인(W. Rein)이 체계화한 다섯 단계 교수법으로 잘 알려져 있는데 다음과 같다.

① 예비(preparation): 새로운 학습과제를 제시하기 전에 선행학습 내용을 상기시켜 줌으로써 학습동기를 유발하는 것
② 제시(presentation): 새로운 학습과제를 제시하는 것
③ 연합(association): 새로운 학습과제를 선행학습이나 경험내용과 관련시키는 것
④ 계통화(systematization): 알아야 할 원리나 법칙들을 여러 가지 예나 설명을 통해 체계화하는 것
⑤ 응용(application): 배운 원리나 법칙을 다른 여러 상황에 적용하여 보는 것

서양 교육의 발전을 간략히 요약하면, 〈표 2-2〉와 같다.

표 2-2 서양 교육의 발전 요약

시기 구분	교육적 특성	주요 사상가
서양 고대	그리스 • 폴리스 사회 • 아테네(개성존중 교육)/ 스파르타(군국주의 교육) 로마 • 실제적 · 법률 · 제도 · 건축 중시 • 공화정 말기부터 교육의 그리스문화 영향	소크라테스 아리스토텔레스 플라톤/ 퀸틸리아누스
중세사회	• 기독교와 봉건제도, 11세기 말 십자군 전쟁 • 스콜라철학 발달과 중세대학 출현 • 기독교교육-문답학교/고급문답학교/본산학교/수도원 • 세속교육 – 기사교육/중세대학/시민교육	예수 그리스도 아우구스티누스 토마스 아퀴나스

르네상스와 종교개혁기	• 인쇄술의 발달, 1517 루터의 항의문 발표 • 인문주의(개인적 인문주의/사회적 인문주의) • 종교개혁(중세 해체와 초등교육의 대중화 시도)	에라스무스 루터
17세기	• 철학과 과학의 발달(데카르트, 뉴턴 등) • 실학주의(인문적 /사회적 /과학적 실학주의)	로크 코메니우스
18세기	• 산업혁명, 과학기술 발달 • 이성중시의 계몽주의, 루소의 자연주의 • 의무취학규정과 국민교육제도 수립(콩도르세)	루소
19세기	• 다윈의 '종의기원', 국가주의 교육, 과학주의 교육 • 신인문주의 교육(이성일변도에서 벗어나 인간의 의지와 심미적 정서 중시	페스탈로치 헤르바르트

8) 현대의 교육

20세기에 들어서면서 정치 · 경제적인 상황이 급변하고 교육도 많은 변화를 겪게 되었다. 제1 · 2차 세계대전의 참상을 목도하면서 인간의 이성에 대한 회의와 인간성의 모순과 부조리에 대한 자각 등이 나타나기도 했다. 제2차 세계대전 이후의 미국과 소련 중심의 대립과 냉전에서 벗어나, 점차 이념보다는 실질적인 이익에 중심을 두게 되었다.

20세기에 들면서 서구를 중심으로 교육의 실질적인 민주화가 뿌리를 내리기 시작했으며, 근대교육의 이념을 본격적으로 추진하고 현실화시키려는 신교육운동이 전개되었고 아동 중심의 교육이 꽃을 피우게 된다. 현대교육은 한마디로 인간주의적 경향을 중시하면서 전개되었다고 할 수 있다. 20세기에 들어와서는 과학기술 문명이 급속도로 발전하여 비인간화 현상이 사회의 커다란 문제로 대두되었으며, 이것을 극복하기 위한 노력이 인간주의 교육으로 전개되어 왔다. 루소 이래 발전되어 온 아동 중심 교육사상은 20세기에 들어서면서 그 꽃을 피웠다고 할 수 있다. 독일을 중심으로 한 전원 기숙사학교와 노작교육의 이념들은 모두 아동의 입장에서 교육의 방향을 제시하고 있다. 아동 중심 교육사상은 듀이·몬테소리·니일 등에 이르러 그 절정에 달하였으며, 향후 21세기의 교육의 방향을 제시해 주는 데 결정적인 역할을 하였다(박의수 외, 2008).

연구 및 토의 과제

1. 동 · 서양 원시시대의 교육에 대해 조사해 보자.

2. 한국의 교육제도를 관학과 사학으로 나누어 정리해 보자.

3. 서양 18세기와 19세기의 교육사조를 비교하라.

4. 다음의 개념들을 간략히 정리해 보자.
   ① 서당
   ② 각촉부시(刻燭賦詩)
   ③ 7자유학과
   ④ 본산학교
   ⑤ 중세대학
   ⑥ 삼위일체론
   ⑦ 소극적 교육론
   ⑧ 신인문주의
   ⑨ 헤르바르트의 교수법

03

Chapter

교육의 철학적 기초

1. 철학과 교육철학
2. 전통적 교육철학
3. 현대의 고전적 교육철학

본 장에서는 교육행위를 근저에서 이끌고 정당화시켜 주는 사상적 토대를 살펴보고자 한다. 구체적으로 교육철학의 의의를 살펴보고, 전통적 교육철학과 현대의 대표적인 교육철학을 정리하였다.

1 철학과 교육철학

철학이라는 말은 영어의 'philosophy'를 옮긴 것으로 이 말은 그리스어 philosophia에서 유래되었다. philosophia는 'philos(사랑)'와 'sophia(지혜)'라는 말이 합쳐져서 된 말이다. 그러므로 어원적으로 보았을 때 철학은 지혜에 대한 사랑, 동경을 의미하며, 우리가 인생과 사회, 우주 등 우리와 우리를 둘러싼 세계에 대해 참다운 앎과 지혜를 얻고자 갈구할 때 우리는 바로 '철학을 하고(philosophieren)' 있는 것이다. 즉, '내가 어떤 존재인가?', '어떻게 사는 것이 행복하게 사는 것인가?'라는 자기 삶의 근본적 물음에 고민하고 그 해결책을 찾으려고 든다면 우리는 벌써 수많은 철학자들이 오랫동안 고민해 온 문제와 씨름을 하고 있는 것이다.

철학은 가장 오랜 역사를 지니고 있는 학문이다. 그리스의 탈레스(Thales, B.C. 624~547)로부터 오늘에 이르기까지 2500여 년 이상이나 되는 긴 역사를 지니고 있다.

일반철학에 비해서 교육철학은 좀 더 구체적인 교육문제를 다룬다고 할 수 있다. 즉, 교육철학이란 교육문제를 대상으로 체계적이고 논리적이며 종합적으로 사유하고 판단하는 과정이라고 할 수 있다. '우리는 교육을 통해 어떤 인간을 양성하려고 하는가?'로부터 교육적인 것과 비교육적인 것의 구별기준은 무엇인가? 털신을 만드는 것보다 소월(素月)의 시를 감상하는 것이 왜 더욱 가치로운 교육행위인가? 교육의 자율성과 정치적 중립성이란 구체적으로 무엇을 의미하는가? 국민교육헌장은 교육의 지표로서 정당하고 바람직한 것인가? 지・덕・체의 구별은 정당하며, 그 구분은 무엇인가? 인성교육이라는 것은 구체적으로 무엇을 의미하며, 그것은 실제 교육현장에서 가르쳐질 수 있는가 등등 교육철학은 무수히 많은 교육적 문제를 다룬다고 할 수 있다.

이 장에서는 교육철학을 전통적 교육철학, 현대의 고전적 교육철학, 현대의 비판적 교육철학으로 나누어 설명하고자 한다(고미숙, 2006; 김정환, 1989; 김정환・강선보, 1998; 박의수 외, 2008; 주영흠 외, 2010 등 참조).

2 전통적 교육철학

1) 이상주의

이상주의는 우주의 실체를 영혼, 관념 또는 정신으로 보는 철학이다. 철학적 관념론자들은 궁극적 실재가 본질적으로 물질적이라기보다는 정신적이며 영혼적이라고 주장한다. 이상주의자들은 우리의 감각을 통하여 들어오는 물질적 세계의 존재를 부정하지는 않는다. 그러나 이들은 이러한 사물이 존재한다 하더라도 그것이 궁극적 실재가 아니라고 주장한다(Kneller, 1971).

이상주의의 대표적 철학자인 플라톤은 물질세계가 보다 완전한 세계의 왜곡된 모사에 지나지 않기 때문에 감각을 통하여 습득된 지식은 항상 불확실하고 불완전한 것이라고 주장한다. 인간의 이성은 사물의 물질적 형상을 초월한 순수한 정신적 형상을 분별하는 능력이기 때문에 참된 지식은 오로지 이성의 산물이라고 주장한다(Kneller, 1971).

(1) 이상주의의 교육원리

이상주의의 교육원리를 정리하면 다음과 같다(김정환, 1989).

첫째, 교육은 자연적 생활의 필요에 의해서 뿐만 아니라 정신적 필요에 의해서 존재하는 인간사회의 기능이다. 인간은 문화의 소산이다. 그렇기 때문에 악이 지배하는 문화 속에서 태어난다면 악을 악으로 여기지 않는 인간이 될 것이다. 따라서 문화 속에서 가장 아름다운 것만 골라서 교육시켜야 하며, 또 가장 아름다운 환경에서 교육을 해야 한다.

둘째, 학생 각자가 각각 귀한 가치와 개성을 지닌 존재로 존중되어야 한다. 그러므로 교육은 학생을 하나의 개성적 존재, 정신적 존재로 북돋아 주어야 하며, 학생은 스스로 지니는 힘에 의해 이 세상의 악을 극복하고 절대자가 그에게 보여 주는 최선의 길을 달리는 윤리적 존재로 극기수련하면서 이상적 인격으로 성장해야 한다.

셋째, 교육의 목표는 개성을 완성함과 동시에 사회를 혁신하는 데 두어야 한다. 일반적으로 이상주의는 교육을 정신적 자아실현에 두며, 동시에 이런 자아는 그 자아의 원형(原形)인 절대자아와의 정신적 유대에 의해 타자(他者) 그리고 그와 내가 사는 전체 사회에 깊은 관심을 쏟게 한다.

넷째, 교육의 과정은 이상 중심(理想 中心)이 되어야 한다. 그것은 아동 중심, 교과 중심, 사회 중심이어서는 안 된다. 즉, 교사가 중심이 되어 현세의 적응에 머무르지 않고 정신적 존재로서 자각할 수 있도록 교육적 환경을 아름답게 창조해 주어야 할 뿐만 아니라 교사 스스로 이상적 인간상을 향해 전진하는 모습을 학생들에게 보여 주어야 한다.

(2) 이상주의의 의의와 한계

이상주의로부터 다음과 같은 교육적 의의를 찾을 수 있다(박의수 외, 2008). 첫째, 교육은 인간에게 잠재되어 있는 능력을 이끌어 내서 개발하는 과정이다. 둘째, 학습은 자신의 마음속에 현존하고 있는 진리를 회상시킬 수 있도록 독려하는 탐구과정이다. 셋째, 교사는 도덕적·문화적으로 한 전형이 되어야 하며, 인간 성장과 발전의 가장 모범적인 가치체계를 지니고 있어야 한다.

이상주의 교육철학은 매우 고귀한 이념을 지닌 것으로 교육에 주는 시사점이 크지만 실제 교육의 적용 면에서 생각할 때 그 한계점을 지적하지 않을 수 없다. 그것은 너무 유토피아적이며 현실의 세계를 긍정적으로 수용하는 자세에 너무 회의적이고, 개성의 발전을 자칫 사회와의 절연 상태에서 기하기 쉬우며, 진정한 철인(哲人)이 아닌 자칭 이상주의 철인에 의해 교육이 정치의 수단으로 전락하기 쉽다는 것이다.

2) 실재주의

실재주의(realism, 실재론)는 라틴어 'realis'에서 유래한 말이며, 원래 이는 우리 각자의 의식이나 입장을 떠나 객관적으로 존재하는 사물을 뜻했다. 실재주의를 다른 철학체계와 구별하는 핵심적 원리는 독립성의 원리이다. 이것은 사물이 인간에게 직접적으로 지각되지 않고도 존재할 수 있다는 것을 의미한다. 이 원리에 입각하여 인식에 있어서 주관에 대한 객관의 독립성이 인정되는 것이다(김정환, 1989). 즉, 실재주의에서는 이상주의와는 달리 사물이 사람들의 지각과는 별개로 존재한다고 보았다. 이와 같은 실재주의의 창시자는 고대 그리스의 아리스토텔레스이다.

실재주의는 기본적으로 물질이 궁극적 실재라고 보며, 우리의 지식이나 의식을 떠나 우리 밖에 객관적으로 존재하는 사물의 존재를 인정한다는 뜻에서 이상주의와 대립되는 철학을 이루고 있다.

실재주의자들은 우리가 자신의 감각과 이성으로 객관적인 사물을 알 수 있다고 한다. 그들에게 있어서 안다는 것은 사물에 대한 지식을 뜻하며, 인식이란 인간의 마음과 그 외적 세계와의 상호작용에 의하여 이루어지는 것이다. 그러므로 실재주의자들에게 있어서 어떤 관념이나 명제는 그것이 설명하고자 하는 세계의 특성과 일치할 때에 참인 것이다. 참된 지식이란 있는 그대로의 세계와 일치하는 지식이다(Kneller, 1971). 이러한 실재주의자의 인식론을 대응설이라고 한다. 예컨대 뉴턴의 만유인력 이론은 실제로 우주에 중력이 작용하고 있다는 사실과 일치하기 때문에 진리로 받아들여지는 것이다(박의수 외, 2008).

(1) 실재주의의 교육원리

우주를 합리적 유기체로 보고, 자연과 사물을 엄정하게 인식하여 그 뜻을 음미하고자 하였던 실재주의의 교육원리를 정리해 보면 다음과 같다(김정환, 1989).

첫째, 교육은 우주의 이치를 깨우칠 수 있는 핵심적 지식과 경건한 마음가짐을 갖추게 하는 일이다. 이 우주는 아름답게 합리적으로 존재하는 것이기 때문에 그것을 심정적으로나 과학적으로 인식하는 자질을 갖추게 하는 일이 교육의 일차적 책임이라고 할 수 있다.

둘째, 학생은 고도의 지성을 발휘할 수 있는 자질을 충분히 지니고 있는 존재로 존중되어야 한다. 그는 짧은 인생을 유용하게 활용하여 다른 동물에게는 갖추지 못한 지성을 충분히 발휘하여 우주의 진리를 깨우칠 수 있게 학문적 수련을 받아야 한다.

셋째, 학생들로 하여금 자기결정, 자기실현, 자기통합을 함으로써 이상적 삶을 영위할 수 있도록 도와주는 데 있다. 자기결정은 자신의 자아를 자각하는 일이고, 자기실현은 주로 현실적으로 존재하고 있는 나와 가능성으로 도약할 수 있는 나 사이의 긴장관계를 유지하면서 자신의 최선을 발휘하는 것이며, 자아통합은 주로 나를 실현하기 위하여 정력(精力)을 조직화함을 말한다.

넷째, 교육의 과정은 진리를 알고, 사용하며, 즐기는 습관과 경향성을 길러 주는 것이어야 한다. 따라서 교육에서 학문적 기본 훈련은 중요하며, 교사의 권위와 주도권이 존중되어야 하며, 교사는 가장 가치 있는 내용을 정선・체계화하여 학생에게 가르쳐야 하며, 진리에 대한 예민한 감각을 적극적으로 연마해 주어야 한다.

(2) 실재주의의 의의와 한계

실재주의적 세계관은 그리스시대부터 여러 모습으로 존재하여 왔으나 그것이 교육과 구체적으로 깊게 관련을 맺게 된 것은 르네상스・종교개혁 이후부터였다. 실재주의는 학생에게 이 우주, 현세, 사회, 자아를 긍정적으로 이해시키고, 이것을 교육의 마당에 적극적으로 반영하여 교육을 통해 자기를 실현하고, 사회생활에 필요한 지식을 갖추며, 우주의 신비로운 법칙을 탐구하며, 진리를 좇는 경건하고 엄정한 태도를 기르게 하는 데 큰 공헌을 하였다. 그러나 한편 실재주의는 그것이 갖는 독립성 원리의 한계로 인하여 여러 종류 및 수준의 가치를 주체적으로 취사・선택하고, 개성적으로 이것을 즐기면서 실존적으로 사는 인간을 키워 내지 못하는 점이 가장 큰 한계로 지적된다.

3) 프래그머티즘

프래그머티즘(pragmatism, 실용주의)은 그리스어 'pragma'에서 유래하였으며, 원래 행위, 사실, 활동, 상호작용을 의미하는 말이었다. 미국의 철학이라고 일컬어지고 있는 프래그머티즘은 영국의 경험론을 미국에서 발전시켜 이것을 미국의 토양에 맞게 발전시킨 것이다.

프래그머티즘의 근본 원리는 다음과 같다. 첫째, 이 세상에 영원불변한 것은 없고 변화만이 실재한다. 둘째, 가치는 상대적이다. 셋째, 인간은 사회적이고 생물학적인 존재다. 넷째, 모든 인간의 행동에 있어 비판적 지성의 가치가 발동되어야 한다.

프래그머티즘에 있어서 세계란 인간의 관념 밖에 스스로 존재하는 것도 아니고 관념에 따른 것도 아니다. 실재는 인간과 환경의 상호작용으로서 경험의 총체이다. 세계는 인간이 의미를 부여하는 한도 내에서만 의미를 갖는다. 만일 우주 자체가 어떤 심오한 목적을 갖고 있다 하더라도 그것은 인간에게 숨겨져 있고, 인간이 경험할 수 없는 것은 인간에게 실재하는 것일 수가 없다. 이렇게 인간주의적 특성을 지닌 프래그머티즘은 인간을 만물의 척도라고 말한 프로타고라스의 견해를 바탕으로 하고 있다.

한편 프래그머티즘에서는 아동을 계속적으로 자기의 경험을 재구성하고 해석하는 데 열심인 활동적 유기체로 본다. 또한 프래그머티즘은 인간의 마음을 수동적이고 수용적이라기보다는 능동적이고 탐색적인 것으로 본다.

(1) 프래그머티즘의 교육원리

프래그머티즘의 교육원리를 정리하면 다음과 같다(김정환, 1989).

첫째, 넓은 의미에서 교육은 생명을 사회적으로 지속시키는 일이다. 그러기 위해서는 학교가 지역사회의 중심이 되어야 한다.

둘째, 학생들은 미숙하지만 수용력과 잠재적 능력을 갖춘 발전적 성장체로 보아야 한다.

셋째, 교육의 목적은 고정되어서는 안 되며 밖으로부터 주어져서도 안 된다. 교육의 목적은 교육을 받을 개인의 내재적 능력을 토대로 세워져야 한다. 또한 교육의 목적은 교육을 받을 아동과 공동으로 협의하여 정해야 할 것이지, 결코 교사나 국가가 밖으로부터 제시하는 것이 되어서는 안 된다.

넷째, 교육의 과정은 끊임없는 경험의 재구성 과정이다. 듀이에 의하면 경험의 재구성은 그때그때 경험의 뜻을 알고, 뒤에 올 경험을 지도할 능력을 더한다는 것을 의미한다. 교육은 생활과 활동의 모든 장면에서 얻은 진정한 경험을 소화하고, 미지의 새로운 사태에 과거의 경험을 조직적으로 살려 창의적으로 대처하는 일이다. 따라서 교육은 평생 계속된다고 할 것이다.

(2) 프래그머티즘의 의의와 한계

프래그머티즘은 경험의 모델을 실험의 과정이라고 생각하는 점에서 근대 과학의 방법을 실험실로부터 인간의 사회생활, 개인생활의 전 영역으로 확대시켰고, 진화적 사고방식을 택하여 인간, 사회의 낙천적 발전관을 낳았으며, 개인과 사회와의 조화적 공존의 가능성에 입각하여 낙천적 사회관을 낳아 민주주의 이념을 미국에 토착시켰다.

그러나 프래그머티즘의 한계점을 구체적으로 살펴보면 첫째, 가장 기본적인 가치와 지식을 철저하게 가르쳤어야 했을 텐데 그러지 못했다. 둘째, 가치 · 지식 중에는 영원 · 불변의 것도 분명히 있는데 이것을 가르치지 못했다. 셋째, 사회는 자신이 지니는 모순으로 급격하게 퇴보, 전락할 수도 있는데 점진적 발전상만을 강조했기에 오늘날처럼 급격하게 사회가 변화하고 있는 상황에서는 이런 점진적 · 낙천적 발전관에 입각한 교육관은 맞지 않는다.

전통적 교육철학을 간략히 요약하면 다음의 〈표 3-1〉과 같다.

표 3-1 전통적 교육철학 요약

교육철학	주요 강조점	주창자
이상주의	정신적 가치, 이데아를 중시하고 이상중심의 교육과정 중시	플라톤
실재주의	객관적 사물세계를 중시하고, 실재세계 중심의 교육과정 중시	아리스토텔레스
프래그머티즘	가치의 절대성을 부정하고, 교육의 과정을 끊임없는 경험의 재구성으로 봄	제임스, 퍼스, 듀이

3 현대의 고전적 교육철학

1) 진보주의

진보주의 교육사상은 역사적으로 소급하면 고대 그리스의 사상교육에서도 그 근원을 찾아볼 수 있고, 14, 15세기를 대표하는 인문주의 사상과 17세기의 실학주의 교육자 코메니우스의 사상에서도 엿볼 수 있다. 그러나 계통적으로 영향력을 준 사상은 18세기 자연주의를 대표하는 루소의 어린이 중심 교육사상, 그리고 뒤를 이어 19세기 페스탈로치, 헤르바르트, 프뢰벨 등의 교육사상이다.

진보주의 교육은 영국의 경험론과 공리주의 그리고 다윈의 진화론과의 결합에 의하여 이루어진 프래그머티즘에 철학적인 기반을 두고 있다. 프래그머티즘에 그 근거를 두고 있는 진보주의 교육은 어린이의 개성을 계발하여 완전한 인간으로 성장·발달시킴으로써 사회생활에 유용하게 적응할 수 있게 하는 것이다. 따라서 개성의 계발은 개인주의적인 개인으로서의 개성의 계발이 아니라 사회가치를 실현할 수 있는 개성의 계발을 뜻한다. 또 어린이 자신의 생활 중심의 경험적 교육과정을 중시한다.

(1) 진보주의의 교육원리

진보주의교육협회가 제시한 일곱 개 항의 강령을 바탕으로 진보주의 교육원리를 정리하면 다음과 같다(박의수 외, 2008; Kneller, 1971).

첫째, 교육은 생활을 위한 준비가 아니라 생활 그 자체이어야 한다. 교육은 경험의 재구성 과정이기 때문에 현명한 생활과 그것에 비롯한 경험은 그대로 학습이 된다. 교육을 통해서 우리는 아이들에게 비판적·지성적 사고방식을 길러주어야 한다. 그러기 위해서는 배우는 장소가 바로 이런 비판정신과 지성을 발휘시킬 수 있는 곳이어야 하며, 학교는 특히 어린이가 장차 부딪칠 생활환경과 비슷한 것을 통해서 교육해야 한다.

둘째, 학습은 직접적으로 아동의 흥미와 관련되어야 한다. 진보주의자들은 아동 중심 학교를 강조하며, 이러한 학교에서는 학습의 과정이 주로 아동 개인에 의해 결정된다. 아동은 자신이 문제를 해결할 수 있는 것이라면 무엇이든지 배우고자 하는 경향이 있다. 반면에 어른으로부터 강요당하고 있다고 느끼는 것은 무엇이든지 저항하는 경향이 있다. 우리는 교육활동에 있어서 아동의 생활을 무시해서는 안 되며, 그들의 흥미와 관심의 소재를 파악하여야 한다.

셋째, 교과목의 강의보다는 문제해결 위주의 학습이 중시되어야 한다. 진보주의자들은 학습이 본질적으로 지식의 수용으로 이루어진다는 견해에 반대하며, 지식을 교사가 학생의 정신 속에 주입하는 추상적 실체로 보지 않는다. 지식은 경험을 다루기 위한 도구이며, 새로운 상황을 계속적으로 처리하기 위한 도구이다. 어떠한 지식이 의미를 갖기 위해서는 인간이 그 지식을 가지고 무엇인가를 행동으로 옮길 수 있어야 한다.

넷째, 교사의 역할은 아동을 지시하고 감독하는 것이 아니라 아동의 삶을 안내하고 도와주는 것이다. 아동들이 학습하는 것은 그들 자신의 욕구와 필요에 따라 결정되기 때문에 그들 스스로 발달계획을 수립하며, 교사는 단지 안내자의 역할만을 수행한다.

다섯째, 학교는 경쟁보다 협동을 장려하여야 한다. 인간이란 원래 사회적이고, 인간 상호 간의 대인관계가 원만할 때 큰 만족감을 느끼는 존재이다. 진보주의자들은 경쟁과 개인적 이익의 성취보다는 사랑과 협동이 교육에 더 적합하다고 본다.

여섯째, 민주주의만이 인간의 참다운 성장발달의 필수조건인 사상이나 인간성의 자유로운 상호작용을 가능하게 하고 장려한다. 민주주의의 원리와 협동의 원리는 상호 관련되어 있다. 따라서 민주주의를 가르치기 위해서는 학교 자체가 민주적이어야 한다. 그리고 학교는 학생의 자치활동, 사상에 대한 자유로운 토론, 교사와 학생의 협력을 통한 계획 수립, 모든 교육적 경험에 대한 학생의 참여를 증진시켜야 한다.

(2) 진보주의의 의의와 한계

진보주의는 1930년대 미국의 교육을 지배하였다. 진보주의는 하나의 교육운동이요 사상으로서 아동의 인격과 흥미를 존중하고, 사회의 발전과 개인의 성장을 조화적으로 관련시켰다. 또한 생활과 경험을 통한 인간 지성의 발달을 중시함으로써 지식 획득을 위한 교육에서 실천과 행위를 위한 교육, 실생활을 위한 교육으로 교육의 개념과 범위를 확대시켰으며, 비판적 지성을 도야하기 위한 문제해결 학습, 즉 결과보다는 탐구의 과정을 중시하는 등 교육방법 면에서도 많은 공헌을 하였다. 이러한 진보주의 교육이념들은 현대 민주주의 교육이 지향해야 할 방향을 제시하여 오늘에까지 커다란 영향력을 끼치고 있다.

그러나 그 영향이 큰 만큼 진보주의에 관한 비판 또한 컸다. 특히 1957년 소련의 인공위성 스푸트니크 발사로 미국은 커다란 충격을 받고 진보주의 교육에 대한 전면적인 비판이 가해지기 시작하였다. 진보주의 교육에 대한 비판과 한계를 정리하면 다음과 같다(김정환, 1989).

첫째, 아동에게 지나친 자유를 부여하고 그의 흥미를 존중한 나머지 아동으로 하여금 어려운 과목을 피하고 쉬운 교과목만을 택하게 하는 결과를 초래했다.

둘째, 자유를 존중한 나머지 교육의 방향감각을 경시하고, 생활화를 중시한 나머지 교육의 준비성을 너무 소홀히 했으며, 민주적인 방식을 과신한 나머지 가치의 절대적인 측면을 보는 눈을 키워주지 못했다.

셋째, 문제해결 학습은 잘못하면 끊임없는 시행착오와 산만한 수업이 될 우려가 있으며, 현재의 삶을 중시한 나머지 어린이가 장차 살아야 할 미래에 대한 감각을 키우지 못했다.

넷째, 학교는 특수한 교육기관이 되어야 하는데 오히려 바람직하지 못한 현재 사회의 복사판이 되고 말았다.

다섯째, 협동을 지나치게 강조한 나머지 우수한 소수의 지도성을 과소평가하였다.

2) 본질주의

본질주의(essentialism)는 모든 사람에게 공유되고 조직적으로 가르쳐야 할 문화의 공통적인 핵(어떤 지식, 기능, 태도, 이상 등)이 존재하며, 전(前) 세대는 체계적인 교육을 통해 이 문화의 핵을 일정한 수준 이상으로 계승·발전시켜야 할 책임이 있다고 보는 사상이다. 따라서 교육은 양적으로 확대하는 일도 중요하지만 질적으로 심화하는 것이 더욱 중요하다고 보는 것이 본질주의 교육의 핵심 사상이다.

1929년의 대경제공황을 계기로 미국의 진보주의를 비판하는 각계의 학자들이 1936년 '미국교육 향상을 위한 본질주의자 위원회(The Essentialist Committee for the American Education)'를 창설하였다. 대표적인 학자는 배글리(W. C. Bagley), 칸델(I. Kandel) 등이다.

(1) 본질주의의 교육원리

진보주의를 부분적으로 부정하면서 그것의 단점을 보완하려고 하였던 본질주의의 기본적인 교육원리를 정리하면 다음과 같다(Kneller, 1971).

첫째, 학습은 그 본질상 힘든 일과 마음 내키지 않는 노력을 내포하고 있다. 즉, 학습은 본래 강한 훈련을 수반하는 것이다. 아동의 직접적 흥미를 강조하는 대신에 보다 멀리 있는 목적에 헌신하도록 촉구한다. 진보주의가 아동의 개인적 흥미와 필요를 강조하는 반면 본질주의는 아동의 노력을 중시한다. 본질주의는 아동에게 필요한 고차원의 흥미가 처음부터 저절로 생겨나는 것이 아니라 과제를 수행하고 교과목을 이수하는 과정과 그 결과에서 생겨나는 것이라는 입장이다.

둘째, 교육의 주도권은 학생이 아니라 교사가 지녀야 한다. 본질주의는 학습자가 교육과정에 있어서 주역을 담당해야 한다는 진보주의의 관점을 부정한다. 본질주의는 오히려 어린이가 한 인간으로서 잠재능력을 충분히 발휘하려면 그것을 객관적으로 잘 알고 있는 교사의 지도와 감독이 필요하다고 주장한다.

셋째, 교육적 과정의 핵심은 소정의 교과내용을 학생이 자기의 것으로 동화시키도록 철저하게 이수하고 그것에 몰두하는 일이다. 이러한 입장은 고전을 중시하는 항존주의와도 일맥상통한다. 본질주의는 개인적 경험보다는 사회적 문화유산으로서의 '민족적 경험'의 중요성을 강조한다. 이러한 것들은 오랜 역사 속에서 수많은 사람들이 경험한 것을 집약한 것이다. 이렇게 역사를 통해 검증된 인류의 지혜는 검증되지 않은 아동의 개인적 경험보다 훨씬 확실한 것이다.

넷째, 정신 도야를 위하여 학문의 전통적인 훈련방식이 계속 유지되어야 한다. 진보주의에서 말하는 문제해결 방식도 장점이 있지만 이것이 모든 교과목에 적용될 수는 없는 것이다. 지식에 따라서는 구체적인 문제들로 분리될 수 없는 추상적인 지식도 많이 있다. 또한 '행함으로써 학습한다(learning by doing)'는 진보주의의 교육원리도 특정한 학습 환경과 아동에게는 적합할지 모르나 모든 학습 환경과 아동에게 적합한 것은 아니다. 아동에게 가르쳐야 할 것은 본질적 개념들이며, 그러한 개념들을 아동의 심리적·지적 수준에 맞게 가르쳐야 한다. 따라서 본질주의 교육의 목적은 아동의 흥미와 관련된 문제의 해결에 있는 것이 아니라 생활 전반에 대한 지식을 배양하는 데 있다.

(2) 본질주의의 의의와 한계

본질주의는 진보주의 교육이론이 과도하게 미국의 교육을 지배하면서 나타난 문제점을 보완해 주었다는 점에서 커다란 각광을 받았지만 전통적이고 보수적인 본질주의의 교육이론은 다음과 같은 몇 가지 한계를 드러내고 있다(김정환, 1989).

첫째, 사회과학을 경시하고 있다. 본질주의는 학문 중에서도 가장 체계화되어 있다고 하는 자연과학이나 역사의식을 강조하는 인문과학을 중시한 나머지 사회과학을 경시하고 있다. 그러나 사회과학은 오늘날 인류 문화의 양상과 그것이 지니는 문제와 병폐를 인식시켜 줌으로써 앞으로 우리가 지향해야 할 방향을 과학적으로 제시해 주는 것이기에 자연과학이나 인문과학 못지않게 중시되어야 한다.

둘째, 학생들의 자발적인 참여의식이 결여되어 있다. 본질주의는 체계적인 지식의 전수와 교사의 주도성을 강조한 나머지 교육의 과정에 아동의 자발적인 참여를 제한하였다. 결과적으로 민주사회를 지켜나가는 데 반드시 필요한 독립심, 비판적 사고, 협동정신 등을 기르는 데 실패했다.

셋째, 종교적 감각의 도야가 미흡하였다. 본질주의는 기본적인 지식과 기능의 전수에만 급급하여 시공을 초월한 진리와 가치에 대한 종교적 차원의 교육을 하지 못하였다.

넷째, 미래지향적인 교육이 되지 못하였다. 본질주의는 과거의 문화유산을 강조하였기 때문에 현재에 대해서 무관심할 뿐만 아니라 미래를 전망하는 교육에 대하여 너무 소홀하였다. 따라서 본질주의는 주어진 문화유산의 보존에 급급한 교육이론이라고 비판받기도 한다.

3) 항존주의

항존주의(perennialism)는 진보주의 교육이념을 전면적으로 부정하면서 1930년대부터 등장하기 시작하였다. 항존주의는 종교적 세계관 위에 서서 철저하게 반과학주의, 탈세속주의, 정신주의를 강조하고 있다. 실재론에 철학적 배경을 두고 있는 항존주의는 인간의 본질이 불변하기에 교육의 기본 원리도 불변이라는 믿음을 토대로 하고 있다. 또한 인간은 이성적 동물이라고 주장한 아리스토텔레스의 견해에 동조하면서 항존주의자들은 인간의 이성을 계발하기 위해 수립된 사회적 기관이 바로 학교라고 본다. 대표적인 학자로는 고전(Great Books)을 중시하는 허친스(R. M. Hutchins), 신교적 기독교 철학에 입각한 애들러(M. Adler), 구교적 기독교 철학에 기초한 마리탱(J. Maritain) 등을 들 수 있다.

(1) 항존주의의 교육원리

진보주의자들이 변화와 새로운 것을 강조하는 데 반하여 항존주의에서는 절대적 원리에 대한 신봉을 주장한다. 항존주의의 교육원리를 정리하면 다음과 같다(Kneller, 1971).

첫째, 인간의 본성은 동일하기 때문에 교육은 모든 사람에게 동일하여야 한다. 인간의 본성이 시공을 초월하여 같기 때문에 교육의 목적도 시공을 초월해서 같아야 하며, 동일한 교육목적이 모든 사람에게 동일하게 적용되어야 한다는 것이다.

둘째, 인간은 이성을 계발하여 본능과 환경적 제약을 극복할 수 있도록 교육되어야 한다. 인간은 원래 이성적 존재요, 이는 저속한 욕망과 환경적 제약을 극복하는 수련을 통해서 실현될 수 있다.

셋째, 교육의 임무는 영원불변한 진리에 인간을 적응시키는 일이다. 현실적 세계의 지식은 변화하지만 진리는 영원히 변하지 않는 것이다. 진리는 어느 곳에서나 동일하다. 따라서 교육은 어느 곳에서나 동일해야 한다. 이러한 교육의 궁극적 목적은 인간을 진리에 적응시키는 일이다.

넷째, 교육이란 생활의 모방이 아니라 생활을 위해서 준비하는 것이다. 생활을 위한 준비로서의 교육은 이상적 삶을 위한 준비를 뜻하며, 이를 위해 학생들로 하여금 문화적 유산의 가치를 깨닫게 하고, 학생들 스스로가 그러한 가치를 성취할 수 있도록 하며, 문화적 유산 중에서 가장 좋은 것이 무엇인가를 알게 해주는 것을 의미한다.

다섯째, 학생들은 세계의 영원성을 깨닫게 해주는 기본적 교과를 철저히 이수해야 한다. 학생들에게 특정한 시기에만 일시적으로 중요한 내용을 가르쳐서는 안 되며, 학생들이 특별히 관심을 갖고 있는 내용만을 가르쳐서도 안 된다. 따라서 흥미 위주의 교육이나 직업교육과는 다른 성격을 지닌 것으로 국어, 언어학, 역사, 수학, 자연과학, 예술, 철학 등이 있다.

여섯째, 영원불변하는 진리는 위대한 고전 속에서 발견할 수 있다. 항존주의에서는 과거의 전통이 결코 낡은 것이 아니라고 본다. 과거의 전통을 공부함으로써 오히려 학생들은 자기 자신의 흥미만을 추구하거나 실생활에서 발견할 수 있는 것보다 훨씬 중요한 진리를 배울 수 있다.

(2) 항존주의의 의의와 한계

항존주의는 교육이 일시적 진리가 아니라 영원불변하는 가치와 진리를 추구해야 한다고 함으로써 진보주의나 본질주의와 같은 현실적이고 세속적인 교육에 대한 비판을 가하였다. 즉, 변하지 않는 고귀한 가치와 진리에 대한 안목을 높여주는 면에서 그 의의를 찾을 수 있다. 그러나 항존주의 교육에도 다음과 같은 몇 가지 문제점과 한계가 있다.

첫째, 항존주의는 영원불변의 절대 가치체계를 숭상하는 나머지 민주사회의 절대 다수 구성원인 평범한 사람들의 가치체계를 인정하지 않음으로써 결과적으로 생활의 민주방식을 위협한다.

둘째, 현실을 지나치게 경시하며 과거의 전통에 얽매임으로써 역사의 시간적 연속성을 고려하지 못하고 있다. 이로 인하여 브라멜드(T. Brameld)와 같은 학자는 항존주의를 문화에 역행하는 사상이라고 비판하기도 한다.

셋째, 지나치게 위대한 사상가들의 고전을 강조함으로써 '지성의 귀족화'를 도모하고 있다는 비판을 받고 있다. 항존주의자들은 모든 사람들이 고전 속의 위대한 인물처럼 사고하며 행동할 것을 기대한다. 그러나 절대다수의 평범한 학생들은 그와 같은 교육에서 탈락하고 말 것이다.

4) 재건주의

재건주의(reconstructionism)는 인류의 위기의식에서 출발하여 오늘날의 문화를 재점검함으로써 이상적인 문화에 대한 전망을 굳히고, 이를 위해 교육이 선도적으로 이바지할 수 있는 바탕을 마련하자는 교육철학이다(김정환, 1989). 브라멜드에 의하면 지금까지도 진보주의, 본질주의, 항존주의는 문화의 재건에 능동적으로 대처하지 못했다고 한다. 즉, 항존주의는 역행적인 문화관에 서 있으며, 본질주의는 문화의 보존에 급급하였고, 진보주의는 자유주의가 지니는 장점과 함께 자유주의의 단점과 취약점도 지니고 있다고 하였다.

인류의 위기를 극복하고 문화를 재건하기 위해서는 여러 교육관의 장점들을 모두 흡수하고 목표 중심적이며 미래지향적인 교육관을 지녀야 한다고 주장하는 재건주의의 대표적인 학자로는 1930년대의 카운츠(G. Counts)와 러그(H. Rugg) 그리고 1950년대의 브라멜드 등이 있다.

(1) 재건주의의 교육원리

재건주의의 교육원리를 살펴보면 다음과 같다(Kneller, 1971).

첫째, 교육의 가장 중요한 목적은 사회를 재구성하는 데 필요한 프로그램을 개발하는 데 있다. 사회의 변혁은 정치적 행위를 통해서가 아니라 교육을 통해서 이루어져야 한다.

둘째, 새로운 사회는 진정으로 민주적인 사회가 되어야 하며, 그 사회의 주요 기관들이나 자원들은 국민 스스로 통제하여야 한다. 새로운 사회질서의 목적, 구조,

정책 등은 가능한 한 국민 다수에 의해 결정되어야 한다. 따라서 사회를 재구성하려면 우선 사회구성원을 재교육하여야 한다.

셋째, 교사는 재건주의 사상의 타당성과 긴급성을 학생들에게 민주적인 방법으로 설득시켜야 한다. 그러기 위해서는 교사 스스로 재건주의 사상에 투철하고, 문제에 대한 뚜렷한 해결방안을 지니고 있어야 한다.

넷째, 아동, 학교, 교육은 사회적·문화적 힘에 의해서 재구성되어야 한다. 물론 진보주의도 교육의 사회적·문화적 성격 및 협동적 성격 배양을 중시하였지만 이는 개인주의적 입장에서 아동의 자유를 강조한 것이다. 반면에 재건주의에서는 아동, 학교, 교육이 사회와 문화에 의해 규정되어야 한다고 보고, 본질주의에서 말하는 자아실현을 사회적 자아실현으로 전환시켜야 한다고 주장한다.

다섯째, 교육의 목적과 방법은 행동과학의 연구 성과에 의해 혁신되어야 한다. 왜냐하면 행동과학은 인간의 목적을 설정하는 데 있어서 역사상 처음으로 감상적, 낭만적, 신비적 근거를 배척하고 각 문화권에 공통적이며 보편타당한 근거에 의해 목표를 설정하려고 하기 때문이다.

(2) 재건주의의 의의와 한계

재건주의는 현대사회의 심각한 위기 상황을 진단하고 교육을 통해 새롭게 극복하고자 하는 관점으로 그 중요성과 시사하는 바가 크다고 할 것이다. 그러나 재건주의의 미래지향적인 교육관은 높이 평가되지만 다음과 같은 몇 가지 한계를 지적할 수 있다.

첫째, 미래사회를 어떠한 가치관에 입각하여 세울 것인가에 대한 논거가 부족하다. 미래의 이상적인 사회를 단순히 물질적 부의 분배 여부로 상정했을 때 인간의 정신적·영혼적 고민과 갈등이 이 사회에서 저절로 소멸되는 것은 아니다.

둘째, 행동과학적 지식을 교육의 유일한 기초과학 내지는 방법적 기준으로 여기는 데서 오는 한계성이 있다. 인간은 행동적인 존재인 동시에 영혼적인 존재이며, 평균적인 존재인 동시에 개성적인 존재이고, 합리적인 존재인 동시에 모순적인 존재이며, 사회적인 존재인 동시에 탈세속적인 존재이기도 하다. 이렇게 복잡한 인간 존재의 본질을 단순히 행동과학의 연구 결과에만 의존하여 규명할 수는 없다.

현대의 고전적 교육철학을 간략히 요약하면 다음의 〈표 3-2〉와 같다.

표 3-2 현대의 고전적 교육철학 요약

교육철학	주요 강조점	주창자
진보주의	교육은 생활을 위한 준비가 아닌 생활 그 자체임. 흥미중시, 문제해결 위주의 수업 강조	듀이, 킬패트릭
실재주의	교사가 주도권을 가지고 소정의 본질적 교과를 철저히 이수시키는 데 교육중점을 둠	배글리, 칸델
항존주의	인간의 본성은 동일하며, 교육의 임무는 영원불변한 진리에 적응시키는 것임	허친스, 애들러
재건주의	교육을 통해 인류의 위기를 극복하고 새로운 사회를 재구성해야 함	브라멜드 등

4 현대의 비판적 교육이론

1) 실존주의

실존주의(existentialism)는 합리주의의 허구성, 실증주의의 비인간화 등에 반기를 들고 절대적 진리와 주체적 삶을 추구하면서 등장하였다. 특히 제2차 세계대전 이후 죽음에 대한 불안과 인간의 취약성을 경험하면서 절망적 허무주의를 극복하고 인간의 주체성을 회복하기 위한 노력이 실존주의 철학의 요체가 되었다.

실존주의를 한마디로 정의하기는 어려우나 실존철학에서 주로 다루어지는 주제는 첫째, 체제성과 대비되는 개체성, 둘째, 지식뿐만 아니라 감정, 의지까지도 포함하는 지향성, 셋째, 사실로 인정할 수밖에 없는 존재의 불합리성, 넷째, 자신의 삶을 스스로 개척해 나가는 데 필요한 선택의 자유와 결단, 다섯째, 인간의 피할 수 없는 불안, 죽음, 우울, 여섯째, 자유로운 두 개체 사이에서 이루어지는 공감적 관여에 관한 문제 등이다(Edwerd, 1978).

(1) 실존적 만남의 교육원리

'실존은 본질에 선행한다'고 실존철학자 사르트르(J. P. Sartre)가 말한 것과 같이 실존철학자 볼노오(O. F. Bollnow)는 '만남이 교육에 선행한다'고 주장하였다. 그리고 볼노오는 교육의 단속성, 비연속성의 가능성을 제시했다. 기계적 교육관이나 유기적 교육관과 같은 전통적 교육관은 입장은 다르지만 교육의 연속성, 지속적인 발전과 성장, 지속적인 구성, 점진적인 개량이라는 연속성을 강조했다는 것이다. 그러나 교육이란 반드시 의도적, 체계적, 지속적 형태의 교육만 존재하는 것이 아니다. 예컨대 순간의 만남과 사건이 우리의 삶의 방향을 완전히 바꾸어 놓을 수도 있다는 것을 인정한다. 이는 순간순간의 각성을 통해 변화되는 교육의 단속성(斷續性)을 전제로 한 것이다.

볼노오는 이와 같은 단속적 실존주의 교육의 방법으로 위기, 각성, 충고, 상담, 해후(만남) 그리고 모험과 좌절을 들고 있다. 이 중에서 실존적 교육의 대표적인 방법인 해후(만남)의 예를 들 수 있다. 실존적 개념의 만남이란 예측도 못했고 예견도 못했던 일이 운명적으로 일어나 그 사람을 사로잡아 삶에 새로운 방향을 취할 수밖에 없게 하는 사건의 돌발을 의미한다. 이러한 특성 때문에 만남은 통념적인 교육의 개념과 대립되며 교육으로의 방법화를 거부한다. 왜냐하면 진정한 교사는 만남을 꾸며낼 수 없기 때문이다. 교사는 다만 이 같은 만남이 일어날 수 있게 예비할 따름이다.

마치 신부가 등에 불을 켜고 신랑이 오기를 기다리듯이 말이다(김정환・강선보, 1998).

실존주의 교육에서는 자신의 삶을 선택하고 그것에 따르는 책임을 중시한다. 완전한 자유 속에서 홀로 결단에 의한 개인적 선택을 하고, 자신의 선택에 대한 책임을 지도록 한다. 이런 의미에서 실존주의 교육은 철저한 선택과 책임 그리고 개개인의 주체성을 강조한다. 실존주의자들이 교육을 통해 달성하려고 하는 것은 관습에 순응적이고 획일적이며 단편적인 인간이 아니라 전인적인 인간이요, 스스로 그 자신을 형성해 가는 인간의 육성이다. 그러므로 수업에 있어서도 교과목 그 자체보다는 교과목을 다루는 방식을 더 중시한다. 일방적으로 주입하거나 관습에 순응하도록 압력을 가하는 방식이 아니라 학생들의 자유를 신장하고 창조적인 개성을 찾도록 격려하는 것이 중요하다. 나아가 실존주의자들은 인간의 개성을 말살하고 집단적인 획일화 교육으로 이루어지는 학교교육 형태를 부정적으로 보고 있다.

실존주의 교육에서 중요시하는 또 다른 측면은 삶의 부조리나 실존적 긴장, 즉 불안이다. 따라서 이들은 진정한 인간교육이란 삶의 좋고 밝은 측면뿐만 아니라 죽음・불안・고통・위기 등과 같은 불합리하고 추한 측면까지도 포함한 전체로서의 인간교육으로 파악되어야 한다고 본다. 훌륭한 교육이란 적나라한 인간의 모습에 초점을 맞추는 것이요, 학생들로 하여금 좋은 것이나 나쁜 것, 밝은 부분과 어두운 부분, 합리적인 것이나 비합리적인 것 등 삶의 모든 측면들을 배울 수 있도록 해야 한다는 것이다.

실존주의 교육이 우리에게 주는 시사점들은 첫째, 교육마당에서 비연속적 형성 가능성의 일면을 주목하게 하며, 둘째, 보편화・집단화・획일화하는 현대교육의 경향을 인간의 개성과 주체성을 최대한 존중하는 교육으로 전향시키도록 촉구한다. 셋째, 학생 개개인의 개성을 존중하여 다양한 커리큘럼을 제공함으로써 전인교육이 이루어질 수 있도록 하며, 넷째, 학생의 자율성이 강조됨과 동시에 이러한 실존적 아이디어들이 교육마당에 적용되기 위해서는 인간의 실존 내지는 인간교육에 대한 교사의 관심과 역할이 매우 중요하기 때문에 새로운 차원의 교사론 및 교사교육이 요청된다. 다섯째, 삶의 밝은 측면뿐만 아니라 어두운 측면까지 교육의 영역으로 끌어들임으로써 보다 진솔한 교육이 이루어질 것을 촉구한 점 등을 들 수 있다(김정환 · 강선보, 1998).

(2) 실존주의의 의의와 한계

인간의 주체적 삶에 관심을 갖고 진리의 절대성을 추구하면서 인간의 이성보다는 감성적인 측면을 더욱 강조하는 실존주의는 교육학을 비롯한 많은 사회과학의 발전에 기여하였다. 특히 그 사상의 인본주의적 성격으로 인하여 교육학 연구에 있어서 인간성의 회복에 크게 기여하였다. 또한 심리학에 있어서도 소위 제삼 세력의 심리학이라고 일컬어지는 인본주의 심리학의 발전에도 많은 영향을 미쳤다.

한편 실존주의가 갖고 있는 문제점과 한계는 다음과 같은 것이 있을 수 있다. 첫째, 지나치게 개인 중심적일 우려가 있다. 이는 지나치게 자기중심적인 독선으로 인하여 반사회적인 극단적 행동이 나타날 수도 있다는 것이다. 둘째, 개인의 경험에 절대성을 부여함으로써 자칫하면 비합리적인 판단과 행동을 정당화하는 기제로 오용될 수도 있다. 셋째, 현재적 삶의 시간과 실존적 현재를 지나치게 강조함으로써 역사의 흐름과 단절된, 다시 말해서 과거 또는 미래와 단절된 찰나주의로 전락할 우려가 있다.

2) 분석철학

분석철학의 기원을 찾자면 멀리 고대 그리스까지 거슬러 올라가지만, 현대의 분석철학은 무어(Moore), 러셀(Russell), 비스켄슈타인(Wittgenstein), 분석철학의 관점에서 교육철학을 발전시킨 피터스(Peters) 등에 의해 발전하게 되었다.

분석철학은 모든 존재의 근원이 되는 궁극적 원리를 찾으려는 시도가 철학적인 혼동을 초래한다고 보고, 어떠한 원리를 찾기보다는 기존에 사용되는 개념들의 의미를 밝히고자 한다.

(1) 교육적 주장

교육과 관련하여 분석철학은 교수, 학습, 흥미 등의 개념을 명료화하고 교육목적 및 정책과 관련된 언어를 엄밀하게 탐구한다. 또한 분석철학은 교육자가 사용하는 용어들을 분석하여 그것들의 전제 조건 및 관련된 목적을 규정한다. 분석철학은 가치, 문화, 아동중심, 목적, 교육과정, 조건화, 주입식 교육, 자유, 권위 등의 용어들을 분석함으로써 일상적으로 사용되는 이 용어들이 교육적 맥락에서 어떠한 의미를 지니고 있는지를 분명히 한다.

분석철학은 다양한 사회적, 경제적, 정치적 압력을 받고 있는 현대의 교육이 모호하고 편파적인 선전들에 의해 혼동되지 않도록 그 중심을 잡는 역할을 한다. 분석철학은 주관적인 편견의 개입을 가능한 막고 객관적이고 중립적인 입장에서 '교육(교수, 학습)' 그 자체의 시각으로부터 의미를 밝히는 데 주력한다. 분석철학은 경험을 통한 학습, 창의적인 표현능력, 문화적 차이, 교육기회의 평등, 의미 있는 삶의 경험 등 수많은 주장들에 대하여 의미가 통하도록 다듬거나 아니면 교육 논의에서 배제시키도록 한다.

(2) 분석철학의 의의와 한계(주영흠 외, 350~351)

분석철학은 교육학의 연구대상을 분명히 한정하고 이에 대하여 분석적인 연구방법을 제시함으로써 교육학을 체계적이고 독자적인 학문 영역으로 발전시키는 데 기여하였다. 분석철학의 명료화 및 구분의 기능은 교육자들로 하여금 언어를 선별하여 분명히 사용하도록 유도하는 데 기여하고 있다. 그러나 분석철학은 현대사회의 복잡한 생활과 교육의 다양한 요구를 적절히 충족시키기에는 너무 그 접근이 협소하고 제한되어 있다는 비판을 받는다. 또한 분석철학은 중립성, 객관성, 사실성을 강조하는 데 연구자가 연구대상을 다룰 때는 연구자가 기계가 아닌 이상 의식을 하던 하지 못하건 자신의 관점과 신념이 개입되기 마련이다. 특히 인간의 의지와 감정을 다루는 교육 영역에 있어서 철저한 객관성과 사실성을 유지하는 것은 한계가 있다. 아울러 교육의 목적이나 교육관은 주관적 가치의 제시가 포함되는 데, 이를 객관적으로 분석하는 것만을 추구하는 분석철학적 시도가 적절한자도 검토해 보아야 한다.

3) 비판이론

비판이론은 마르크스, 프로이트, 헤겔의 사상에 뿌리를 둔다. 비판이론은 19세기 중반 이후부터 발달한 과학적 인식방법 및 이와 관련된 자본주의 체제에 반발하면서 형성되었다. 대표적인 학자들로는 호르크하이머(Horkheimer), 아도르노(Adorno), 마르쿠제(Marcuse) 등을 거쳐, 하버마스(Habermas), 프레이리(Freire), 지루(Giroux) 등에서 더욱 발전되었다.

비판이론은 마르크스주의에 뿌리를 둔 이론으로 사회에 존재하는 갈등 및 변화의 양상에 주목한다. 분석철학이 세계와 대상에 거리를 두고 중립적인 관점을 추구하는 데 반해, 비판이론은 그러한 중립적인 관점은 가능하지도 않고 도덕적으로도 무책임한 일이라고 본다. 비판이론은 부당한 현실의 모순을 밝히고 개혁하기 위한 정의로운 판단과 행동의 실천을 중시한다.

(1) 비판이론의 교육적 주장

비판이론은 개개인이 지배집단의 이데올로기에 의해 조성되는 그릇된 의식(허위의식)을 극복하고 사회의 실제에 대하여 자율적이고 비판적인 의식을 함양하여 개인과 사회를 해방(인간화)시키는 데 가장 큰 목적을 둔다. 이를 위해서 사회에서 불평등과 억압, 차별 등의 현상이 왜 발생하며, 어떤 과정과 방법을 통해 진행되고 정당화되는 지를 정확히 보는 능력을 키우는 것이 중요하다고 본다. 그리고 나아가 이러한 억압적 실상을 넘어 평등하고 자유로운 사회를 이루려면 어떤 노력이 필요한지 깨닫고 실천하는 태도를 키우는 것이 수반되어야 한다고 본다. 교육목적은 단순히 깨닫는 것이 아니라 실천하는 지성인 것이다. 특히, 사회의 축소판인 교육현장 내부에서 어떠한 불평등과 차별이 행하여지고 정당화되고 있는지를 분명하게 분석하고, 이를 개혁하기 위한 방법을 찾아 실천하는 것이 비판이론의 중요한 목적이라 하겠다.

교사와 학생은 주체적·비판적으로 교육과정을 재구성해야 하며, 이를 위해 먼저 교사가 비판적 지성인이 되어 학생들의 비판적 인식을 촉구할 수 있어야 한다. 교사는 변혁적 지성인이 되어야 하고, 학생은 자율적이고 비판적 사고를 할 수 있는 의식화된 사람이 되어야 한다. 이를 위해 사회 현실을 보여주는 다양한 텍스트들을 분석하고 이를 학교교육 현장과 비판적으로 연관되어 성찰하는 것이 요구된다. 비판이론에 따른 교육과정에서 무엇보다도 중요한 것이 의식화교육이다. 이를 위해 TV, 신문, 잡지, 인터넷 자료 등 대중 매체를 분석하고 여기서 어떻게 지배 이데올로기가 표현되고 전달되는지를 관찰하며 비판적 의식을 키울 수 있다고 여긴다.

교육방법에 있어서도 학생과 교사 그리고 다른 학생들과 민주적 상호작용을 통해 민주적 공동체를 만들기 위한 자질을 배우는 것이 중요하다. 이들은 대화와 같은 의사소통을 중시하는 데, 대화는 지배적 교육적 담론을 도전하고 학생들의 자유와 권리를 높여줌으로써 학생들에게 권력을 가지게 하는 해방적 교육과정을 말한다(고미숙, 208). 교사와 학생은 학교교육의 불평등하고 억압적인 구조와 실제를 비판적으로 인식하고 이에 대해 해방적이고 민주적인 공동체를 창출하기 위해 함께 실천할 책임이 있다고 본다.

(2) 비판이론의 의의와 한계(김정환 · 강선보, 295-301)

비판이론의 공헌점은 첫째, 철학의 사회적 역할의 제고라 할 수 있는데, 철학의 실천적 기능을 회복하려고 했던 점이다. 둘째, 실천과학의 한계성을 지적한 점이다. 과학성만을 존중한 나머지 연구과정의 이론성에 치중하여 이데올로기적인 것을 제외시키고, 그럼으로써 구조의 총체성 분석에 소홀했던 실증과학적 방법론의 한계성을 지적했다고 하겠다. 셋째, 교육을 개성과 사회성의 통일, 자율성과 연대성의 통일, 재생산과 해방의 통일이라는 귀한 논리를 통해 총체적 교육관을 형성시킨 점이다. 넷째, 인격의 자유와 존엄성, 그리고 인간을 그 주체로 하는 역사의 구원가능성에 대한 확신을 가진 이상적 인간상의 정립이다. 다섯째, 교육내용과 교육방법에 대한 혁신적 제안을 들 수 있다.

그러나 그 한계점으로서는 첫째, 이데올로기 비판이라는 무기로 꾸준한 문화혁명을 꾀하자면서도 그 혁명을 이끌어 갈 조직을 갖추지 못했다는 점,둘째, 자본주의와 공산주의를 동시에 비판하는 중도지향적 성격을 표방하면서도 지본주의 비판에 치중하고 있다는 점, 셋째, 교육의 정치화와 교육학의 정치화 개념의 취약성, 넷째 원리들을 임의로 취사선택함으로써 교육원리의 착잡성(錯雜性)을 낳았다는 점, 다섯째 지나친 비판의식 제고로 잘못하면 반사회적 교육이 될 수도 있다는 점을 들 수 있다.

4) 포스트모더니즘

포스트모더니즘의 개념을 정의하는 것은 어렵다. 전적으로 가능하지도 않을뿐더러, 바람직하지도 않다. 그 동안 문학 · 음악 · 예술 · 건축 · 영화 등 광범위한 영역에서 다양하게 논의되고, 실질적인 영향력을 행사하고 있으나, 포스트모더니즘은 체계적인 이론이나 철학, 통일된 사회, 문화적 운동을 가리키는 것은 아니다. 그 만큼 복잡하고 다양하다고 할 수 있다.

주요 사상가로는 리오타르(Lyotard), 푸코(Foucault), 데리다(Derrida) 등을 들 수 있다.

(1) 포스트모더니즘의 교육 주장

포스트모더니즘의 교육의 특징을 살펴보면 다음과 같다(고미숙, 2006: 242-248).

첫째, 모더니즘 교육관에 대한 비판 및 자성이다. 모더니즘적인 교육관, 즉 교육이 미성숙한 인간을 자율적이고 합리적인 주체로 양성하는 것이라는 것, 교육내용은 합리적이고 보편적인 진리를 추구하는 것이라는 것, 교육을 통해 학생들이 도달하여야 할 정전이 있다는 것 등에 대해서 의문을 제기한다. 포스트모더니즘에서는 인간의 인지적인 면에 못지않게 정의적이고 행동적인 측면 역시 중시한다. 또한 전체적이고 보편적인 지식이란 없으며, 단지 지엽적이고 특수한 지식이 존재한다고 본다. 이해관계가 없는 지식의 생산자는 더 이상 없으며 우리는 모두지식의 생산자요, 교사는 지식의 원천/생산자라기보다는 지식의 촉진자, 타인들이 지식을 생산하고 생산된 지식을 해석하도록 돕는 사람이라는 것이다.

둘째, 소서사적 지식관의 옹호이다. 포스트모더니즘은 보편적인 큰 틀에 의해 무시되고 소외되어 왔던 문제들, 즉 성차별문제, 인종문제, 빈민문제, 아동문제, 환경문제, 장애인문제 등을 공론화시키고, 소외된 대상들의 권리를 인정해 주는 방식으로 재편되고 재구성될 것을 요구한다.

셋째, 다원성과 다양성에 걸 맞는 교육내용과 방법의 다양화를 중시한다. 포스트모더니즘에서는 교사 중심의 획일적 교육방법을 반대하고, 교사와 학생, 학생과 학생 간의 대화, 토론, 협동의 방법이 옹호된다. 차이와 다양성이 중요한 교육의 방침이 되는 것이다.

넷째, 새로운 교육체제의 요구이다. 포스트모더니즘은 국가주도의 경직된 공교육

체계를 극복하기 위한 유연한 교육체제를 요구하고 있다. 학생들 개개인의 능력과 잠재력을 모두 살릴 수 있는 교육체제로의 발전을 지향하고 있는 것이다.

(2) 포스트모더니즘 교육의 의의와 한계(김정환 · 강선보, 350)

포스트모더니즘의 교육적 의의로는 소서사적 지식의 중시, 교육현장 내에서 작은 목소리 존중, 과학적 · 합리적 이성의 극복과 그에 따른 감성적 기능 회복, 교육의 구조적 변화 촉발, 공교육 체제에 대한 비판적 시각의 제공 및 대안교육 · 실험교육 활성화의 토대 마련, 교육 및 인간 이해에 대한 지평확대, 보편성 · 획일성 · 전체성의 극복과 그에 따른 다양성과 다원성의 존중, 권위주의의 극복, 지엽적이고 특수한 삶의 문제에 대한 의미부여, 페미니스트 교육학의 발전적 토대 제공, 연대의식의 존중, 차이와 타자성의 존중, 비판의식의 함양 등을 들 수 있다.

한계점으로는 윤리학(혹은 도덕 교육)에 대한 방향제시 미흡, 극단적 이기주의화에 대한 우려, 삶과 도덕성에 대한 보편적 기반의 부재, 이성 경시에 다른 삶의 불완전성, 오랜 역사와 사회적 맥락 속에서 형성되어온 교육전통의 해체에 따른 교육공동화 현상, 해체 위주에 의존함으로써 사회문화적 재건에 대한 비전 결여, 기존의 전통과 조화하려는 종합적 노력의 결여 등을 들 수 있다.

현대의 비판적 교육철학을 간략히 요약하면 다음의 〈표 3-3〉과 같다.

▌표 3-3▐ 현대의 비판적 교육철학 요약

교육철학	주요 강조점	주창자
실존주의	만남을 통해 주체적이고 실존적인 사람으로 키워내야 함	부버, 볼노우
분석철학	교육적 담화나 교육적 진술에서 사용되는 언어 등을 분석하고 명료화해야 함	비트겐슈타인, 피터스
비판이론	교육에 있어서의 그릇된 허위의식을 극복하고 비판의식을 고취해야 함	하버마스, 프레이리 등
포스트 모더니즘	서구 · 이성 · 거대담론 중심의 교육에서 벗어나 생태 · 다문화 등 다원적 교육가치 중시	리오타르, 데리다 등

연구 및 토의 과제

1 교육철학에 대한 정의를 내려 보자.

2 이상주의, 실재주의 교육철학과 프래그머티즘과의 근본적인 차이점을 비교해 보자.

3 진보주의와 본질주의, 항존주의와 재건주의 교육철학을 비교하고, 자신의 관점을 논의해 보자.

4 실존주의, 분석철학, 비판철학, 포스트모더니즘 교육철학의 의의와 한계를 정리해 보자.

5 다음의 개념들을 간략히 정리해 보자.

① 본질과 실존
② 실존적 만남
③ 교육의 단속성(斷續性)
④ 경험의 재구성
⑤ 개념의 명료화
⑥ 의식화
⑦ 거대담론
⑧ 소서사적 지식관

Chapter 04

교육심리 기초

1. 교육심리학의 개념
2. 인간발달과 교육
3. 학습이론

교육의 정의는 다양하지만 이들 모두는 올바른 인간의 형성을 지향하고 있다. 따라서 효율적인 교육활동의 수행을 위해서는 그 주요 대상인 인간, 즉 학습자에 대한 정확하고 과학적인 이해가 필요한데, 이에 관해서는 심리학 이론의 응용이 도움이 되며 교육심리학에 대한 지식이 필수적이다. 이에 본 장에서는 교육심리학의 개념, 인간발달과 교육, 학습이론에 대해 살펴봄으로써 학습자와 학습과정에 대한 이해를 도모하고자 한다.

1 교육심리학의 개념

교육의 정의는 다양하며 규범적·가치론적 측면과 과학적이고 실행적인 측면을 포함하고 있기 때문에 교육이 진행되는 과정에서도 이러한 측면들이 모두 관여된다. 우선 교육의 전체 과정 중 교육의 이념과 방향은 교육철학의 관심 영역이며, 이 이념을 달성하기 위한 교육내용은 교육과정의 주요 관심사이다. 이 두 분과는 왜 교육을 하며, 교육에서 무엇을 다룰 것인가에 관해 중점적으로 다루는데, 철학적이며 가치론적 측면 그리고 사회적 측면에서 교육의 문제를 논의한다. 이처럼 교육의 목적과 내용이 결정되고 나면 언제 어떤 방법으로 이러한 교육의 목적과 내용을 달성할 것인가의 문제를 다루게 된다. 이 부분은 가치론적 측면보다는 경험 과학적 측면에서 교육의 문제를 다루게 되는데, 특히 교육의 대상인 인간에 대한 과학적 이해를 통해 보다 효율적인 교육의 실행에 주력하게 된다. 이러한 교육의 실행적·방법론적 측면에 깊이 관여되는 교육학의 하위 분야가 교육심리학이다.

교육심리학(educational psychology)은 인간행동을 이해하기 위한 다양한 지식들을 탐구하고, 이러한 지식들을 토대로 교육의 실제, 즉 교수-학습과정, 생활지도 등의 영역에서 교육의 효과를 극대화하려는 시도를 한다. 다시 말해 학습자의 성장·발달과 여기서 발생하는 개인차의 문제, 학습동기의 문제, 학교생활 적응과 대인관계 및 정신위생의 문제, 특수아의 문제, 측정과 평가의 문제 등 교육의 과정에서 발생하는 문제들을 심리학적 측면에서 독자적으로 연구하여 교육활동의 효과를 극대화하려는 것이다.

2 인간발달과 교육

무력한 유기체로 출생한 신생아는 비교적 장기간의 발달과정을 거쳐 독자적인 인격을 지닌 인간으로 형성되어 간다. 그 발달과정은 유기체와 그를 둘러싸고 있는 환경과의 부단한 상호작용으로 이루어지며, 시간의 흐름에 따른 성숙과정임과 동시에 경험을 통해 배우는 학습과정이라고 할 수 있다. 이러한 발달과정을 살펴보는 것은 인간 이해의 기초가 되며, 교육적으로도 의의가 있다.

1) 발달의 의미와 원리

일반적으로 발달은 '인간이 출생해서 성장·노쇠의 과정을 거쳐 죽음에 이르기까지 전 생애를 통해서 나타나는 모든 신체적·심리적 변화의 과정'을 의미한다(서봉연·이순형, 1983). 과거에는 발달이라 하면 주로 출생에서 청년기에 이르기까지의 상승적 변화만을 지칭하는 경우가 많았으나, 근래에는 넓은 의미로 사용되어 청년기 이후 노년기에 이르는 동안의 신체적·심리적 노쇠현상, 즉 하강적 변화까지 발달로 보는 경향이 많다. 또한 발달에는 수량의 변화로서 행동이 점차 효율적으로 되어 가는 과정인 양적인 변화와 구조의 변화로서 이전 상태로 되돌아 갈 수 없는 새로운 현상이나 특성을 나타내는 질적 변화가 모두 포함된다.

예를 들어 유아가 이전에는 한 번에 세 개의 사물을 기억했으나, 점점 더 잘 외우게 되어 이제는 다섯 개의 사물을 기억할 수 있게 되었다면 그것은 양적 변화이다. 그러나 이 유아가 다섯 개의 사물을 기억하게 된 것이 전에는 사용한 적이 없었던 기억전략을 사용했기 때문이라면 그것은 기억의 발달에 있어 질적 변화라 할 수 있을 것이다. 마지막으로 발달에는 유전인자의 내적 작용으로 시간의 흐름에 따라 진행되는 신체·생리적 및 심리적 변화인 성장과 성숙, 그리고 경험이나 훈련에 의해 일어나는 행동의 변화인 학습이 모두 포함된다. 인간발달에 적용되는 일반적 원리들을 살펴보면 다음과 같다.

첫째, 발달은 성숙과 학습의 상호작용의 결과이다. 즉, 인간의 발달은 생물학적인 유전적 특성과 후천적으로 쌓게 되는 훈련과 경험의 계속적인 상호작용에 의해 이루어진다.

둘째, 발달은 연속적이며 점진적인 과정이다. 물론 발달의 속도는 불규칙하기 때문에 비약 전진하는 시기와 정지하는 듯한 시기가 있고 여러 면에서 차이가 나타나지만 그러한 시기에도 기본적인 지속성을 유지한다.

셋째, 발달의 속도에는 주기성이 있다. 발달은 기본적으로 연속적이지만 그 속도는 불규칙하며, 영아기나 사춘기의 급격한 신체발달이나 유아기의 언어발달 등과 같이 특정한 부분의 발달이 왕성하게 이루어지는 시기가 있다. 이 시기를 결정적 시기(critical period)라고 하는데, 이러한 시기에는 환경적 요인의 영향도 크게 받게 된다. 즉, 이 시기에 해당 부분의 발달에 필요한 조건들이 결핍되면 이후의 발달에 누적적인 결손이 생긴다는 것이다. 따라서 이러한 결정적 시기에는 해당되는 환경적·문화적 조건들을 풍부하게 만들어 주는 것이 좋다.

넷째, 발달에는 일정한 방향과 순서가 있다. 신체발달의 경우 머리(위)에서 다리부분(아래)으로, 중심기관에서 말초기관으로, 전체적 반응에서 특수한 부분반응으로 발달해 간다. 또한 언어발달, 인지발달, 사회성 발달 등도 시기나 속도에 다소간의 차이는 있으나 비교적 동일한 순서를 거쳐 발달해 간다.

다섯째, 발달은 분화와 통합에 의한 구조화의 과정이다. 발달은 먼저 전체적이고 미분화된 기관들이 부분적·구체적·특수화된 것으로 분화되고, 분화된 각 기능은 다시 전체적으로 조직·종합되어 더 나아진 수준에서 하나의 체제로 통합된다.

여섯째, 발달에는 개인차가 있다. 인간은 출생부터 내재한 유전적 요인이 다를 뿐 아니라 처한 환경자극이나 주어진 경험도 각기 다를 수밖에 없기 때문에 그 상호작용으로 나타나는 발달에는 개인차가 있게 된다. 그리고 이 개인차는 남녀 차, 동성 간의 차 등 개인 간의 차이뿐만 아니라 시간에 따라 나타나는 개인 내 차이도 포함하는데, 예컨대 신체발달은 빠르나 정신적 발달은 느린 경우라든지, 또 정신적 발달 내에서도 지적 수준의 발달은 빠르나 사회성의 발달은 느리다든지 하는 경우이다. 따라서 이러한 개인차에 대한 이해가 요구된다.

2) 발달의 개인차이론

개인차는 학생들이 가지고 있는 특징이면서 다른 학생들과 차이를 보이는 지속적인 측면이며 학업성취에 영향을 주고 있다. 개인차 요인 중 대표적인 것이 지능과 창의성이라 할 수 있기 때문에 이에 대해서 살펴보고자 한다.

(1) 지능

지능은 여러 학자들에 의해 나름대로 정의되고 있고, 지능의 구조에 대해서도 서로 다른 입장들을 제시하기 때문에 정의하기가 쉽지 않지만 지금까지의 정의들을 총괄적으로 분류해 보면 세 가지의 기본적인 입장이 있다. 첫째, 지능을 학습하는 능력으로 보는 입장이다. 이 견해에 따르면 지능이 높은 사람은 학습능력이 높고, 지능이 낮은 사람은 학습능력이 낮은 것이다. 둘째, 지능을 고등능력 정신으로 보는 입장으로서 추상적인 학습을 할 수 있고 아울러 그것을 구체적 사실과 관련시킬 수 있는 능력으로 보는 관점이다. 셋째, 지능을 적응능력으로 보는 입장이다. 이에 따르면 지능이란 한 개인의 전체 환경에 대한 적응으로서 새로운 문제 및 상황에 부딪쳤을 때 자신의 행동을 보다 효과적이고 적절하게 재조직하여 적응하는 능력을 말한다. 종합해 보면 지능은 경험으로부터 학습할 수 있는 능력, 학습을 증진시키기 위해 초인지 과정을 활용하는 것, 각각의 사회적 · 문화적 맥락 속에서 각기 다르게 요구되는 환경에의 적응능력 등이라고 할 수 있다(홍순정, 1999).

지능은 지능검사에 의해 측정하며, 그 결과를 지능지수(Intelligence Quotient: IQ)로 표시한다. 지능지수는 정신연령(동일한 연령층의 사람들이 가지고 있는 정신적 능력)과 생활연령(실제의 나이)과의 비율로 산출하기도 하고, 검사점수의 평균에 대한 편차로 계산하여 동일연령 집단 내에서의 상대적 위치로 규정하기도 하는데, 어떤 방식으로 산출하든 결과는 100을 평균점으로 해서 90～110 사이를 보통, 그보다 높으면 보통 이상의 지능으로 보고, 70～80 사이를 정상과 지적장애를 나누는 경계선으로 보며, 그 이하는 지적장애로 본다.

이러한 지능지수를 해석할 때 유의할 점은 지능지수란 인간의 변치 않는 절대적인 능력을 나타내는 것이 아니라 동일연령 집단과 비교하여 일반적인 지적 능력이 상대적으로 어느 정도의 위치에 있는가를 알려 주는 지수라는 점과 측정상의 오차가 있을 수 있다는 점이다. 따라서 지능지수를 절대시하기보다는 개인의 지적 능력을 판단하는데 도움을 주는 하나의 자료로 생각해야 한다.

지능이 유전과 환경 중 어떤 것의 영향을 더 많이 받느냐 하는 문제는 대단히 오래된 쟁점으로서 아직도 논쟁이 지속되고 있지만 일반적으로는 유전적인 요인이 지능발달의 생물학적 한계를 결정해 주되, 그 한계 내에서 환경의 작용이 결정적이라고 보는 유전 · 환경 상호작용론으로 귀착되고 있다. 젠센(Jensen, 1969)은 이와 관련된 연구들을 종합하면서 지능변산의 약 75~80%가 유전, 20~25%가 환경에 의해

결정된다는 결론을 내렸다. 이 연구는 유전이 환경보다 지능에 더 많이 영향을 미친다는 것을 말해 주는 동시에 지능이 유전이나 환경 중 어느 한 변인에 의해서만 결정되는 것은 아니라는 점을 시사해 준다.

한편 지금까지 개발된 지능검사들의 주요 내용이 학교학습에 있어서 핵심이 되는 언어능력·수리능력 및 추리력을 측정하는 문제로 구성되어 있기 때문에 지능지수와 학업성취 간에는 비교적 높은 상관관계가 있다. 이에 대해 이성진(1996)은 일반지능과 학업성취도 간의 상관계수는 평균 $r=.70$ 정도로 지능이 학업성적의 약 50% 정도를 설명해 준다고 보았다. 단일한 요인으로 학업성적을 이만큼 설명할 수 있는 변인은 없기 때문에 지능지수는 학교성적의 예언자로서 가장 훌륭한 지수이지만, 다른 면에서 보면 지능지수에 의해 학교성적이 전적으로 결정되는 것은 아니라고 볼 수도 있다. 또한 이런 관계는 교과에 따라서 차이가 있는데 읽기·산수 등에 있어서는 높은 상관관계가 있으나 음악·체육·미술 등의 성적과 상관은 비교적 낮은 편이다. 그리고 학년이 올라갈수록 지능과 학업성취 간의 상관은 낮아지는 경향이 있다.

교사들은 지능지수의 이러한 예언적 기능 때문에 학습지도나 생활지도를 위해서 학생의 지능지수를 종종 이용한다. 그러나 일단 학생의 지능지수를 알게 되면 교사는 이 지능지수만으로 학습자의 학습가능성을 예측하기 쉽고, 결과적으로 학생지도에 의식적·무의식적 차별을 두는 경우가 생긴다. 또한 사용된 지능검사가 타당하고 신뢰롭게 측정되지 못할 가능성도 전혀 배제할 수는 없다. 따라서 교사는 지능지수의 사용 시 특별히 주의를 기울여야 한다.

최근에는 지능을 보는 입장이 학습하는 능력이라는 견해에서 실생활 속에서의 문제해결능력 이라는 견해로 바뀌고 있다. 이런 견해를 대표하는 지능이론이 가드너(Gardner)의 다지능이론과 스턴버그(Sternberg)의 삼위일체 지능이론이다.

가드너(Gardner)는 인간의 지능을 하나의 수치로 나타내려는 종래 심리측정적인 지능이론에 반대하여, 인간의 지적 능력은 상대적으로 상호 독립적인 다수의 유형으로 구성되어 있다고 주장한다. 뇌손상에 의한 분리, 비범한 재능을 가진 사람들의 존재, 독자적인 발달사, 진화사, 핵심활동 존재, 실험적 증거, 심리측정학적 증거, 상징체계에서의 부호화의 8가지 선별 준거에 의해 상호독립적인 지능 요인을 도출하였다. 그는 지능을 "한 문화권 혹은 여러 문화권에서 가치 있다고 인정되는 문제를 해결하고 산물을 창조해 내는 능력"이라고 정의하고 있다. 그의 다중지능(Multiple Intelligence: MI)이론은 신체-운동 지능, 언어 지능, 공간 지능, 논리-수학 지능, 음악 지능, 대인관계 지능, 자기이해 지능 등의 7개의 요인이라는 서로 독립적인 지능이 있다는 것이며 이후 자연지능요인을 추가 8개의 지능을 제안하였다.

스턴버그(Sternberg)는 지능의 근원을 개인, 행동, 상황의 세 가지 요인을 통합적으로 고려하여야 한다고 보고 삼위 일체 지능이론을 제시하였다. 인간의 지능은 분석능력, 창의적 능력, 실제적 능력의 3가지 측면으로 구성되어 각각의 하위이론을 구성한다. 스턴버그는 지능을 "메타요소, 수행요소, 지식-획득요소 등의 기능에 따라, 신기성에 대한 반응 혹은 정보처리의 자동화와 관련하는 경험의 연속선에서, 어떤 지역에서 상황적으로 적절 한 행동을 방출하는 정신 능력"으로 정의하였다. 그는 3가지 서로 다른 형식의 사고를 연습하는 것이 학생들에게 서로 다른 방식의 정보처리를 가능케 하며 지능을 향상시킬 수 있다고 주장하였다. 그것은 비교, 대조, 비평, 판단, 평가 등과 관련된 분석적 사고, 무엇인가를 고안해 내고 발견하며 상상하고 가정하는 것과 관련된 창의적 사고, 적절한 아이디어를 찾아내고 실행하며 적용하는 것과 관련된 실제적 사고이다

(2) 창의성

인간의 지적 특성에 대한 최근의 연구들은 보다 고차적이고 생산적인 지적 작용으로서 창의성에 대해 높은 관심을 보이고 있다. 인간의 여러 능력들 중 특별히 창

의적 사고를 강조하는 이유는 급변하는 사회를 살아가는 현대인들에게는 새로운 문화를 바르게 수용하고, 고유의 문화를 창의적으로 개발할 수 있는 능력이 요구되기 때문이다.

창의성은 이미 알려져 있지 않은 참신한 아이디어나 또는 그러한 아이디어의 복합체를 생산해 내는 능력으로 정의되고 있다. 그리고 이때 창의적인 산물이란 사물을 단순하게 병합시켜 놓은 것이나 나열해 놓은 것이 아니고, 사물에 대한 생각이나 경험으로부터 얻은 지식을 상상적 활동을 통해 새로운 사태로 변경·조작하거나 특별한 관계로 창안한 것을 의미한다. 홍순정(1999)은 창의성이란 '우리들의 과거의 경험과 지식을 토대로 해서 거기에 새로운 것을 첨가하는 지적 과정인데, 그러기 위해서는 과거의 경험과 지속적인 노력이 중요하며, 이것들을 재결합해서 새로운 패턴, 새로운 아이디어, 새로운 소산(작품, 제품, 상품, 가치, 활용 등)을 만들어 내는 능력과 사고과정'이라고 정의했다.

길포드(Guilford, 1967)는 창의성의 요인으로 사고의 유창성과 융통성 그리고 독창성의 세 가지를 들었다. 유창성이란 어떤 자극에 대하여 새로운 생각이 풍부함을 말하며, 융통성은 특정한 문제 사태에 대해 다양하고 광범한 그리고 질적으로 서로 다른 아이디어를 생산해 내어 해결책을 강구하는 능력을 말한다. 독창성이란 희귀하고 비상한 해결책을 찾아내는 능력, 즉 기존 지식의 단순한 통합이 아닌 새롭고 흔히 볼 수 없는 반응을 도출하는 능력을 의미한다. 여러 학자들은 이외에 주어진 문제를 세분화하여 전개시키거나 문제에 포함된 의미를 명확히 파악하고 결함을 보완할 수 있는 능력인 정교성, 사물·사상 간의 구조적·기능적 관련성을 고려하여 서로 관련시킬 수 있는 능력인 조직성, 비판에 대한 개방적 성격, 독립적 판단 태도, 전통과 인습에 얽매이지 않는 사고, 현대 지식에 대한 회의적 태도 등의 성격적 요인도 창의성에 포함시킨다.

스턴버그(Sternberg, 1988)는 창의적인 사람들의 인성 특성으로 모호한 것에 대한 인내, 장애물을 극복하려는 의지, 성장하고자 하는 의지, 내적 동기, 적절한 모험심, 인정받고자 하는 욕구, 인정받기 위해서 일을 하고자 하는 의지 등을 들었다. 그는 또 창의력은 다측면적 현상이기 때문에 이와 같은 인성 특성들이 적절한 환경 아래 지적 능력과 사고 유형들과의 상호작용을 통해 상승작용을 일으킬 때 가장 효과적이라고 주장하였다(송인섭 외, 2000).

맥키논(Mackinnon)은 창의적인 건축가들에 대한 연구에서 어렸을 때 가정에서 부모들이 그들을 존중해 주고 자유로운 탐색활동과 자기결정을 조장해 주면서 성실성, 재능, 지적인 노력, 성공, 야심 등을 강조하였다는 공통적인 요인을 밝혔다(임승권, 1991).

창의성의 중요성이 인식되고 창의성 훈련 프로그램들도 개발되면서 학교나 산업체 등에서 창의성을 학습시켜 개발하려는 시도들도 늘고 있는데, 지금까지 제시된 프로그램으로는 대상물의 주요 속성과 그 속성을 변경시킬 수 있는 방법을 열거하고, 그 속성을 다른 대상물의 속성 변경에 이용하는 것 등을 포함하는 속성열거법, 집단토의를 통해 창의적 아이디어를 산출하도록 훈련하는 브레인스토밍(brain storming) 기법 등이 있다. 이러한 창의성 훈련 프로그램들의 효과에 대한 객관적 평가는 아직 체계적으로 이루어지고 있지 않지만 앞으로의 사회가 창의성의 개발을 요구한다는 맥락에서 보면 창의성 훈련 프로그램들의 제대로 된 평가가 요청된다고 본다.

지능과 창의성 그리고 학업성취 간의 관계는 아직 확고한 결과를 얻지는 못하고 있다. 우선 기존의 지능검사로는 창의성을 측정하지 못하고 있기 때문에 기본적으로 지능과 창의성 간에는 낮은 상관이 나타나고 있다. 그러나 길포드(1967)는 자신이 제시한 지능의 구조에서 창의성을 지능의 조작 차원 중 확산적 사고라는 하나의 변인으로 취급함으로써 창의성을 지능의 하위개념으로 보았다. 한편 게젤스와 잭슨(Getzels & Jackson, 1962)의 연구에 의하면 창의성은 지능과 독립적이며 지능과 별도로 학업성취에 영향을 미친다는 결과가 나왔는데, 특히 지능이 일정수준 이상인 경우(약 120 이상) 창의성은 지능과 별도로 학업성취에 영향을 미친다고 보고되고 있다. 또한 다른 연구들에서도 창의성의 하위요인들 중 융통성과 정교성 등이 학업성취에 영향을 미치는 것으로 나타났다.

이런 점에서 볼 때 교사들도 학생들의 창의성을 함양시키기 위해 노력할 필요가 있는데 이에 대해 김언주(1989)는 다음과 같이 제안하고 있다.

첫째, 교사는 창의적 사고가 무엇인지 알아야 한다.

둘째, 학생들에게 교사의 문제해결 방법을 최선의 것으로 강요하지 말아야 한다.

셋째, 교사는 절대적으로 순응하는 학생보다 교사 자신의 견해와 다른 아이디어를 창출하는 학생에게 더 많은 보상을 주어야 한다.

넷째, 교사는 학생의 창의적 사고가 출현할 수 있는 조건을 마련해 주어야 한다. 예컨대 정답이 여러 개인 문제를 숙제로 내준다거나 앞뒤가 맞지 않는 불일치 상태에 직면하게 하는 등의 방법이 요구된다.

다섯째, 교사는 창의성에 대한 학생 자신의 부정적인 태도를 제거시켜야 한다. 학생들이 '나는 창의적이지 못하다'는 식으로 자신을 부정적으로 평가하지 않도록, 더 나아가 '나는 창의적이다', '나는 관습적인 해결방법에 도전한다' 등으로 자신을 긍정적으로 평가하도록 지도해야 한다. 결론적으로 교사는 학생의 창의적인 행동을 학교교육에서 기를 수 있다는 신념하에 창의적 사고를 억제하거나 저해하는 요인을 제거하며, 창의적 사고를 증진시킬 수 있는 교육환경 구성에 노력해야 한다.

3) 인지발달

인지발달은 학교학습과 밀접한 관련이 있기 때문에 정확하게 파악하는 일이 필요하다. 여기서는 인지발달이론으로서 피아제(Piaget)와 비고츠키(Vygotsky)의 인지발달 단계를 살펴보고자 한다.

(1) 피아제의 인지발달

연령이 증가함에 따라 일어나는 인지기능의 변화에 대해 체계적으로 연구한 사람이 피아제(Piaget)이다. 그는 인간의 정신과정과 사고에 내재하는 법칙에 관심을 가지고 아동의 연령이 증가함에 따라 사고의 과정이 어떻게 발달해 가는가를 연구하였다.

피아제(Piaget)는 인지발달이란 유기체가 환경과의 상호작용에서 이루어 가는 순응과정인데, 이는 유기체가 현실을 자신의 인지구조에 맞추어 받아들이는 과정인 동화와 기존의 인지구조를 변화시키는 과정인 조절의 두 하위과정을 포함한다고 보았다. 그리고 여기서 유기체가 가지고 있는 이해의 틀인 인지구조를 도식(schema)이라고 한다. 이때 동화가 되려면 어느 정도 조절도 가능해야 하기 때문에 두 기능은 서로 상보적으로 일어나며, 이들 간의 평형상태가 이루어지는 것이 적응이다. 이러한 적응과정은 일생 동안 계속된다. 이처럼 개인은 환경과 자신과의 끊임없는 상호작용을 통해 적극적이고 능동적으로 자신의 인지구조를 변화・발달시켜 나가게 된다.

피아제(Piaget)의 인지발달 단계는 감각운동기, 전조작기, 구체적 조작기, 형식적 조작기의 총 네 단계로 구성되는데, 각 단계에 해당하는 연령은 개략적인 것으로 개인차가 있지만 단계들의 순서는 고정되어 있으며, 모든 인간은 같은 순서로 단계들을 통과하며 발달해 나간다. 여기서 각 단계의 특징들과 그것이 갖는 교육적 의의를 살펴보면 다음과 같다.

첫번째 단계인 감각운동기는 출생에서 약 2세까지의 시기이다. 영아들은 유전적으로 타고난 반사적 행동을 사용하며, 감각과 운동을 통해 세상을 받아들이고 적응해 간다. 이 시기 동안 아이는 시각, 청각, 촉각적인 단서에 의해 쥐고 걷는 능력을 기르며, 자신과 외부의 사물이 서로 분리되어 있음을 알게 되고, 목적을 가지고 흥미있는 일을 오랫동안 계속하려는 행동을 한다.

이 시기에 이루어지는 가장 중요한 성취는 대상영속성의 개념이다. 대상영속성이란 어떤 대상물이 본래 있었던 장소에서 옮겨졌거나 없어져 자신의 시야에서 보이지 않아도 그 대상물이 계속 존재한다는 것을 이해하는 것이다. 예컨대 4~5개월 된 아이가 장난감을 가지고 놀고 있을 때 그 장남감이 다른 물건 뒤로 굴러가서 시야에서 사라지면 아이는 그것을 찾으려 하지 않는다. 이것은 그 아이의 눈에 보이지 않는 것은 더이상 존재하지 않는다고 이해하기 때문이다. 그러나 1년이 지난 아이는 그 장난감을 찾으려고 할 것이고, 숨겨진 것을 찾아내게 된다.

두번째 단계인 전조작기는 2세부터 7세경의 시기이다. 여기서 조작이란 말은 내면화된 가역적 정신활동으로 사고(생각)를 의미한다. 이 단계는 정신적인 활동으로서의 사고가 시작되기는 하지만 거의 불완전한 수준으로 비체계적이고 비논리적이다. 이 단계에서 아이는 사물을 외관, 즉 눈에 보이는 지각적 속성에 의해서만 판단한다. 따라서 보존 개념을 이해하기 시작하나 획득하지는 못한다. 보존 개념은 물체의 양이나 수가 담는 그릇의 크기나 모양, 배열하는 간격 등에 의해 변하지 않는다는 것, 즉 질량불변의 원칙을 말한다. 예컨대 이 시기의 아이는 같은 양의 물을 모양이 다른 그릇에 담으면 그 물의 양이 서로 다르다고 말하는데, 왜냐하면 눈에 보이는 그릇의 지각적 속성이 달라졌기 때문이다. 또한 분류능력도 불완전하다. 그리고 자아중심적 사고를 하여 자신의 조망과 타인의 조망을 구별하지 못한다. 즉, 모든 사람이 자신과 똑같은 눈으로 세상을 본다고 믿으며, 자기가 경험하는 것을 다른 모든 사람도 경험한다고 생각한다. 그리고 생명이 없는 대상물도 살아 있다고 보는 물활론적 사고를 하며, 꿈을 현실로 생각하기도 한다. 또 도덕 판단이 타율적이며 행위결과에 의해 판단한다. 즉, 규칙은 고정되어 있는데 이것은 부모, 선생님, 신 등에 의해 부여된 것으로 변경할 수 없고, 맹목적으로 복종해야 한다고 생각하며 의도에 상관없이 결과에 따라 가치 판단을 한다.

세번째 단계인 구체적 조작기는 7세에서 11세 정도의 시기이다. 이 시기에는 추상적인 가설 설정은 불가능하지만 정신적 활동에 의해 체계적으로 사고할 수 있게 된다. 즉, 보존 개념을 확실히 획득하게 되며, 분류능력도 생겨 서열화, 유목화, 포함관계 등을 이해하게 된다. 또 자아중심성에서도 어느 정도 벗어나게 되어 타인의 관점에서 생각하는 능력이 생긴다. 그리고 도덕 판단도 자율적이 된다. 그러나 이 시기의 사고는 구체적인 대상에만 국한된다. 즉, 논리적 조작을 하지만 구체적이고 관찰 가능한 대상이나 사건에 한하기 때문에 구체적 대상이 없는 추상적인 문제에 관해서는 아직 체계적인 사고를 전개하지 못한다.

네번째 단계인 형식적 조작기는 11~12세 이후의 시기인데 모든 사람이 다 형식적 조작기에 도달하는 것은 아니라고 본다. 이 시기에는 추상적인 사고, 가설적인 사고를 할 수 있고, 논리-수학적 사고도 가능하다. 또한 가설적인 것에 관해 생각하게 되면서 사회인지 능력도 발달하는데, 즉 자신의 미래와 자신이 속한 사회에 대한 관심을 갖게 되고, 이로 인해 놀라운 이상주의를 꿈꾸기도 하며, 인생의 의미를 찾는 과정에서 자아의 위기를 경험하기도 한다.

아동들의 인지가 점차적으로 발달해 간다는 피아제의 입장은 교육에 큰 시사를 줄 수 있다.

첫째, 교수전략이나 학습과제는 현재 학습자의 인지적 발달수준에 맞게 제시되어야 한다는 점이다. 아동은 성인과는 질적으로 다르게 정보를 해석하고 조작하기 때문에 아동의 발달수준에 맞지 않는 것을 가르치는 것은 무리이다.

예를 들어 전조작기에 있는 유아에게 "엄마가 더 좋으니? 아빠가 더 좋으니?"라는 질문을 할 경우 그 유아의 대답은 의미가 없다. 왜냐하면 이 유아는 아직 구체화되지 않은 대상의 서열에 대한 개념이 없기 때문이다. 또 구체적 조작기의 아동에게 시를 읽게 하고 그 시를 썼을 때의 작가의 생각을 묻는다면 교사는 실망할 것이다. 왜냐하면 구체적 조작기의 아동은 다른 사람의 입장을 이해하는 것이 가능하지 않기 때문이다. 이러한 점은 교수매체의 사용에도 적용되는데, 예컨대 구체적 조작기까지의 아동들에게는 실물이나 시청각적인 매체 등 구체적인 대상을 제시한 수업방식이 도움이 되는 반면 형식적 조작기에 도달한 다음에는 언어 중심의 교과서, 수나 기호로 구성된 공식 등을 사용하는 추상성이 높은 교재를 사용한 수업이 가능하다는 것이다. 즉, 아직 형식적 조작기에 도달하지 못한 학습자에게 추상적인 사고를 요하는 수업을 하게 되면 학습자는 그 내용을 이해하지 못하고 외우게 될 뿐이며, 반대로 이미 추상적인 기호의 사용이 가능한 학습자에게 아주 구체적인 대상물로 이루어지는 수업은 경제적이지 못할 것이다. 따라서 학습자의 인지발달 수준에 적합한 매체의 사용이 필요하다는 점도 피아제의 이론을 통해 시사받을 수 있다.

물론 이 점과 관련하여 피아제의 발달단계에 대한 이견도 있다. 즉, 각 단계에서 아이들이 나타내는 사고수준이 완전히 일치하지 않는다는 견해도 있고, 그가 아이들의 인지능력을 다소간 과소 추정하고 있다는 의견도 있으며, 또한 특별한 훈련을 통해 인지발달 과정을 촉진시킬 수 있다는 의견도 있다. 이러한 논쟁이 있는 것은 사실이지만 현 단계에서 볼 때 교사는 불필요하게 아동의 지적 발달을 가속화시키려고 노력하기보다는 정상적으로 발달해야 할 인지가 환경적 영향으로 인해 지체현상을 보일 때 그 원인을 구명하여 장애요인을 제거해 주는 일에 관심을 쏟는 것이 바람직하다고 본다.

둘째, 피아제(Piaget)는 학습의 과정이 자발적이고 활동적일 때 아동들이 보다 많은 것을 얻을 수 있다고 생각한다. 특히 아동은 스스로 외부 세계를 단순히 탐색하는 것만으로도 상당한 지적 향상을 가져온다(서봉연, 1983). 따라서 교사는 학습자에게 지식을 주입시키려 하지 말고 학습자가 흥미와 관심을 불러일으킬 만한 풍부한 자료를 제공하여 학습자 스스로 학습과정에 능동적으로 참여하여 문제를 해결하도록 허용하는 것이 좋다.

(2) 비고츠키의 인지발달

비고츠키(Vygotsky)는 인간의 정신작용을 사회와의 상호작용의 결과로 보고, 문화적 맥락 속에 내포된 사회적 상호작용과 언어가 개인의 인지발달에 미치는 영향을 강조하는 사회문화적 발달이론을 제시한다. 그에 따르면 인지발달은 독립적 활동이 아니라 사회문화적 맥락 속에서 성인이나 뛰어난 동료와의 사회적 상호작용(대화)의 영향을 받는다. 인지발달은 변증법적 과정을 거치며, 행동이 사고를 결정하고, 문화적인 맥락 속에서 이루어지는 역사적인 과정이다.

그의 인지발달이론의 주요개념은 근접발달영역(zone of proximal development)이다. 근접발달영역은 "아동이 혼자서는 해결할 수 없지만 성인이나 뛰어난 동료와 함께 학습하면 학습할 수 있는 과제 영역"이다. 즉 아동이 현재 혼자서 스스로 과제를 해결할 수 있는 수준인 실제적 발달수준과 유능한 성인이나 또래의 도움을 받아 해결할 수 있는 과제 수준인 잠재적 발달수준 간의 차이를 의미한다. 또 실제적 발달수준과 잠재적 발달수준간의 차이를 매개해주는 교수활동을 스캐폴딩(scaffolding)이라 하였다. 비계 혹은 발판으로 번역되는 스캐폴딩은 성인이나 유능한 또래에 의해서 제공되는 조력으로, 학생들이 문제를 해결하는 데 필요한 도움의 양, 방법, 내용을 적절하게 조절하여 제공하는 교수활동을 말한다. 아동이 지적으로 성장하는 데 필요한 요소를 지원하는 안내자 혹은 교사의 역할을 말한다. 학습 초기에 시범을 보이는 등 많은 지원을 한 후 점차적으로 지원을 줄이고 최종적으로 혼자 해결할 수 있도록 하는 것이 바람직 방법이다. 비계의 예로는 힌트주기, 암시하기, 모델이 되어주기, 설명, 토론, 격려, 아동의 주의 통제 등이 있다.

4) 심리·사회적 발달

여기서는 성격의 발달에 관한 대표적인 이론인 프로이트(Freud)의 심리성적 발달

단계와 이를 사회적 측면으로 해석한 에릭슨(Erikson)의 심리사회적 발달단계를 살펴보고자 한다.

프로이트는 인간의 무의식 안에 자리 잡고 있는 심리적 갈등이 성격의 형성에 결정적이라고 보았는데, 이러한 갈등의 많은 부분은 유아기에서 비롯된다고 하였다. 성격은 원초아, 자아, 초자아의 세 부분으로 형성되어 있으며, 이 세 구조가 적당한 비율로 균형을 이루고 작동할 때 가장 건전한 성격이 형성된다. 이때 이러한 성격 형성을 좌우하는 것은 리비도(libido)라는 성적 에너지이며, 이것이 작동되는 부위에 따라 성격발달 단계를 다섯 단계로 제시하였는데 구강기, 항문기, 성기기, 잠복기, 생식기이다(김동규, 1984).

한편 에릭슨(Erikson)은 이러한 프로이트의 이론이 지나치게 성에 초점을 두고 있다는 점에 문제의식을 갖고 이를 사회심리학적 시각에서 수정・확대하였는데, 성격 발달은 성적 에너지보다는 대인관계의 질에 의해 좌우된다고 보았다. 에릭슨은 총 여덟 단계의 발달단계를 제시하였는데, 프로이트의 다섯 단계에 성인기의 세 단계를 추가한 것이다. 에릭슨의 단계는 기본적 신뢰 대 불신, 자율성 대 수치와 회의, 주도성 대 죄의식, 근면성 대 열등감, 정체감 대 역할혼미, 친밀감 대 고립, 생산성 대 자기몰입, 통정 대 절망이다. 프로이트와 에릭슨의 발달단계를 구분하면 〈표 4-1〉과 같다.

표 4-1 프로이트와 에릭슨의 발달단계

연령	프로이트의 단계	에릭슨의 단계
출생～18개월	구강기	신뢰감 대 불신감
18개월～3세	항문기	자율성 대 수치감
3～6세	남근(오이디푸스)기	주도성 대 죄의식
6～11(12)세	잠복기	근면성 대 열등감
청소년기(～18세)	생식기	자아정체성 대 역할혼미

성인초기(～40～45세)		친근성 대 고립감
성인기(～60～65세)		생산성 대 침체감
노년기		자아통합 대 절망감

여기서 프로이트와 에릭슨이 제시한 발달단계들과 각 단계에서 고려해야 할 교육적 측면들을 함께 살펴보면 다음과 같다.

구강기는 생후 약 1년까지의 기간으로 입으로 젖과 음식을 빨고, 깨물고 씹는 것을 통해 쾌감을 얻는 시기이다. 이 시기는 수유와 이유가 이루어지기 때문에 적절한 수유와 이유방식이 성격 형성에 영향을 미치게 된다. 에릭슨의 단계에서 보면 이 시기는 기본적 신뢰 대 불신의 단계인데 양육자와의 관계에서 기본적인 신뢰감을 형성하는 것이 요구되며, 이러한 타인에 대한 신뢰는 이후 자신에 대한 신뢰감으로 발달해 가게 된다.

항문기는 대략 1세에서 3세 정도의 기간으로 항문 부위가 성적 관심의 초점이 되며, 배설물을 보유하거나 배설하는 동안의 근육 조절을 통해 감각적 쾌감을 얻게 된다. 에릭슨의 경우 이 단계는 자율성 대 수치와 회의의 단계로 배설물을 참고 배출하는 과정에서 자율성이 생기고 자율성이 약화될 때 수치심이나 의심이 생긴다. 이 시기에 유아는 혼자 걷고 말을 하는 등 독립적이 되면서 자기주장을 하기 시작한다. 반면 부모는 배변훈련을 포함하여 여러 가지 습관훈련을 시작하게 되며 그 결과 부모와 아이 간에 충돌이 생기게 된다. 그러므로 이 시기에는 유아가 자신감을 잃지 않고 자신을 통제할 수 있다는 느낌을 발달시킬 수 있는 분위기를 조성하는 것이 필요하다.

남근기는 3세에서 6세 사이의 기간으로 성기가 성적 관심의 초점이 된다. 이 시기는 성기에 대한 관심으로 남녀 간의 성차를 깨닫게 되며, 이성의 부모(남아는 어머니, 여아는 아버지)에게 성적 충동을 느끼고 위기를 경험하는 시기이다. 따라서 이 시기에는 이성 부모에 대한 충동을 부모에 대한 사회적으로 용인되는 애정으로 승화시키고, 동성 부모에 대한 적대감을 억압하고 동일시하면서 초자아, 특히 양심부분이 발달하게 된다. 에릭슨에 의하면 이 시기는 주도성 대 죄의식의 단계이다. 주도성은 자율성에 어떤 과제를 수행하고 계획하고 처리하는 것을 덧붙인 것이다. 어른이 볼 때는 놀이에 불과하지만 이 시기의 아이들은 나름대로의 일을 성공시키려고 노력하게 되는데, 이러한 일에서 실패를 거듭하면 죄책감이나 불안감이 생기기 쉽다. 이 시기는 오이디푸스 위기를 통한 초자아의 발달로 어느 정도 주도성이 위축되고, 특히 부모에 대해 어려움을 느끼는 시기이기 때문에 부모들이 자신의 권위를 다소 완화하는 것이 필요하다.

학교교육의 관점에서 볼 때 이 시기는 학령 전 유치원기라고 할 수 있다. 우선 자율성과 주도성은 아동에게 자신이 할 수 있는 일을 하도록 허용할 때 발달한다. 반대로 지나치게 과보호되거나 혹은 도움이 완전히 결핍될 경우 자신과 환경을 통제하는 능력에 대해 의혹을 갖게 된다. 따라서 이 단계의 아동들에게는 자기주도적인 활동을 최대한 허용해야 한다. 즉, 성취감을 경험하도록 주어진 과제를 계획하고 수행하게 해 주는 것이 필요한데, 흥미 있는 계획에 친구처럼 참여하여 아동에게 탐구할 수 있는 분위기를 조성하고, 질문에 일관성 있게 대답을 해주는 것이 좋다. 또한 죄의식을 극소화하기 위해서는 형제나 친구들과 능력을 공식적으로 비교하는 것은 피해야 한다.

잠복기는 6~7세에서 10~12세까지로 성적이고 공격적인 환상들이 대부분 잠복상태로 들어가고, 사회적·인지적 측면의 발달이 이루어지며, 환경에 적응해 가는데 초점이 주어진다. 에릭슨에 의하면 이 시기는 근면성 대 열등감의 시기인데, 이때 근면하게 배우고 연마하면 자기가 시작한 일에 꾸준한 주의집중과 근면을 유지하는 자아역량이 발달되지만, 일에 실패하거나 열중치 못하면 자기에게 부적당감을 느끼고 절망하고 열등감을 느끼게 된다.

이 시기는 초등학교 기간이 되는데 학교생활을 통해 신체적·지적·사회적 능력을 획득하는 중요한 단계이므로 학교에서 교사의 격려 및 도움이 요구된다. 이 단계의 아동들은 전형적으로 근면성을 나타내는 데 열심이기 때문에 꾸준한 관심과 끈기 있는 부지런함으로 작업을 완성하는 즐거움을 경험할 수 있는 기회가 주어져야 한다. 예를 들어 방학숙제를 한다면 부모는 아이가 그것을 조금씩 근면하게 해 나가 결국 자기 손으로 완성할 수 있도록 도와주어야 한다. 그 결과 아동은 어떤 일이든 내가 최선을 다해 노력한다면 이룩할 수 있다는 것을 알고 완성의 즐거움을 느끼게 되며, 이것들이 축적될 때 근면 성실의 신념을 터득하게 될 것이다. 또한 이러한 과정에서 생기는 실수나 실패는 학습과정에서 불가피하게 나타나는 극히 자연스러운 현상으로 학생들이 받아들일 수 있는 분위기를 조성해 주어야 한다.

생식기는 10~12세경 사춘기와 더불어 시작되는데, 생식기관의 발달로 성적 충동이 솟아나게 되고, 성기기에서 느꼈던 이성 부모에 대한 충동에 다시 빠지게 되어 혼란을 겪는 시기이다. 따라서 이 시기의 청소년들은 부모로부터 떨어지려는 시도를 하게 되는데, 부모와 떨어져 있을 때 안도하고 집에서는 '하숙생'과 같은 태도로 남아 있다. 또 부모의 사랑과 그들에 대한 의존을 인정하지 않고 정반대로 행동하며 부모를 경멸하기도 한다. 그리고 자신의 감정과 충동으로부터의 방어의 한 형태로서 금욕주의적이고 주지화된 태도를 취하게 되는데, 성이나 공격성에 관련된 문제를 추상적이고 지적인 차원으로 전환시키려는 시도를 하고, 모든 것을 비개인적인, 즉 객관적인 방식으로 논의함으로써 불안을 감추려 하기도 한다.

따라서 이 시기에 부모들은 자녀들이 부모로부터 독립할 수 있도록 도와주는 것이 필요하다. 즉, 자녀에게 부과하던 금지나 제한을 감소시켜 주고, 가족의 의사결정 시 자녀들이 참여하도록 격려해 줄 필요가 있다. 그래서 부모와 자녀가 서로 소외되는 상태가 아니라 서로의 개성을 수용하는 심리적 상태가 되도록 도와주어야 한다(김태련 · 장휘숙, 1987).

에릭슨에 의하면 이 단계는 자아정체감 대 역할혼미의 단계이다. 이 시기는 자기의 특유성이나 참모습을 지각하고 자신의 처지, 능력, 소임을 깨닫게 되어 자아정체감이 형성되거나 이것이 안 되면 역할혼미를 경험하게 된다. 자아정체감이란 대인관계, 역할, 목표, 가치 및 이념 등에 있어서 자기가 지니는 고유성에 대한 자각과 이에 부합되는 자기통합성과 일관성을 견지해 나가려는 의식 · 무의식의 노력을 의미한다(이춘재 외, 1988). 즉, '나는 누구인가', '나는 무엇을 할 수 있는가?'에 대한 의문을 제기하고 지금까지 지녀온 자신의 신체적, 정신적 여러 특성들과 생각, 사회관계에서의 다양한 역할들을 자신의 고유한 방식으로 통합하는 것을 말한다. 이러한 자아정체감의 형성은 너무나 어렵기 때문에 청소년들은 스스로를 찾기 위한 일종의 '타임아웃' 기간으로서 심리 · 사회적 유예기간(psychological moratorium)을 갖게 된다. 예를 들면 어떤 결정을 내리기 전에 휴학을 하기도 하고, 여행을 하거나, 사람들을 만나지 않으려고 하기도 한다. 또한 흔히 고립감, 무력감, 생의 무의미함을 경험하게 된다. 이러한 오랜 동안의 정체감 탐색은 매우 고통스러운 것이기는 하지만 그것은 결국 보다 높은 차원의 인격적 통합을 가능케 해준다.

이 시기는 학교단계로 보면 중 · 고등학교 시기가 된다. 이 시기에 청소년들은 특별히 성역할정체감의 확립과 진로 및 직업의 선택으로 고민하게 되므로 교사는 학생들이 이 부분에 관련하여 긍정적인 정체감을 달성하도록 도와주어야 한다. 예를 들어 자신의 성역할정체감 때문에 고민하는 학생에게 다른 사람들도 이런 문제로 고민하고 있지만, 결국은 모든 사람이 적절한 성적 행동을 나타내고 나름의 성역할정체감을 획득하게 된다는 점을 알려 준다면 그 학생은 사회적으로 급격히 변화하는 성역할 속에서도 혼란에 덜 빠질 것이다.

또한 이 시기에는 학생들에게 다양한 경험을 할 수 있는 기회를 많이 제공해야 한다. 다양한 상황에서의 여러 가지 경험을 통해서 학생들은 자기의 행동 · 태도 · 생각 및 신념을 스스로 평가할 것이며, 자신의 정체감을 형성해 갈 것이다. 교사와 학생이 자유롭게 어울리는 기회를 가지며 학생들의 장래 및 생애의 문제에 대해 의견을 나누는 것은 학생들의 사회적 성장을 위해 매우 중요하므로 교사는 자연스럽게 그러한 기회도 마련해야 하는 것이다.

프로이트는 청년기까지만을 단계로 나누었지만 에릭슨은 그 이후의 성인기를 단계로 나누어 전 생애에 걸친 발달단계를 제시하였는데, 제6단계는 20세에서 45세 정도의 성인초기로서 친밀감 대 고립의 단계이다. 앞의 단계에서 합리적으로 잘 통합된 정체감이 형성되면 타인과의 심리적 친밀감 형성이 가능해진다. 즉, 자아의 정체를 잃지 않고도 다른 사람들과 융화될 수 있는데, 예를 들면 이성과의 친밀한 관계와 동성 친구와의 우정을 동시에 유지할 수 있다. 만일 이런 시도가 실패하면 고립되고 상투적인 대인관계만을 유지하게 된다. 이 시기는 대부분 결혼과 취업이 이루어지므로 직업을 갖고 배우자를 맞아 친밀하고 지속적인 관계를 유지하는 것이 요구된다.

제7단계는 45세에서 65세까지의 중·장년기로 생산성 대 자기몰입의 단계이다. 이 시기는 자녀양육이나 일에서의 생산적이고 창조적인 활동을 통해 다음세대를 키우고 교육하는 데 관심을 두게 된다. 이 시기의 생산성이란 단순히 아이를 낳고 키우는 것뿐만이 아니라 다른 사람을 돌보는 능력, 민족에 대한 믿음과 미래에 대한 신념 등을 포함한다. 이것이 세대를 이어가는 사회의 연속성을 가능케 하는 것이다. 이러한 생산성이 부족할 경우 강박적인 친근성, 자기몰입, 지루함과 흥미 상실, 심리적 미성숙 등을 나타내게 된다.

마지막으로 제8단계는 65세 이후 죽음에 이르기까지의 노년기로서 통정 대 절망의 단계이다. 이 시기는 자신의 생애에 걸쳐 쌓아온 것을 기반으로 살아가며, 인생의 한계와 역사 속에서의 자기인식, 노년의 지혜에 대한 자부심 등을 갖게 되고 앞의 7단계를 모두 통합하는 통정이 이루어진다. 만일 이러한 것들이 이루어지지 않으면 이제 시간이 너무 짧고 되돌아갈 수 없어 다른 생활을 꿈꾸어 볼 수도 없고, 통합에 이르는 어떤 다른 대안도 찾을 수 없다는, 생을 잘못 살았다는 절망감에 빠지게 된다.

3 학습이론

1) 학습의 정의

학습에 대한 정의는 학자에 따라서 그리고 연구방법과 관점에 따라서 다양하지만 이들을 종합해 보면 직접, 간접의 경험이나 훈련에 의한 비교적 영속적인 행동의 변화라고 정의 내릴 수 있다. 우선 학습은 행동의 변화를 전제로 하는데, 여기서 포괄적으로 행동이라고 표현된 부분은 행동주의적 관점에서 주장하는 자극과 반응 간의 결합에 의해 일어나는 행동의 변화와 인지이론적 관점에서 주장하는 인지과정과 인지구조의 체계화 내지 변화 모두를 포함하는 것이다.

또한 내용적인 측면에서 보면 지식, 이해, 추리, 판단, 기억 등 지적 측면과 가치관이나 태도의 변화 등 정의적 측면, 그리고 빠르고 정확하게 달릴 수 있다거나 손으로 하는 작업이 숙달되는 것과 같은 운동기능적 측면의 변화가 모두 포함된다. 그리고 학습은 가치중립적인 개념이기 때문에 이때 행동의 변화 방향은 크게 문제 삼지 않는다. 즉, 바람직한 방향으로의 변화이든 나쁜 행동으로의 변화이든 일단 학습으로 보는 것이다. 그러나 우리가 교육적인 장면에서 학습을 논할 때는 잠정적으로 바람직한 방향으로의 학습을 의미하는 경우가 대부분이다.

다음으로 학습은 경험이나 훈련에 의한 비교적 영속적인 변화를 의미한다. 즉, 학습은 환경과의 상호작용인 경험·훈련에 의한 변화만을 포함하며, 생물학적·유전적 측면의 변화로서 연령의 증가에 따라 나타나는 성숙은 포함되지 않는다. 또한 얼마 동안 지속되어야만 학습이라고 볼 수 있는가에 대한 규정은 없지만 적어도 약물이나 피로, 감각기관의 순응 등에 의하여 생긴 신체상의 일시적 변화는 학습의 범주에서 제외된다.

마지막으로 학습은 직접 경험의 결과뿐 아니라 간접적·대리적 경험에 의한 변화도 포함한다. 즉, 타인 행동의 관찰, 책, 영화 등 간접적인 자료를 통한 경험도 학습의 범주에 포함된다는 것이다.

2) 학습이론

학습이론이란 학습이 이루어지는 심리적 기제를 설명하는 법칙이나 이론의 체계를 말한다. 학습이론에 대한 이해는 학교교육에서 효율적인 교수-학습방안의 마련과 학습 성과의 증진에 도움을 준다는 측면에서 매우 중요하며 필수적이다. 지금까지 다양한 학습이론들이 제시되어 왔으나, 여기서는 현대의 가장 대표적인 학습이론인 행동주의적 관점과 인지이론적 관점에 대해서만 살펴보고자 한다.

(1) 행동주의적 관점

행동주의적 관점에서는 자극과 반응의 연합으로 학습을 설명하고 있으며, 이런 이유로 연합이론, 자극-반응이론 등으로 불린다. 이 입장은 학습을 관찰가능한 외현적인 행동의 변화라고 보기 때문에 연구대상은 관찰가능하고 측정가능하며, 비교가능한 외적 행동으로 한정된다. 그리고 학습은 자극과 반응이 반복적으로 연결됨으로써 기계적으로 혹은 시행착오에 의해 이루어진다고 본다. 따라서 학습에서 인간만이 가진 고등의 사고기능을 전제하지 않으며, 환경을 조성하고 적절한 강화를 제공한다면 어떤 행동도 학습시킬 수 있다고 생각한다.

행동주의적 관점에는 파블로프(Pavlov)의 고전적 조건형성, 손다이크(Thorndike)의 시행착오설, 스키너(Skinner)의 조작적 조건형성 등이 포함된다. 행동주의적 관점에서 학습을 설명할 때 적용되는 기본적 요소들을 살펴보면 다음과 같다.

첫째, 학습이 완전히 이루어지고, 그것이 오래 지속되기 위해서는 자극과 반응의 연결이 충분히 이루어져야 한다. 이를 위해서는 반복해서 연습하는 것이 필요하다.

둘째, 적절한 강화와 벌의 사용이 요청된다. 강화(reinforcement)란 행동의 강도와 발생빈도를 증가시키는 것을 의미한다. 강화에는 정적 강화와 부적 강화가 있는데, 정적 강화란 가치 있는 어떤 것을 제공함으로써 바람직한 행동의 강도와 빈도를 증가시키는 것을 의미한다. 이때 강화물로는 사탕이나 학용품 등의 물질, 칭찬이나 미소 등의 사회적인 것, 좋은 성적이나 상장 등의 상징적인 것, 좋아하는 활동을 하도록 해 주는 것, 또는 학생이 한 학습 결과에 대한 피드백 등 다양한 것들이 사용될 수 있다. 즉, 노트 정리를 잘하는 학생에게 칭찬을 해줌으로써 더욱 노트 정리를 잘하도록 유도한다든가, 미술시간에 그림을 잘 그린 학생의 작품을 교실에 전시하여 학생이 미술에 더욱 흥미를 갖도록 하는 것 등이 정적 강화의 예이다. 부적 강화란 학생을 둘러싼 부정적인 요인을 제거하여 바람직한 행동의 강도와 빈도를 증가시키는 것을 의미한다. 예를 들어 수업시간에 집중을 잘하고 좋은 질문을 하는 학생들에게 청소당번을 면제해 주는 경우를 생각해 보자. 교사의 이런 약속으로 인해 집중이 잘되는 수업이 되고 좋은 질문을 많이 하는 수업이 되었다면 이는 청소를 제거함으로써 교사가 의도하는 수업이 발생하는 이른바 부적 강화가 일어났다고 할 수 있다.

한편 강화와 대응되어 사용되는 것으로 벌이 있다. 벌은 바람직하지 않은 행동을 약화시키거나 감소시키기 위해 제공되는 자극을 말한다. 벌은 제공됨으로써 바람직하지 않은 반응을 감소시킨다는 점에서 바람직한 행동을 증가시키는 강화와는 다르다. 예컨대 교실에서 떠드는 행동을 감소시키기 위해 교사가 야단을 치는 것, 숙제를 해 오지 않은 학생에게 운동장을 뛰게 하거나 체벌을 가하는 것 등을 말한다. 벌의 사용에 대해서는 찬반 논쟁이 끊이지 않고 있지만 현실적으로 학교현장에서 많이 사용되고 있기 때문에 부작용을 최소화할 수 있는 효과적인 사용이 필요하다.

셋째, 학습내용의 단계적이고 점진적인 제시가 요구된다. 학습은 점진적으로 행동을 변화시키는 방향으로 이루어져야 한다. 행동주의에서는 인간의 행동은 연속적이고 누적적이며 점진적으로 획득되어 간다고 본다. 따라서 학습과제는 한 번에 많이 제시되는 것이 아니라 작은 단계로 조금씩 나누어 부과해야 하며, 쉬운 곳에서부터 비약함 없이 점차 어려운 곳으로 나아갈 때 효과적인 학습이 이루어진다고 본다.

행동주의적 관점에서의 학습원리들은 오늘날 학교현장에서 상당히 폭넓게 활용되고 있으며, 학습지도에서 뿐만 아니라 생활지도 시, 부적응 행동의 지도 시에도 행동수정이란 방법으로 널리 활용되고 있다.

(2) 인지이론적 관점

이 관점은 행동주의와 대조적으로 눈으로 직접 관찰가능하지는 않지만 지각, 기억, 사고, 문제해결 등 우리의 머릿속에서 이루어지는 정신 작용의 변화를 학습이라고 본다. 즉, 외적 행동은 인간의 정신에서 일어나는 것을 추론할 수 있는 단서이기는 하지만 학습은 아니며, 이러한 외적 행동을 가져오는 내적 과정 자체의 변화가 학습이라고 본다.

따라서 인지이론적 접근에서는 행동주의처럼 외적 행동을 변화시키려 하지 않고 대신 환경과 행동 간의 중간과정인 인간의 내적 과정(인지과정)을 변화시키려 한다. 그리고 이러한 내적 과정은 기계적인 연합이나 시행착오가 아니라 통찰이나 사고과정에 의해 인지구조 자체가 재구성되거나 변화함으로써 학습이 이루어진다고 본다. 즉, 인간은 외부의 자극에 대해 기계적으로 반응하는 것이 아니라 외부로부터의 자극을 능동적으로 지각하고 해석하고 판단하는 사고과정을 통해서 행동한다는 것이다. 그러므로 인지주의 심리학자들은 인간만이 지니고 있는 고차원적인 사고과정, 즉 고등정신 과정을 연구대상으로 삼는다. 이러한 인지적 접근은 기억, 지각, 언어, 추리, 지식, 개념 형성, 문제해결력 등 인간의 내적 심리과정에 관한 학습을 설명하는데 유용하다.

인지이론적 접근에는 형태주의 심리학의 관점에서 학습을 설명한 쾰러(Köhler)의 통찰설과 레빈(Lewin)의 장이론, 그리고 새로운 정보가 투입되고 저장되며 기억으로부터 인출되는 방식을 연구하는 정보처리이론이 포함된다. 인지이론적 관점에서 학습을 설명할 때 적용되는 기본적 요소들을 살펴보면 다음과 같다.

첫째, 학습은 단순한 자극-반응의 연결, 즉 기계적인 암기로 이루어지는 것이 아니라 이해, 통찰, 문제해결, 인지전략의 사용 등의 과정을 통해 이루어진다. 따라서 효율적인 학습을 위해서는 학습과정에서 학습자 자신이 능동적으로 자신의 인지기능, 즉 통찰이나 문제해결 과정 등을 사용할 수 있는 기회가 제공되는 학습방법이 사용되어야 한다. 이러한 인지이론적 관점이 교수과정에 응용된 예로는 브루너(Bruner)의 발견학습과 오스벨(Ausubel)의 유의미 수용학습 등이 있는데 이들은 이 책의 제7장 교육방법 부분에서 설명할 것이다.

둘째, 좀더 나아가 학습자 스스로가 새로운 정보를 처리할 수 있도록 인지처리전략을 직접 가르쳐 주거나, 인지전략을 개발할 수 있도록 도와주는 교수방법도 필요하다. 이는 새로운 정보를 전달하는 것만이 아니라 필요한 정보를 찾고 그것을 의미있는 형태로 조직하며, 필요시 적절한 정보를 활용하도록 그 기술을 가르치는 것이 교수-학습과정의 목적이 될 수도 있다는 것이다.

셋째, 형태주의심리학과 정보처리이론의 관점에서 볼 때 학습의 중요한 조건은 학습자에게 제시되는 장면 전체의 지각적 특성 내지 구조이다. 즉, 학습자는 학습상황에서 부분을 보는 것이 아니라 각 부분의 상호관계의 맥락 속에서 전체를 지각하며, 함께 제시되어 있는 내용 중 어떤 것은 전경으로 또 어떤 것은 배경으로 지각하는 경우가 많다. 따라서 학습이 이루어지는 장면의 구조화가 요구되며, 수업에 관련되거나 중요한 요소들에 학생들의 주의를 집중시키는 일이 필요하다. 예를 들면 강의 중에 목소리를 높게 또는 낮게 하는 것, 판서할 때 글씨의 크기를 변경시키는 것,

분필의 색깔을 다르게 하거나 밑줄을 긋는 것 등 제시되는 자극의 강도, 크기, 색깔, 위치 등을 변화시키는 것이라든가, 신기하고 독특한 불일치하거나 대비되는 자극들을 잘 선별하여 수업요소로 활용하는 것, 또는 각종 시청각 매체를 적절히 사용하는 것 등의 다양한 방법을 동원하여 학생들의 주의를 집중시킨다면 학습효과를 증진시킬 수 있다는 것이다(임규혁, 1997).

넷째, 학습내용의 기억을 증진시키기 위해서는 학습내용이 학습자의 인지구조에 적절한 의미 있는 형태로 제시되어야 한다는 점이다. 정보처리이론의 관점에서 볼 때 학습자가 어떤 내용을 기억한다는 것은 사실상 장기기억 속에 있는 내용을 인출한다는 말이다. 장기기억은 무한한 정보를 영구적으로 저장할 수 있는 곳이라서 일단 장기기억 속에 들어간 정보가 망각되는 경우는 별로 없다. 그러나 우리는 흔히 과거에는 기억했던 것들이 기억나지 않는다는 말을 하곤 하는데, 이것은 망각이라기보다는 기억된 내용을 인출하는데 실패했다는 의미가 된다. 거의 모든 정보들이 장기기억 속에 들어올 수 있고 이 정보들은 거의 반영구적으로 기록된다고 보자. 이 경우 인출의 문제는 마치 도서관에서 책을 찾는 경우에 비유될 수 있다. 큰 도서관에서 특정한 책을 찾아내는 데 실패하는 것은 그 책이 없는 경우보다는 그 책을 엉뚱한 곳에서 찾고 있다거나 그 책이 잘못 분류되어 다른 선반에 꽂혀 있기 때문일 수 있다. 이 경우 책을 제대로 찾으려면 책이 제자리에 놓여 있어야 하며 또 제 장소에 가서 책을 찾아야 하는 것이다(김언주, 1989).

도서관에서 맨 처음 책을 정리하는 과정이 인간의 정보처리 과정에서는 부호화라고 할 수 있다. 즉, 부호화란 새로운 내용을 장기기억 속에 집어넣는 방식이다. 새로운 정보가 장기기억 속으로 부호화되는 데 있어서 가장 중요한 것은 유의미한 부호화가 이루어져야 한다는 점이다. 따라서 교사는 학생들이 유의미하게 부호화할 수 있도록 잘 정비된 학습내용을 제공함으로써 학습자의 기억을 강화시켜 주어야 한다. 이를 위한 방법으로는 우선 개별적인 사실들을 하나의 네트워크로 연결하는 것이다.

즉, 교사는 학습자에게 개별적인 사실만을 제공해서는 안 되며, 반드시 사실들의 관계성에 대해서도 설명해야 한다. 예를 들어 태양계의 구조를 설명할 때 단순히 대부분의 행성들이 같은 회전축을 가지고 있다고 설명하는 것보다는 그러한 사실이 왜 중요하고 이러한 사실이 태양계의 행성에 어떤 단서를 주는지에 대해 원리와 관계성을 이해시키려는 노력이 필요하다(임규혁, 1997). 또한 학습내용은 가능한 한 친숙도가 높고 논리적으로 조직되는 것이 좋다. 그리고 필요한 경우 기억술의 사용도 고려할 수 있는데, 음률이나 첫 글자를 이용하여 연합들을 만드는 것, 평소 눈에 익은 장소와 학습내용을 관련시키는 장소법 등을 활용할 수 있다.

다섯째, 학습자는 수동적이고 기계적인 존재가 아니라 능동적이고 목적적인 존재이므로 학습자가 학습에 능동적으로 참여하고, 스스로 목표를 설정하는 등의 과정이 수반될 때 학습이 더욱 촉진될 수 있으며 동기도 더 잘 유발될 수 있다.

이상에서 학습을 설명하는 대표적인 관점인 행동주의와 인지이론에 대해 살펴보았다. 이들 이론들은 서로 다른 인간관과 인간에 대한 접근방법들을 가지고 있으며 장단점을 지닌다. 그러나 우리가 이들을 교육에 응용하는 입장에서는 이들을 활용하여 최대의 교육적 성과를 얻을 수 있도록 시도하는 일이 요구된다. 사실상 학교에서 이루어지는 학습들은 자동화될 만큼 기계적이고 반복적인 연습이 필요한 학습에서부터 고등정신 기능의 발휘를 요하는 문제해결 과정이 필요한 학습에 이르기까지 다양하다. 따라서 중요한 것은 어느 이론이 보다 효과적이냐에 대한 논쟁이 아니라 두 이론 모두 학습을 설명하는 데 유용한 시각을 제시한다는 것을 이해하는 일이며, 실제 현장에서 학습과제와 상황에 적합한 학습이론을 활용하여야 한다는 점이다.

연구 및 토의 과제

1. 교육심리학의 개념을 정리하고 주요 연구 분야를 설명해 보자.

2. 지능검사를 활용할 때 교육적 유의사항에 대해 논의해 보자.

3. 창의성의 함양 방안에 대해 토의해 보자.

4. 학습이론의 행동주의적 관점과 인지이론적 관점을 간략히 비교하고 각자 지지 또는 비판해 보자.

5. 다음의 각 개념들을 정리해 보자.
   ① 인간발달
   ② 지능
   ③ 전조작기
   ④ 자아정체감
   ⑤ 학습
   ⑥ 강화

05

Chapter

교육의 사회적 기초

1. 사회화의 개념과 의의
2. 사회화의 기구
3. 사회제도와 학교의 기능

인간은 사회・문화적 기반 속에서 성장하고 발전하는 존재이다. 모든 인간은 사회 속에서 태어나서 사회의 도움을 받아 성장하고 사회 가운데서 생활하게 된다. 교육은 인간 형성을 촉진하는 과정으로서 사회・문화적인 토대를 기초로 이루어지게 마련이다. 본 장에서는 사회화와 사회화를 담당하는 기구, 사회제도로서 학교의 기능, 그리고 교육사회학 이론에 대해 살펴보고자 한다.

1 사회화의 개념과 의의

흔히 인간을 정의함에 사회적 동물이라고 일컫는다. 모든 인간은 일정한 사회 속에서 태어나서 그 사회의 문화를 체득하면서 성장하고 발전하게 된다. 사회를 떠난 인간의 삶이란 상상할 수 없는 것이다.

인간은 누구나 이 세상에 출생했을 때 오직 생물체로서 살아가는데 필요한 본능적 욕구만을 가지고 태어난다. 반면에 사회는 각 개인이 태어나기 이전부터 존재하고 있으며, 그 사회 나름대로의 생활양식, 예컨대 언어, 관습, 가치관, 제도, 종교, 지식 등을 가지고 있다. 그러므로 각 개인은 자신의 삶을 사회 속에서 유지하기 위해서, 또한 사회는 사회 나름대로의 존속을 위해서 미숙한 세대들에게 사회생활을 통해 사회적 생활양식을 체득시키는 과정을 전개하게 된다. 바로 이러한 과정이 넓은 의미에서 교육의 과정이기도 하다.

이처럼 본능적 욕구를 지니고 태어난 개인이 한 사회에서 태어나서 그 사회의 언어, 관습, 도덕 등을 포함한 생활양식을 학습함으로써 그 사회의 성숙한 성원으로 성장하여 나가는 과정을 사회화(socialization)라고 한다. 그리고 성숙한 사회적 성인으로서 살아가는 삶의 양식에 대한 학습의 기간은 보통 요람에서 무덤까지, 즉 태어나서 죽을 때까지 이루어지는 것으로 보는 것이 일반적이다.

사회화를 중시한 대표적인 인물로는 뒤르켐(Durkheim)을 들 수 있는데, 그는 교육의 핵심적 과제로서 아동들을 사회화하는 것으로 보고 있다. 뒤르켐은 이기적이며 비사회적인 존재인 아동들에게 그가 속해 있는 사회의 종교적·도덕적 신념, 습관, 국민 전통, 직업 전통 등을 가르쳐서 사회적 존재로 만드는 것이 바로 사회화이며 교육의 핵심적 과제라는 것이다.

2 사회화의 기구

각 개인이 그 사회에서 통용되는 사고, 감정, 지식 및 행동양식을 포함한 생활양식을 체득하는 것은 태어나서 죽을 때까지의 전 생애를 통해 이루어지게 마련이다. 또한 반드시 학교교육을 통해서만 얻어지는 것이 아니라 가정에서 부모나 형제들과의 접촉과 상호작용, 이웃의 또래집단과의 사귐, 지역사회에서의 삶을 통해서 그리고 나아가서는 직장생활이나 사회적·경제적 활동에 참여하거나 매스컴을 통해서도 끊임없이 이루어진다. 일반적으로 이러한 여러 가지의 사회화 기관을 가정, 학교, 사회로 나눌 수 있다. 가정교육과 학교교육에 대해서는 제1장에서 이미 살펴보았으므로, 여기서는 또래집단, 대중매체를 살펴보고자 한다.

1) 또래집단

아동의 사회화와 관련하여 중요한 영향을 미치는 것으로 또래집단(peer group) 또는 동료집단이 있다. 아동이 점차 나이가 들면서 가족과의 한정된 상호작용에서 벗어나 나이와 수준이 비슷한 또래들과 어울리게 되고 서로 영향을 미친다. 또래집단은 일반적으로 매우 친근하거나 비슷한 지위를 갖는 사람들로 구성되므로 대등하고 자유로운 인간관계 속에서 역할과 지위를 부여받으면서 사회화를 담당한다. 또래집단의 일반적 특징으로는 다음 여섯 가지를 들 수 있다(김재복 외, 1995).

첫째, 비슷한 연령으로 다른 아이들과 동등한 관계에 있다. 가정에서의 인간관계가 부모와 자녀 간의 수직적 관계라면 또래집단의 관계는 수평적 관계를 유지한다. 둘째, 비슷한 연령과 입장에 처해 있기 때문에 그들의 관심사항과 감정이 비슷하며 따라서 공감대를 형성하기가 쉽다. 셋째, 이들은 자기 또래에 어울리는 재간과 관심거리를 개발하기도 한다. 넷째, 성인의 간섭이나 감시로부터 감정적, 정서적으로 부담이 없으므로 매우 자유롭다. 다섯째, 동료집단은 아이들에게 중요한 정보원이 되어 성인으로부터 얻을 수 없는 정보를 얻게 된다. 여섯째, 유동적인 집단으로서 영속성을 갖지 못한다. 이러한 특성을 지닌 또래집단은 사회화와 관련하여 다음과 같은 기능을 한다(김재복 외, 1995).

첫째, 문화적 기능으로서 아동들은 또래집단을 통해서 사회・문화적 가치를 강화한다. 그러나 이러한 가치는 반드시 긍정적인 것이 아니라 때로는 부정적인 것일 수도 있다.

둘째, 또래집단은 사회적 역할과 행동을 학습할 수 있는 기회를 제공한다. 또래집단은 성인의 감시나 간섭 등이 많지 않기 때문에 정서적으로 부담이 없고 활동무대가 넓어 자유롭고 광범위한 학습을 할 수 있다.

셋째, 자아 형성의 기능으로서 동료와의 관계를 통해 독립심, 소속감, 자아정체감 등을 느낄 기회를 제공한다. 또래집단은 아동들에게 사회적인 관계를 경험케 함으로써 존재의 개별성을 의식하게 되고 경쟁심과 독립심이 발전하며 자아정체감을 형성하게 된다.

넷째, 또래집단은 '예견적 사회화(anticipatory socialization)'를 통하여 사회계층 이동에 도움을 주기도 한다. 또래집단은 보통 상이한 사회계층의 생활방식을 보강하거나 계층별 특수 문화의 전달 작용을 통하여 사회적 상승에 필요한 제반 문화 요소를 습득하게 된다. 즉, 또래집단을 통하여 중류층 아동과 친하게 된 하류층의 아동들은 그들로부터 새로운 생활방식을 배우게 되고 그들의 목표와 가치를 배울 자극을 얻게 된다.

2) 대중매체

현대에 들어 가정, 학교, 또래집단에 못지않게 대중매체(mass media)도 사회화에 긍정적, 부정적으로 많은 영향을 미치고 있다. 신문, TV, 잡지, 라디오 등은 아동과 성인 모두에게 중요한 정보원이 된다. TV로 대표되는 방송매체는 신문, 잡지 등의 인쇄매체에 비해 강력한 영향력을 미치는 대중매체로서 시청자들의 기호 형성과 가치관, 생활양식 등에 절대적인 영향을 끼치고 있다.

특히 최근에는 정보통신기술의 발달과 새로운 미디어의 출현으로 획기적이고 다양한 의사소통 방식을 촉진시키고 있어 통신매체가 미칠 사회화의 영향은 심대하다고 할 수 있다. 정보통신 네트워크로서 인터넷의 등장은 빠른 정보의 공유화와 의사소통의 활성화 등 긍정적인 측면과 함께 대량의 유해한 정보를 제공하는 부정적 측면을 낳고 있어 심각한 사회적 문제를 야기하기도 한다. 특히, 최근 스마트폰의 폭발적인 보급은 아동, 청소년과 성인들에 이르기까지 일상 생활상의 패턴까지 바꾸어 놓았다고 해도 과언이 아니다.

대중매체가 갖는 대표적인 기능으로는 크게 다음 세 가지를 들 수 있다(김경철 외, 1997). 첫째, 보도의 기능으로 지구의 구석구석에서 일어나고 있는 각종 사건들을 신속하고 정확하게 일반에게 전달해 주는 기능을 한다. 둘째, 사설이나 해설 등을 통하여 사회에 대한 비판적 기능과 계도의 기능을 한다. 이는 여론을 형성시켜주고 그러한 과정에서 축적된 사회적 지혜나 문화적 유산을 다음 세대에게 넘겨주는 역할도 한다. 셋째, 오락기능으로 대중매체는 각종 스포츠, 음악, 무용, 가요, 코미디

등을 통하여 피로와 근심을 풀고 시름을 잊게 해준다.

TV 등 대중매체가 지니고 있는 위력은 상품을 알리고 여러 가지를 선전하는 광고의 효과를 높이고 있으므로 기업들은 앞 다투어 홍보에 열을 올리고 있고, 그 결과 현대인들의 기호와 판단에 큰 영향을 미치고 있다. 대중매체의 상업성은 오락프로 중심의 흥미 위주로 변질되고 있어서 공정한 보도와 올바른 판단, 교양의 증진을 통해 건전하게 여론 형성을 주도해야 하는 순기능을 가로막고 있다. 흥미 위주로 치닫고 있는 TV의 오락적 내용이 청소년들에게 건전한 문화생활을 하도록 하는 것보다는 퇴폐적이고 감각적 자극에 의존하게 함으로써 부정적 영향을 미치고 있다. 청소년들의 TV 시청 시간이 세계적으로 점차 증가하고 있는 추세에 있는 점을 고려해 본다면 대중매체가 지니고 있는 역기능적 사회화를 우려하지 않을 수 없다. 특히 컴퓨터의 보급과 인터넷의 사용은 심의나 검정과정을 거치지 않은 수없이 많은 유해한 정보들을 청소년들에게 쏟아놓음으로써 심각한 역기능을 야기하고 있는 형편이다. 개인들 간에 공유, 유포되고 있는 걸러지지 않은 정보들, 불건전한 게임 프로그램과 포르노성 메일 등은 우리 아동들과 청소년들의 건전한 성장을 저해하는 심각한 중독원으로 자리 잡고 있기도 하다.

인터넷과 휴대전화에 이어 최근 우리 일상생활에 커다란 영향을 미치고 있는 대표적인 미디어기기는 스마트폰이라 할 수 있다. 한국방송통신위원회(2012)에 따르면 2009년 스마트폰 도입 이후 3년만인 2012년 10월 기준 3,140만 명 이상이 가입되어 있고, 6세 이상 인구의 63.7%가 스마트기기를 사용하고 있는 것으로 나타났다. 가히 폭발적이라 하겠다. 스마트폰은 인터넷이나 휴대전화에 비해 이용의 편리성, 즉시성, 휴대성을 갖추고 있고, 언제 어디서든 전화나 문자뿐 아니라 음악, 동영상, 게임, 정보검색, 쇼핑, 학습, 금융, 회사 업무, TV시청 등 다양한 편의 기능을 사용자에 맞게 이용할 수 있다는 점에서 우리 생활에 편리함을 주고 있다. 반면 스마트폰이 가진 장점들은 사람들로 하여금 지속적이고 과도한 스마트폰의 사용과 몰입, 그리고 스마트폰에 대한 의존성을 높여줌으로써 스마트폰의 중독성 사용을 초래하고 이로 인해 다양한 문제를 초래하고 있다(김병년 · 최홍일, 2013).

스마트폰 중독은 그 자체로 스마트폰 사용에 대한 스스로의 조절능력 상실을 의미하여, 특히 성장기에 놓여 있는 청소년들에게 있어서는 부정적인 결과를 낳을 수 있다. 최근에 발표된 결과는 그 위험성을 경고하고 있다. 청소년 7명 중 1명이 스마트폰에 집착하고 있으며 점차 늘고 있는 것으로 나타났다. 여성가족부가 한국청소년정책연구원에 의뢰해 2013년 11월 전국 초등학생(4~6학년), 중 · 고교 학생 1만 62명을 대상으로 진행한 '2013청소년 매체 이용 실태조사' 결과 우려스러운 실태가 밝혀졌다. 휴대전화가 울린다고 자주 착각하고, 휴대전화를 집에 두고 오면 불안하며, 휴대전화를 자주 확인하는 증세 등을 강하게 보이고 있으며, 집착행동 면에서 특히 여학생(18.7%)이 남학생(10.8%)보다 2배 가까이 높았다. 그 이용 방식도, 2011년 문자메세지(40.4%), 전화통화(23.7%), 게임(9.2%) 순에서 2013년에는 메신저를 이용한 채팅(26.7%), 게임(15.6%), 전화통화(14.8%), 음악 듣기(12.8%) 순으로 바뀌었다. 77.1%는 사회관계망서비스(SNS) 계정을 갖고 있으며 친구 혹은 팔로어로 연결된 사람이 200명 이상이라고 답한 청소년도 21.6%나 됐다. 성인물 접촉 빈도도 3배 이상 크게 늘어났다고 한다. 온라인게임을 하는 시간은 부모와의 친밀도나 학업성적, 자존감이 낮을수록 늘어났다고 한다(경향신문, 2014. 3. 5).

스마트폰 사용에 따른 문제점 중 하나는 초등학교 학생들과 취학 전 아동들에게도 교육적 부작용이 발생한다는 것이다. 중독률에 있어서도 상대적으로 기기에 친숙한 10대와 20대의 중도률이 높고, 특히 10대의 중독률이 가장 높게 나타나고 있다. 초등학교 고학년 학생을 대상으로 한 연구에 의하면(정진영 · 하정희, 2013), 학업관련 스트레스, 소외감관련 친구스트레스, 위협감관련 스트레스, 부정적 정서표현 등이 스마트폰 중독에 영향을 미친다고 한다. 스마트폰은 편리함과 즐거움을 제공하는 반면, 과다 사용에 따른 중독은 사회적인 문제로 대두되고 있는 실정이다. 가족 간의 대화 단절, 사용자와 비사용자 간의 정보 격차로 인한 불평등 심화, 길거리 등을 가리지 않고 스마트폰에 매달려 생기는 대인 및 차량들과의 접촉사고, 수업상황에서의 집중력 저하 등 그 부작용이 대두되고 있다.

스마트폰 중독에 따른 폐해는 우려할 만하다. 손목터널증후군과 거북목증후군 등의 신체적 문제, 심리적 불안, 우울과 같은 정신건강 문제, 부정적인 대인관계나 사회관계와 사회성 발달 저해 등 의사소통 단절 문제, 학업과 업무수행 등 일상생활상의 장애 문제 등 중독에 따른 그 폐해는 심각한 상황이라 하겠다. 스마트폰 중독은 과보호적 부모양육 태도, 부모-자녀 간의 친밀도, 청소년들의 자기통제력, 자존감, 학업 부담에 따른 스트레스 정도 등과 상관되어 나타나는 변인으로 교육적으로 바람직한 환경 구성과 사회전체의 집약된 노력이 필요함을 나타내는 것이라 할 수 있다.

이러한 점들을 고려해 본다면 대중매체의 적절한 사용, 특히 스마트폰의 교육적 활용에 대한 방안과 함께 대중매체를 감시하고 비판하는 일에 사회적 관심을 고취할 필요가 있다.

3 사회제도와 학교의 기능

1) 사회제도

사회제도(social institution)란 집단이나 사회 내에서 일어나는 어떤 행동을 미리 정해진 어느 일정한 방향으로 이끌어 주며, 일반적으로 조직구성원들에게 널리 인정된 조직적 과정 혹은 방법을 말한다. 이러한 측면에서 보면 사회제도란 우리보다 앞선 세대의 사회 · 문화적 산물이라고 말할 수 있다. 사회제도란 이렇게 보면 그 문화권이 갖는 제 요소의 변화에 따라서 살아 움직이는 사회적 생물체로서 오랜 시간을 두고 늘 변화하는 것으로 볼 수 있다. 그러나 사회제도라는 것은 인위적으로 만들어진다기보다는 자연발생적으로 생겨나서 사회의 관습화 현상을 거쳐 제도화된다(Lowry & Rankin, 1972).

사회제도의 종류는 크게 나누어 기본 제도와 파생적 제도로 나누어 볼 수 있다(김경동, 1978). 기본 제도는 그 사회의 중추적 근간을 이루고 있으며 가장 중요한 기능을 하는 사회제도를 말하는 것으로 5대 제도 혹은 원초적 제도라고도 불린다. 정치제도, 경제제도, 종교제도, 교육제도, 가족제도 등이 이에 속한다. 파생적 제도는 기본 제도와는 달리 그 사회구성원들의 사회적 행위양식에 커다란 영향을 미치는 것으로 기본 제도의 보완적 역할을 담당하는 것으로 볼 수 있다.

파생적 제도는 테크놀로지, 커뮤니케이션, 후생복지, 레크리에이션 등이 있다. 파생적 제도는 원초적 제도와 밀접한 관계를 가지며 서로 보완적인 관계에서 사회제도를 움직여 간다. 그러나 파생적 제도는 원초적 제도보다는 과학과 기술의 영향으로 매우 빠른 속도로 변화되며, 파생적 제도의 변화는 결국 원초적 제도의 변화에도 영향을 미치는 것으로 볼 수 있다.

2) 사회제도로서 학교의 사회적 기능

사회제도로서 학교는 수행해야 할 고유한 기능을 가지고 있다. 그 기능에 관하여 다른 관점들이 있을 수 있겠으나 여기서는 학교가 일반적으로 수행하고 있는 가장 보편적인 기능과 역할을 중심으로 학교가 수행해야 할 사회적 기능을 몇 가지로 나누어 설명하려고 한다. 즉, 문화전승 기능, 사회구성원의 선발 및 분류기능, 사회이동 촉진기능, 잠재적 기능 등이다(박용헌 외, 1981).

(1) 문화전승 기능

학교가 수행하여야 할 가장 기초적이고 보편적인 사회적 기능은 문화전승 기능이다. 문화전승 기능은 생물학적 견지에서 보면 오직 생물체의 욕구만 가지고 태어난 인간이 그 사회의 중요한 사회적 매개체인 언어, 사고, 감정, 애정표현의 방법, 관습, 기술, 가치관, 규범, 태도, 의사표현의 방식 등 다양한 가치와 행동양식을 내면화시킴으로써 개인적으로는 사회에 적응할 수 있는 기제를 갖추게 되는 것을 의미하며, 사회적으로는 다양한 가치와 욕구를 가진 사회구성원의 통합을 가능하게 한다. 문화전승 기능을 위해 학교가 하고 있는 구체적인 활동을 살펴보면 다음과 같다.

첫째, 학교는 사회의 젊은 세대들로 하여금 문화의 중요한 부분을 차지하는 문자를 읽고, 쓰고, 셈하는 능력을 포함한 가장 기초적인 학습에서부터 문자를 통한 다양한 사고능력, 즉 논리적 사고, 합리적 사고, 추상적 사고에 이르기까지 인간의 지능 개발에 가장 중요한 역점을 두고 학습을 하도록 한다.

둘째, 사회구성원으로 하여금 사회적 적응을 도와주는 기능에 역점을 둔다. 개인의 사회적응이라는 것은 크게 사회생활에 대한 적응과 현대 산업사회와 같은 사회적 상황에서는 개인으로 하여금 직업생활에 필요한 전문적 기술과 기능을 길러줌으로써 직업사회에 적응할 수 있게 해준다.

셋째, 학교는 청소년들로 하여금 사회화 훈련을 돕는다. 학교는 다음 세대의 주인공들인 청소년들로 하여금 다양한 사회적 지위와 역할을 충실히 수행할 수 있도록 역할 훈련에 대한 간접 경험의 폭을 넓혀준다.

넷째, 학교는 그 사회 고유의 과학적·역사적인 유형 및 무형의 문화유산을 자라나는 청소년들에게 다양한 방식을 통해 전달함으로써 실생활의 적응과 정신적 문화유산에 대한 가치체득에도 힘쓰고 있다.

마지막으로 학교는 청소년들에게 그 사회의 관습, 규범, 지식, 태도, 도덕, 가치관, 언어 등을 교육내용을 통하여 학습시켜 줌으로써 사회통합이 가능하도록 기여하며 나아가 변화를 촉진시켜 주는 기능까지도 가능하게 한다.

(2) 사회구성원의 선발 및 분류기능

사회구성원의 선발 및 분류기능은 학교교육이 수행하는 가장 현실적이고 구체적인 기능이다. 이것은 인력의 선발, 분류, 배치 등의 기능을 포함한다. 사회가 점점 복잡해지고 직업의 종류가 점차 분화되어 갈수록 일의 종류와 지위, 역할이 달라지며, 지식과 기술 및 각종 직업에 따라 요구되는 자질도 그만큼 다양해질 수밖에 없다. 어떤 직업에 어느 정도의 교육을 시킬 것인가의 기준은 그 사회의 문화, 경제수준 및 기술의 정도, 정치, 기업의 요구 등에 의해서 결정되지만 학교는 사회의 각 요소에서 필요한 인원을 선발하여 일정한 기간 그 지위에 필요한 능력을 함양하여 그 지위에 적합한 인간을 양성하고 있다.

학교가 갖는 사회구성원의 선발 및 분류기능으로 말미암아 각 국가는 자기 나라의 여러 가지 여건에 적합하게 교육제도를 결정하고, 의무교육 연한의 결정 및 초등, 중학교, 고등학교 및 대학의 진학률을 결정하며, 각급 학교에 필요한 정원 조정을 하는 등 국가의 교육정책을 결정하게 된다.

(3) 사회이동 촉진 기능

사회이동에는 크게 사회계층의 이동과 같이 상・하 지위 내지 상・하 계층으로 이동하는 수직적 이동과 다른 하나는 지위와 계층에는 변동이 없이 직종이나 지역적으로 이동하는 횡적 내지 수평적 이동으로 나누어진다. 수직이동은 직종 간에 있어서 단순 혹은 비전문직에서부터 전문직에 해당하는 직종에 근무하게 되었다면 상승이동이라고 하며, 이와 반대되는 현상을 가리켜 하강이동이라고 부른다. 대부분의 사람들에게 있어서 중요한 관심의 대상은 바로 상승이동에 쏠리게 된다. 왜냐하면 높은 사회적 지위일수록 높은 사회적 대우, 보수, 권위, 사회적 권한을 가능하게 하기 때문이다. 이러한 두 유형의 사회적 이동을 촉진하게 되는 가장 중요한 기능의 일부를 교육이 담당하게 된다.

사회이동에 영향을 미치는 요소는 대단히 다양하다. 정치·경제·사회적 현상에 작용하는 거의 모든 요소는 사회현상을 야기하는 요소가 많다. 성별, 피부색, 신분 등과 같은 귀속적 요소에 의해서 사회이동이 이루어지는 사회보다 교육, 개인의 노력, 재능, 지적 요인 등과 같은 업적 요인에 의해서 사회적 상승이동이 이루어지는 사회일수록 개방사회, 이익사회, 산업사회, 현대사회, 역동적 사회의 성격이 짙다.

사회의 계층 상승이동은 노동시장의 구조 변화에 의해서 크게 영향을 받는다. 그리고 노동시장에서의 사회적 지위와 보수가 높은 직업은 전문직으로 되어 있으며, 전문직은 대개가 학교에서 이루어지는 경우가 많다.

이러한 관점에서 보면 사회 상승이동의 중요한 요인은 개방사회일수록 개인의 타고난 귀속적 요인보다 교육과 같은 성취요인에 의해서 이루어진다는 것을 알 수 있다. 그리고 사회 상승이동에 대한 열망은 결국 교육을 통한 사회 상승을 꾀하려는 열망으로 이어진다는 것을 알 수 있다.

(4) 잠재적 기능

잠재적 기능이란 학교가 수행하는 고유의 기능이 아니라 본래 기능을 수행하면서 2차적 혹은 부가적으로 얻어지는 사회적 기능을 말한다. 학교가 주어진 본래 기능(1차적 기능)을 수행하면서 얻어지는 2차적 기능은 몇 가지로 서술할 수 있다. 첫째, 현대 학교는 가정의 기능도 분담한다. 현대 학교는 전국의 초·중·고교생들을 학교에서 교육함으로써 낮 동안 여성들로 하여금 사회적 노동력 제공이 가능하게 해준다. 특히 유치원 및 어린이집에 대한 취원율이 높아지면서 학교 및 유아교육기관의 탁아기능은 점점 늘어날 전망이다. 둘째는 다양한 가치관, 생활태도, 복장, 생활양식을 가진 학생들이 일정한 공간에서 일정한 기간 함께 생활하고 학습함으로써 하위문화를 서로 공유할 수 있다.

다양한 하위 문화양식을 공유한다는 것은 중·하류 계층의 자녀들에게는 앞으로 높은 수준의 교육을 이수하고 진입하게 될 상류계층의 문화를 학습하는 기회가 되고, 상류계층의 자녀들은 중간계층에 속하는 건실하고 성실하며 진취적인 삶의 태도와 양식을 학습하는 기회를 서로 공유하게 되는 기회가 된다.

4 교육사회학 이론

교육사회학 이론은 사회를 보는 시각이나 관점이 교육과 사회관계와의 관련성 속에서 거시적으로 접근하느냐 교육의 내적과정, 관계에 초점을 두면서 미시적으로 접근하느냐에 따라 거시이론과 미시이론으로 구분할 수 있다. 거시이론은 구조기능론과 갈등론으로 대표되며, 그리고 미시이론에는 해석학적 패러다임이 속한다. 교육사회학 이론들을 정리하면 다음의 〈표 5-1〉과 같다.

표 5-1 교육사회학 이론

접근수준	이론	관련 이론들	분석 수준
거시적	구조기능론	• 인간자본론 • 발전이론 • 근대화 이론 등	사회구조 제도 조직
	갈등이론	• 탈학교론 • 경제적 재생산이론 • 문화재생산이론 등	
미시적	해석학적 패러다임	• 상징적 상호작용론 • 민속방법론 • 신교육사회학 등	소집단 상호작용(관계) 역동성

1) 구조기능론

구조기능론은 사회학의 아버지라 불리는 콩트(A. Comte)나 사회유기체설을 제시한 스펜서(H. Spencer)까지 연유하며, 뒤르켕(E. Durkheim)과 파슨스(T. Parsons)에 의해 발전하였다. 기능주의 사회는 안정적이고 질서가 유지되는 사회로서 사회구성원의 합의에 기초하고, 사회 각각의 조직이나 하위집단은 고유의 기능을 수행하며 상호작용하는 입장에 서 있다. 그리고 개인과 사회, 교육과 생활, 학교와 사회집단 간의 관계를 긍정적이고 순기능적인 관계로 파악한다. 교육은 능력과 자질을 갖춘 전문인의 형성과 산업사회가 요구하는 지식인과 기능인, 민주주의 사회에 부응하는 자유롭고 통합된 인격을 갖춘 과학적인 인간 형성을 목표로 한다. 업적주의, 성취 본위의 사회 그리고 자유민주주의 사회를 기초하고 있다.

학교의 주요 기능은 선발·배치·분류의 기능으로 재능 있고 실력 있는 사람을 선발하여 개인의 잠재능력을 계발하고 다양한 직업적 지위를 부여하며, 적재적소에 인재를 배치하여 사회조직이 유기적·역동적으로 운영되도록 하는 것이다. 학교교육을 통해 정치·경제·문화·사회적으로 요구되는 행동양식과 생활태도를 학습하고 도야함으로써 개인을 전체 사회에 통합시키고 사회화하여 사회적응과 문화적 동조를 하도록 문화화한다. 학교교육을 통해 습득된 교육내용은 성인이 되었을 때 업무 수행과 미래사회의 준비, 변화된 환경 속에서도 충격을 최소화하고 적응을 최대화하는 데 필요한 지적 기술과 사회 성원으로서 필요한 사회규범과 가치이다. 그러므로 학교에서 가르치는 내용을 습득한 정도에 따라 사회경제적 위치를 할당받게 되며, 자신들의 능력과 노력으로 사회경제적 보상을 받는다. 학교교육에서 목표로 하는 사회는 기회의 균등이 보장되고 사회계층 이동이 자유로우며 개방된 사회이다. 구조기능주의는 교육은 직업적 변별력을 높여 주고 학력과 취업률의 정적 상관관계가 이루어지며, 교육은 사회정의 실현과 평등 실현에 긍정적인 효과를 가져온다는 낙관적이고 긍정적인 관점을 지니고 있다.

기능론의 아류 이론으로 볼 수 있는 인간자본론은 인간에의 교육적 투자는 다른 자본에의 투자보다도 노동의 질과 생산성 향상에 기여하게 된다는 논리로 볼 수 있다. 발전이론 역시 교육과 사회 발전, 교육과 경제 발전, 교육과 정치 발전은 정적 상관관계를 갖는다고 본다. 잘 교육받은 인구가 더 생산적이고 정치적 판단에 유능하다. 교육과 노동력, 교육과 산업화의 정적 상관은 교육과 국가 발전과 사회 발전의 지표가 된다.

근대화 이론은 교육을 근대화의 중요 결정요인으로 보는 것이다. 교육을 통해 전근대적 속성인 운명론, 사회 변화에 대한 저항, 귀속성, 새로운 경험에 대한 폐쇄성, 다양성 무시, 과거지향성, 의존성, 비합리성, 비과학성을 극복하고 합리성, 개인주의, 성취성, 독립성, 자주성, 사회 변화에 대한 적극성, 진보적 가치관, 다양성, 미래지향성, 과학정신, 객관적 판단능력, 폭넓은 관심, 높은 직업적 포부수준의 향상, 개척정신의 고양과 함양 등을 낳을 수 있다는 것이다. 즉, 진학률, 교육수준, 개방성, 평균수명과 과학의 발달이 근대성의 지표가 된다고 할 때 교육은 근대화의 원동력으로 작용한다는 것이다.

2) 갈등이론

갈등이론은 마르크스나 베버(M. Weber) 등의 이론과 사상에 지적 뿌리를 두고 다렌돌프(R. Dahrendorf), 밀즈(C. W. Mills), 코저(L. A. Coser) 등에 의해 발전하였다. 갈등이론은 사회의 실체를 조화와 질서, 통합과 균형의 관계로 보지 않고 분열과 대립의 관계로 인식한다. 현존 사회는 자본주의 경제구조를 재생산하기 위한 계급사회로서 지배계급이 자신의 이익을 유지・강화하기 때문에 지배・피지배구조는 심화되고 지속될 것으로 이해한다. 기회균등의 가치와 업적주의・성취 지향의 사회는 지배계급의 높은 사회경제적 지위를 정당화할 뿐만 아니라 불평등한 구조를 더욱 공고히 하며 엘리트 중심 사회를 지향하게 된다고 본다.

갈등이론은 학교교육, 즉 제도교육을 비판의 대상으로 삼고 있다. 비판의 중핵은 학교교육이 인간성 상실·인간 소외·인간의 비인간화이며 사회 불평등의 재생산 기구라는 것이다. 학교교육이 지배논리를 정당화하고 지배집단의 억압논리를 합법화하는 자본주의 경제체제의 도구적 장치라는 것이다. 학교교육은 인간의 독립성·자주성·창의성·비판정신을 도야하기보다는 수동적인 복종적 환경에 순응하는 인간 교화의 도장으로 도리어 지배계급의 권력을 영구화하기 위해 자율적·중립적 기구로 합리화하고 있다. 교육과정의 차별화와 계열화 등을 통해 중상계층과 하류계층 간의 불평등을 영구화한다고 본다. 선발에 있어서도 업적요인보다 가정 배경과 같은 귀속요인이 작용하며, 선발도구의 내용에는 문화적 계층 간의 편협성과 이데올로기적 배타성이 함축되어 있다고 본다. 학교는 사회경제적으로 불리한 위치에 있는 학생들의 상향 이동을 억제하고 제한하는 불평등을 재생산하고 위계적 사회구조에 배치한다고 비판한다.

갈등이론의 아류 이론으로서 일리치(Illich)와 프레이리(Freire)는 탈학교론을 내세우고 있다. 학교교육이 지배논리를 정당화하고 지배집단의 억압논리를 합법화하는 자본주의 경제체제의 도구적 장치이기 때문에 인간의 자유와 인간을 구속과 억압으로부터 해방시키기 위해서는 학교교육을 폐지해야 된다는 것이다.

보울즈(Bowles)와 진티스(Gintis)는 교육은 경제체제의 종속변수로서 교육의 구조가 생산관계를 기반으로 한 경제사회구조를 반영하는 재생산의 도구적 장치로 보았다. 학교교육은 자본주의 경제구조를 재생산하고 학교와 공장체제, 교육과 노동, 학생과 노동자는 대응관계 속에서 유지·존속되고 있다고 주장한다.

보르듀(Bourdieu) 등은 경제재생산론자들이 말하는 경제 역시 포괄적 의미에서 문화 개념에 함축되며, 문화가 오히려 독립변인으로서 역사 발전과 사회 변동의 주체가 된다고 본다. 문화는 가치중립적이거나 계급초월적인 개념이 아니라 가치지향적이고 특정 계급의 문화를 보편적인 것으로 수용하도록 하는 상징체제이며, 교육제도를 통해서 특정한 문화양식을 전수함으로써 불평등을 낳게 된다고 본다. 즉, 문화와

표 5-2

구 분	기 능 론	갈 등 론
대표 학자	• Parsons • Durkheim • Dreeben • Schultz	• Marx • Weber • Bourdieu • Dahrendorf
사회관	• 사회의 모든 요소는 안정지향적이고, 상호의존적, 통합적 기능을 함 • 사회변화는 점진적 누적적임 • 사회체제 유지를 유한 구성원들의 공동체 의식 강조 • 사회의 가치, 규범, 관습은 합의에 의한 보편적, 객관적 성격을 지님	• 모든 사회는 변화지향적이고 불일치와 갈등이 산재함 • 사회변화는 급진적, 비약적임 • 사회 각 집단은 경쟁적, 대립적 관계를 유지함 • 일반적으로 사회가 선호하는 가치는 지배이데올로기와 관련됨
학교관	• 사회의 안정과 질서에 기여하는 제도임 • 사회가 요구하는 기술, 지식 등과 공동체 의식을 전수함 • 교육기회균등화를 통해 사회평등을 도모함 • 개인의 재능과 노력에 따른 공정한 평가와 정당한 사회적 보상 • 지위의 사다리며 사회이동을 촉진	• 기존 위계질서 공고화와 지배계급의 이익에 봉사하는 도구 • 사회 불평등을 영속화시킴 • 교과내용은 지배계급 문화와 이익 반영 • 인간을 강요, 억압함으로써 타율적, 수동적 존재로 전락시킴 • 능력주의적 이데올로기 속에서 피지배층의 아동은 경쟁에서 탈락됨
핵심요소	• 구조와 기능 • 통합 • 안정 • 합의	• 갈등 • 변동 • 강제 • 억압
교육의 기능	• 사회화와 사회통합 • 선발과 배치의 기능 • 사회발전과 안정화 기여	• 지배집단의 이데올로기 정당화 • 강제의 사회화 • 불평등의 영속화 기여
교육목적	• 사회화와 산발을 통한 사회질서 · 통합 · 안정 · 발전	• 사회의 구조적 불평등 개선과 사회개혁
비판점	• 지나치게 보수적 입장 견지 • 학력경쟁 가열화	• 교육의 기능 과소평가 • 대안제시의 부재
공통점	• 교육을 정치 경제적 구조의 종속변수로 인식함 • 궁극적으로 체제 통합적이고 사회평등화를 지향함	

계급 간의 유기적 관계를 중심으로 재생산구조를 설명하고 있다. 지배집단과 계급은 그들의 자녀들을 그 지위집단의 계급 구성원으로 선별 · 사회화함으로써 계급구조를 재생산하고 문화를 재생산하여 사회불평등 구조를 정당화하고 합법화한다는 것이다.

이밖에 자본주의 학교체제에 저항하고 문화 중심성을 존중하는 윌리스(Willis), 애플(Apple), 지루(Giroux) 등의 주장이 있다.

3) 해석학적 패러다임

구조기능론과 갈등론은 거시이론으로 전체 사회의 큰 흐름과 특성을 바르게 볼 수 있다는 점에서 매우 유익한 접근이라 하겠다. 그러나 이러한 거시이론은 학교교육이 사회의 재생산과정에 기여하는 큰 흐름만 밝혔을 뿐 '학교교육 안'에서 이루어지는 교육행위의 구체적 모습에 대해서는 심층적인 분석을 하지 못하고 있음이 사실이다. 즉, 실제 교육을 수행하고 있는 구성원들 간의 교섭과정이나 교섭내용에 대해서는 무관심했다는 한계를 갖고 있는 것이다. 해석학적 패러다임은 미시적 접근이론으로서 교육의 내적인 과정분석에 초점을 맞추고 있다. 해석학적 패러다임에 연관된 이론에는 상징적 상호작용론, 민속방법론, 신교육사회학 등을 들 수 있다.

미드(G. H. Mead)와 쿨리(C. H. Cooley), 블루머(H. Blumer) 등에 의해 대표되는 상징적 상호작용론의 기본 가정의 하나는 사람은 사람이나 사물이 그 사람에게 주는 의미에 기초하여 행동한다는 것이다. 이것은 교사들이나 다른 학교 구성원이 학생들로부터 받는 각각의 의미에 따라 그들의 행동이 달라진다는 것을 뜻한다. 또 학생들도 학교의 여러 구성원들로부터 받는 의미나 기대에 따라 행동한다고 볼 수 있다. 교사의 기대와 관련하여 낙인(labelling), 자기충족 예언(self-fulfilling prophecy) 등은 교사의 학생에 대한 기대가 학생의 학습태도나 학습 결과 나아가 긍정적 혹은 부정적 자아관 형성에도 영향을 미칠 수 있음을 보여준다. 상징적 상호작용론은 학교의 불평등 원인을 교사의 기대효과와 교사와 학생의 상호작용의 결과로 형성되는 학교 학습풍토와 학구적 규범 등에서 밝히려는 입장으로 학생과 교사 간의 의식적, 무의식적인 상호작용을 연구하는데 많은 시사점을 제공하고 있다(김병성, 1994).

민속방법론은 가핑클(Garfinkel)에 의해 시작되고, 거어츠(Geertz)에 의해 더욱 정교화된 연구방법이라 할 수 있다. 현장에서의 참여관찰에 의존하는 것으로 인류학자들의 중요한 연구법이다. 사회적 상황에서의 행동은 고립된 사건으로 일어나는 것이 아니라 항상 다른 것과 상호 관련하여 일어난다. 따라서 민속방법은 구성원들의 의미구조에 관심이 있고, 이 의미구조와 사회 상황의 참여자가 사회적 상황에 부여하는 해석과 의미의 이해에 주된 관심을 둔다. 민속방법은 이해의 방법으로 통찰을 중요시한다. 그러한 통찰은 관찰대상인 현상의 내부에 서 있을 때 얻어진다. 그리고 이를 위해 참여관찰, 심층면접, 지도나 차트 만들기, 상호작용 분석, 역사적 기록이나 공문서, 그리고 인구학적 자료의 활용 등 가능한 모든 방법을 활용한다(김병성, 1994).

신교육사회학은 교육체제의 구조보다 교육내용, 문화과정, 즉 커리큘럼의 구성과 운용에 가치를 두고 있다(최정웅 · 양경숙, 2004). 지식은 객관적이거나 정태적인 실체로 존재하는 것이 아니라 사회적으로 구성되는 것에 지나지 않으며, 계급 이해와 전문가의 집단 이익에 관계된다. 신교육사회학자 영(Young), 애플(Apple), 지루(Giroux) 등은 교과 지식이나 학구적 지식은 본질적으로 중류계층의 산물이며, 중류계급 학생들에게 적합한 편향성을 지니고 있어서 일상적 지식을 갖춘 노동자계층 학생들의 교육 실패를 낳는다고 본다. 신교육사회학에서는 주로 어떠한 지식이 교육과정의 지식으로 선정되고, 그러한 지식은 어떻게 생산되며, 학급에서 어떻게 전달되는가? 또 지식을 정당화하는 데 있어서 주도권을 누가 행사하고, 그런 지식이 어느 집단의 이해를 반영하며, 사회적 · 정치적인 모순과 긴장이 학급에서 지식과 사회관계에 의해 어떻게 수용되고 전수되는가 등에 초점을 맞추고 있다.

연구 및 토의 과제

1. 아동의 사회화와 관련된 가정의 역할을 정리하고, 현대 가정의 한계점에 대해 논의해 보자.

2. 제도적 사회화 기관으로서 학교의 순기능과 역기능을 논의해 보자.

3. 아동의 사회화에 미치는 대중매체의 영향에 대해 논의해 보자.

4. 학교의 사회적 기능을 정리해 보자.

5. 구조기능론과 갈등이론을 간략히 정리하고 자신의 관점을 제시해 보자.
   ① 사회화
   ② 예견적 사회화
   ③ 근대화 이론
   ④ 문화적 재생산이론
   ⑤ 상징적 상호작용론

06

Chapter

교육과정

이 장에서는 가르칠 교육내용을 선정하고 그것을 적절하게 조직하는 교육과정에 대하여 중점적으로 살펴보고자 한다. 교육은 크게 왜 가르치려는가의 교육목적과 무엇을 가지고 가르칠 것인가의 교육내용 및 어떻게 가르칠 것인가의 교육방법으로 나누어 볼 수 있는데, 교육과정은 이들 중 교육내용에 관해 다루게 된다. 크게 보아 교육과정은 학교에서 다루어지는 교육내용뿐 아니라 교육이 진행되는 전체 과정까지 포괄적으로 의미하기도 하지만 교육의 목적, 목표를 달성하기 위하여 제공되는 교과나 경험, 즉 교육내용을 중점적으로 다루게 된다. 구체적으로 본 장에서는 교육과정의 개념, 교육과정의 유형과 교육과정의 구성에 대해 살펴보고, 우리나라의 교육과정에 대해 고찰하고자 한다.

1 교육과정의 개념

교육과정은 영어로 'curriculum'인데 그 어원은 라틴어의 'currere'이다. 본래 currere라는 말은 '뛴다'라는 동사로서 이것이 명사화되어 사람과 말이 달리는 길과 달리는 행위 그 자체를 의미하게 되었고, 출발점에서 일정한 목표지점을 향해 가는 유목적적인 과정을 뜻할 때 비유적으로 사용되었다. 이 말은 1928년 이후 교육 용어로 전용되어 사용되었는데 그 뜻은 교수요목(course of study)이었다. 즉, 학생이 정한 목표를 향해 달리는 과정을 의미하며, 학습 그 자체와 학습내용을 의미하게 된 것이다. 우리나라에서는 해방 이후부터 사용되었는데 과거에는 교과과정, 학습과정, 학과과정 등으로 사용되다가 1954년 문교부령 제35호로 공포된 '교육과정 시간배당 기준령' 이후 법규상 교육과정으로 사용되고 있다.

1) 교육과정의 정의

교육과정의 개념 규정은 대단히 어려운 문제이며 학자, 시대나 장소, 그리고 직접적으로는 교육의 목적에 따라 달리 해석되어 왔다. 또한 오늘날에도 교육과정을 보는 입장에 따라 정의가 약간씩 다르다. 여기서 교육과정 구성방식의 변천과정을 통해 교육과정의 정의를 살펴보면 다음과 같다.

첫째, 교수요목으로서의 교육과정이다. 즉, 교육과정은 각 교과별 학년별 교수내용의 체계로서 학생에게는 학습해 나갈 코스이며, 교사에게는 학생들에게 가르쳐야 할 교수내용의 총체이다. 교육과정에 대한 이와 같은 개념 규정은 가장 전통적이고 대표적인 정의라 할 수 있으며, 기본적으로 사회의 요구나 인류의 문화유산 등 사회적 요인을 강조하는 입장이다.

둘째, 경험으로서의 교육과정이다. 교육과정은 학교의 지도하에 학생들이 하는 모든 경험으로 구성되어야 한다는 이러한 입장은 생활 중심, 경험 중심, 교육과정 운동의 소산으로서 진보주의 교육사조에 근거하여 학습자의 흥미·발달 등 개인적 요인을 강조하는 입장이다.

셋째, 학문 중심 또는 탐구 중심 교육과정의 입장으로서 교육과정은 일련의 구조화된 의도적인 학습 결과이다. 이 입장은 교육과정에서 학문적 체계와 이를 알아가는 탐구방법을 동시에 강조하는 입장이다.

이러한 정의들을 종합해 볼 때 교육과정을 단순히 교육내용의 조직이라고 보는 것은 교육과정의 폭을 너무 좁히는 것이 되며, 반면 학생이 가지게 되는 모든 경험을 교육과정이라고 하기에는 너무 막연하여 교육과정 구성작업이 모호해질 염려가 있다. 하지만 교과체계만을 존중하기보다는 교과와 더불어 생활경험까지 포괄할 때 전인으로서의 인간 육성에 근접해 간다고 볼 수 있다. 이런 점들을 감안하여 교육과정을 정의해 보면 교육과정이란 교육이념 및 목적을 달성하기 위해서 제공되는 일련의 학습과업으로 교과활동 및 생활경험이 모두 포함된다.

한편 교육과정에 대한 정의에서 생각해야 할 문제 중 하나는 '학습자는 학교가 주도하여 미리 마련한 문서로 기술된 학습과업들만을 배우는가?' 하는 점이다. 사실 학습자들은 학교에서 생활하면서 그리고 학교를 오가면서 여러 가지 경험을 하며, 그 속에서 많은 것을 보고, 듣고, 느끼고, 생각하며 배우게 된다. 이것들 중 상당 부분은 학교가 계획해서 조직해 놓은 경험들이 아닌 경우가 많다. 즉, 이런 경험들은 다분히 비구조화된 비공식적이고 비형식적이며 겉으로 나타나지 않는 경험들이다. 일부 학자들은 이러한 숨겨진 경험들을 일컬어 잠재적 교육과정(hidden/latent curriculum)이라고 부르며, 학교가 의도적으로 계획하여 체계화시켜 놓은 경험들인 표면적 교육과정(formal/planned curriculum)과 구분한다. 즉, 잠재적 교육과정은 의도적으로 계획되지 않았고 교육과정이나 수업을 통해 가르쳐지지 않았지만 학습의 결과로 얻어진 학생의 행동과 인성의 변화에 중요한 영향을 미치는 교육과정이라고 할 수 있다. 잠재적 교육과정을 교육과정으로 부를 것인가에 대한 논쟁이 있기는 하지만 학교교육에서 이러한 잠재적 교육과정 부분의 중요성을 간과해서는 안 될 것이다.

2) 교육과정의 개념체계

이상에서 본 바와 같이 교육과정은 복합 개념이며 문서와 경험이 모두 포함되기 때문에 이런 개념들을 정리하여 하나의 개념체계로 정립시킬 필요가 있다. 김호권(1977)은 교육과정을 공약된 목표로서의 교육과정(의도된 교육과정), 수업 속에 반영된 교육과정(전개된 교육과정), 학습 성과로서의 교육과정(실현된 교육과정)으로 나누어 설명했다. 우선 의도된 교육과정은 문서로서 명시적으로 제공된다. 전개된 교육과정이란 의도된 교육과정이 교사에 의해 재해석되고 수업행위 속에 재현되는 것을 의미하는데, 이 경우 지도과정과 절차, 방법이 중요하다. 마지막으로 교사에 의해 수업된 내용은 학습자에게 실현될 때 교육과정으로서의 진정한 의미를 갖는다. 즉,

학습자의 학습능력, 경험 배경 및 개인차로 인해 동일한 교육과정에 의해 전개된 동일한 수업조건하에서도 그 성과는 다르게 나타날 수 있다.

이러한 각각의 입장은 김종서 등(1987)에 의해 제시된 교육과정 수준과도 맥을 같이 한다. 그는 교육과정을 국가 및 사회적 수준, 교사수준, 학생수준으로 나누었다. 국가 및 사회적 수준의 교육과정은 국가 및 사회가 학생들에게 어떤 목적을 위해 무엇을 가르칠 것인가에 대한 일련의 의사결정을 해 놓은 문서로서 의도된 교육과정과 유사하며, 교사수준의 교육과정은 교사가 실제로 무엇을 가르치려 하는지 또는 가르치고 있는지를 말하는 것으로 교육과정의 결정자가 교사라는 점을 강조한다. 즉, 국가 및 사회적 수준의 교육과정이 아무리 잘되어 있어도 교사가 교육현장에서 그대로 가르치지 않으면 사문서화된다는 것이다. 이 수준은 전개된 교육과정과 유사하다. 마지막으로 학생수준의 교육과정은 학생들이 학교생활을 하는 동안에 가지는 경험의 총체로서 교육과정의 종착점이 된다. 교사가 아무리 의도적으로 가르쳐도 학생들이 과연 교사가 의도한 경험을 가지게 될지는 알 수 없다. 이 입장은 교육과정을 경험 자체로 보는 것이 특징이며, 표면적 교육과정과 잠재적 교육과정 모두를 포함한다. 이것은 실현된 교육과정과 유사하다.

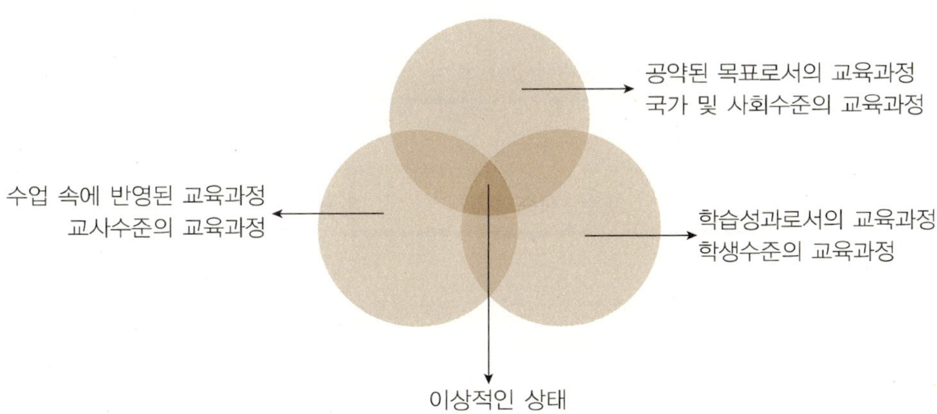

그림 6-1 교육과정의 개념체계

이상에서 교육과정의 개념을 서로 다른 차원, 수준으로 나누어 살펴보았다. 그러나 이 세 측면은 서로 분리된 다른 내용이 아니라 동일한 내용의 세 측면이라 할 것이다. 이러한 교육과정의 개념체계를 도식화해서 살펴보면 [그림 6-1]과 같다.

이 그림에서 가장 이상적인 교육과정의 상태는 세 수준이 일치되어 있을 때이다. 즉, 국가수준의 의도된 교육과정을 교사가 수업시간에 충실히 전개하였고, 학생이 그 내용을 의도된 바대로 학습하였을 때 이상적인 교육과정이 이루어졌다고 말할 수 있다. 따라서 이와 같은 교육과정이 이루어지도록 하기 위한 노력이 요구된다.

3) 교육의 과정

좁은 의미에서 볼 때 교육과정은 무엇을 가르칠까 하는 교육내용, 즉 학과내용의 선택과 조직을 의미하지만 포괄적인 의미에서의 교육과정에는 교육의 출발점에서 도착점까지의 모든 요소가 포함된다([그림 6-2] 참조).

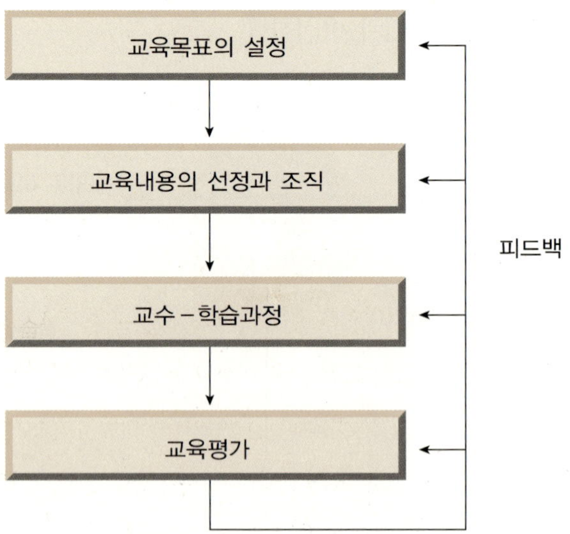

그림 6-2 교육의 과정 개괄

이상의 네 가지 교육과정 구성요소들은 각각 독립된 것이 아니라 순환적이고 상호보완적인 관계가 유지되어야 좋은 교육과정이 실현될 수 있다. 첫째, 순환적 일관성의 관계를 보면 가장 먼저 교육목표가 설정되고, 이의 달성에 적합한 교육내용이 선정・조직되며, 그 내용을 가지고 교수-학습과정이 진행되며 나타난 성과를 평가한다. 그리고 이 평가 결과에 따라 그다음 교육목표를 설정하게 되므로 이런 과정이 계속해서 순환되어야 한다. 둘째, 상호보완적 관계이다. 교육과정의 각 요소들은 한편으로는 순환적 일관성의 관계를 유지하면서 동시에 각각 상호보완적으로 작용되어야 한다. 즉, 교육목표는 교육과정의 출발점으로서 교육내용, 교수-학습과정 및 평가활동에 계속적인 작용을 가하지만 동시에 교육목표의 설정과정에서 교육내용의 특수한 성격이나 교수-학습과정에서 얻어진 정보를 반영・활용하는 실제 조치가 진행된다. 또 교육내용의 성격에 따라 교수-학습과정의 전개 절차 및 구상이 달라지고 평가방법의 형식 및 평가 결과가 달라지지만 교수-학습과정의 원활한 수행이 가능한지를 고려해 가며 교육내용을 결정하기도 한다. 교육평가에서 얻어진 자료와 정보는 교육목표뿐만 아니라 교육내용의 보완 수정에 도움을 줄 수도 있다. 이처럼 상호보완적인 관계는 정적인 것이 아니라 서로 영향을 주는 동적 성격을 갖게 된다.

이러한 교육과정 구성요소들 간의 순환적이고 상호보완적인 관계가 제대로 이루어질 때 우리는 교육과정이 정상적으로 운영되고 있다고 말하며, 반면 이들 간의 관계가 제대로 이루어지지 않을 때 교육이 비정상화되었다고 말하게 된다. 따라서 교육에서 이러한 요소들의 관계가 제대로 진행되고 있는지 항상 점검할 필요가 있다.

2 교육과정의 유형

교육과정은 시대를 거쳐 오면서 그 당시의 교육 사조나 교육이론 등에 의해 영향을 받으며 다양하게 전개되어 왔다. 이러한 교육관에 따른 교육과정 유형의 변화는 교육과정의 구성에 직접 영향을 미치게 된다. 따라서 교육과정의 구체적인 구성에 앞서 각 유형의 내용, 특징, 장단점을 충분히 살펴보고, 구성하고자 하는 교육과정의 목적에 비추어 보아 어떤 유형으로 계획하고 선택하는 것이 효과적이겠는가를 연구해야 한다. 여기서는 가장 일반적인 교육과정의 유형들을 살펴보고자 한다.

1) 교과 중심 교육과정

교과 중심 교육과정은 지식의 체계를 중요시하는 교육과정으로서 학교의 지도하에 학습자가 배우는 일체의 교과와 교재를 말한다. 이 교육과정은 전승할 가치가 있는 문화유산을 선정하여 개별 교과를 구성하고, 이를 통해 지식을 습득하고 이성을 계발하는 것을 핵심으로 한다. 여기서 각 교과는 자체의 논리와 체계가 있다고 보고 각 학문의 성질에 따라서 영역별로 조직하기 때문에 상당히 분과적이어서 교과와 교과 사이에 의미 있는 연계성이 없으며 학문의 발달과 더불어 교과의 수와 종류는 많아지게 되었다. 그러나 이 교육과정은 체계적으로 지식을 전달하는 데 가장 효과적인 교육과정이라 할 수 있다. 교과 중심 교육과정의 일반적 특징을 들면 다음과 같다.

첫째, 문화유산 중심의 교육과정이다. 교과는 인류에게 가장 가치 있는 문화유산을 내용별로 논리적·체계적으로 조직해 놓은 것이다.

둘째, 교사 중심의 교육과정이다. 교과는 교사에 의해 사전에 계획되고 준비되어 학습자에게 전달되며, 교사는 교과 분야의 전문적 권위자로서 수업활동을 주도한다.

셋째, 설명 위주의 교수법을 요구하는 경우가 많다. 교과내용은 주로 교사의 상세한 설명으로 학습자에게 전달되기 때문에 교사의 자질 중 설명력이 대단히 중요하다.

넷째, 한정된 교과 영역 안에서만 교수-학습활동이 이루어진다. 각 교과는 서로 다른 논리적 체계성을 지니고 있다고 보기 때문에 교과의 선을 중요시하며, 이 선을 넘어 다른 교과까지 침범하지 않는다.

2) 경험 중심 교육과정

경험 중심 교육과정은 경험의 체계를 존중하는 교육과정으로 학교의 지도하에 학습자가 체험하게 되는 모든 경험과 활동을 말한다. 이 교육과정은 학습자의 경험이 교육과정 계획의 출발점이 되어야 한다고 보고, 학습자의 흥미, 요구, 능력에 맞는 자발적인 학습활동을 통해 보다 광범하고 풍부한 경험을 쌓게 하려는 것이다. 이렇게 볼 때 경험 중심 교육과정은 교과보다는 생활, 지식보다는 행동을 중요시하면서, 교사 중심의 교육활동이 아닌 교사와 학습자 간의 협동적인 노력에 의해서 학습자 중심의 학습활동을 개발해 나가는 성격을 지니고 있다. 즉, 경험 중심 교육과정은 현재의 사회에서 당면하는 문제나 또는 사회가 올바르게 기능하기 위해서 요구되는 사항들을 아동 자신의 경험과 사고과정을 통해 스스로 해결해 가도록 하는 데 핵심을 두는 교과과정이다. 이러한 경험 중심 교육과정은 1930년대 전후 교과 중심 교육과정이 실생활과 거리가 너무 멀어 아동·학생들이 급변하는 사회에 적응할 수 없다는 비판과 함께 진보주의 교육 사조가 대두되면서 나타나게 되었다. 경험 중심 교육과정의 일반적 특징을 들면 다음과 같다.

첫째, 활동 중심의 교육과정이다. 교실에서 교과를 위주로 한 수업이 아니라 관찰, 현장학습, 실제의 작업, 자치활동 등 학습자의 직접적인 활동을 중시한다.

둘째, 급변하는 사회에 적응할 수 있는 생활인의 육성을 목표로 하는 교육과정이다. 오늘날의 사회는 급격히 변화하고 있기 때문에 장래 생활을 예측하기가 매우 어려워지고 있다. 따라서 미래를 위한 준비교육을 하는 경우 어디에 기준을 두어야 할

지 막연해진다. 그러므로 교육은 학습자가 현재 생활에 충실할 수 있도록 하는 데 중점을 두어야 하며, 현재를 잘사는 생활인을 육성해야 한다고 본다.

셋째, 문제해결력의 함양을 강조한다. 경험 중심 교육과정에서는 개인적 또는 집단적으로 부딪히는 문제들을 현명하게 해결할 줄 아는 능력을 배양하고자 한다.

넷째, 아동 중심, 학습자 중심 교육을 강조한다. 교과 중심 교육과정에서는 교사가 중심이 되며 교과를 가르친다는 입장을 취하는 반면 경험 중심 교육과정에서는 교재를 미리 선택하여 조직하지 않고, 학습의 장에서 학습자가 자신의 필요・흥미・능력에 따라 선택한 내용을 직접 경험하는 것을 교육이라고 본다.

다섯째, 전인교육을 강조한다. 건전한 사회생활인에게는 지・덕・체의 조화적인 발달이 요구되므로 전인으로서의 성장・발달을 추구한다.

이상에서 교과 중심 교육과정과 경험 중심 교육과정을 살펴보았는데 이는 교육과정 구성의 초점을 교과와 교재에 두느냐, 배우는 학습자의 경험에 두느냐에 의한 비교적인 구분이 되기도 한다. 즉, 교과 중심 교육과정이 모든 학습자에게 공통되게 적용되는 '문서'를 뜻한다면 경험 중심 교육과정은 학습자 개개인에 따라서 다르게 나타나는 '경험 자체'를 의미한다. 그러나 교과 중심 교육과정이라고 해서 경험의 계열을 아주 도외시한 것이 아니며, 경험 중심 교육과정이라고 해서 지식의 체계를 전혀 무시한 것은 아니다.

3) 학문 중심 교육과정

학문 중심 교육과정은 지식의 구조와 이 구조를 탐구하고 발견하는 과정을 모두 존중하는 교육과정이다. 이 교육과정은 1960년대로 접어들면서 대두되기 시작하였는데, 그 이유는 크게 두 가지 측면에서 살펴볼 수 있다. 하나는 1957년 구소련에서 미국에서는 아직 시도하지 못한 인공위성 스푸트니크호를 발사하게 된 사건이다. 이 위성 발사의 성공은 당시 미·소 중심의 양국 냉전체제에서 국가 안보와 대소경쟁에서 우월감을 가지고 있었던 미국에 크나큰 충격을 주게 되었다. 이에 미국은 국가 안보의 차원에서 수학과 과학교육을 진흥시키려는 시도를 하게 되었으며, 교육 전반의 지적 수월성을 강조하면서 학습자의 흥미와 요구를 우선시하고 지식의 습득을 덜 강조하는 경험 중심 교육과정을 비판하게 된 것이다.

또 하나는 보다 근본적인 원인으로 20세기 후반에 들어와 폭발적인 증가를 보인 지식·기술의 발전을 들 수 있다. 즉, 날로 팽창하는 지식을 한정된 학교교육을 통해 모두 가르칠 수는 없기 때문에 이들 가운데 가장 중요한 것들만을 선정하여 가르쳐야 하는데, 이때의 선정기준은 각 학문에서 가장 핵심적이고 전이 가치가 높은 지식과 기술이 되어야 한다는 것이다. 이처럼 전이 가치가 높은 지식을 '지식의 구조'라 한다.

학문 중심 교육과정에서 지식의 구조라고 하는 것은 각 학문을 이루고 있는 기본 요소 및 그 요소들 간의 관계를 지칭하는 것으로서 학문의 내면에 담겨 있는 기본적 아이디어·지식의 기본 개념·지식의 기본 원리·지식의 핵심 개념·일반적 아이디어·지식의 탐구과정 등과 동의어로 쓰인다(김정규, 1993). 이와 같이 지식의 구조가 중요시되는 까닭은 지식의 구조는 학습의 전이를 용이하게 해주며, 또 낱낱의 사실들은 구조화된 전체에 비추어 볼 때만 쉽게 이해할 수 있고 잊어버리지도 않기 때문이다. 학문 중심 교육과정의 일반적 특징을 들면 다음과 같다.

첫째, 지식의 구조를 핵심으로 교육내용을 조직한 교육과정이다. 교육과정은 각 교과의 전문가들이 각 교과가 나타내고 있는 지식의 본질, 즉 구조를 가장 명백히 표현할 수 있도록 지식을 체계적으로 조직해 놓은 것이다.

둘째, 탐구과정을 중시한 교육과정이다. 즉, 교과를 가르칠 때 교사가 그 교과에 내재해 있는 핵심 개념이나 기본 원리를 찾아내어 이것을 학습자에게 주입하는 것이 아니라 학습자로 하여금 해당 전공 분야의 학자가 한 것과 똑같은 '눈'과 '방식'을 통해 탐구하여 찾아내도록 한다. 예를 들면 화학을 공부할 때는 화학자가 한 것과 동일한 일을 학습자에게 하도록 한다는 것이다.

셋째, 나선형 교육과정이다. 브루너(Bruner)는 어떤 교과이든지 지적으로 올바른 형식으로 표현하면 어떤 발달단계에 있는 아동에게도 효과적으로 가르칠 수 있다고 하였다(이홍우 역, 1973). 즉, 어느 단계에 있는 학습자이든 그들에게 적절한 언어와 자료를 사용하여 제시한다면 나름의 수준에서 지식의 구조를 배울 수 있다는 것이다. 따라서 동일 교과내용을 발달단계와 관계없이 가르치되 다만 발달단계가 높아짐에 따라 그 내용의 깊이와 폭이 달라지게 된다. 이런 점을 강조한 나선형 교육과정이란 교과를 가장 완벽한 상태로 가상하고 일찍부터 그 교과에 담겨진 핵심 개념이나 기본 원리를 학습자의 사고방식에 알맞게 가르치며, 학년의 진전에 따라 점차로 심화·확대해 나가는 교육과정을 의미한다. 예를 들면 집합이라는 수학의 기본 개념을 종전에는 고등학교 때부터 취급하였으나 학문 중심 교육과정에서는 초등학교 1학년 교과서에서도 다루게 된다. 집합이라는 교과내용은 초등학교 1학년부터 고등학교 3학년까지 동일하되 학년의 진전에 따라 그 수준이 달라지도록 한다는 것이다.

넷째, 학습동기 유발방안으로 내적 동기를 강조한다. 학습자는 지식의 구조를 스스로 탐구해 가는 과정에서 '발전의 희열'을 느끼게 된다. 이 기쁨은 학문적 탐구 그 자체에서 오는 지적인 기쁨이기 때문에 순수한 것이며, 학습자로 하여금 학습에 대해 흥미를 갖고 또 다시 탐구하려는 자세를 갖게 만든다.

4) 인간 중심 교육과정

인간 중심 교육과정은 개개인의 자아실현과 사회생활을 위한 경험의 통합을 강조하는 교육과정으로 지적인 영역과 정의적인 영역이 통합된 전인의 개발을 목적으로 한다.

교육이 인간 중심이어야 한다는 점은 학교교육이 시작되기 이전부터 오늘날에 이르기까지 항상 주장되어 온 바이지만 어떤 시대에는 인간 중심적인 측면이 좀더 강조되고 또 어떤 시대에는 상대적으로 경시되기도 한다. 20세기에는 과학기술의 급속한 발달과 고도의 산업화가 이루어짐으로써 나타난 인간성의 매몰과 비인간화의 경향이 심해져 가고 있었고, 특히 1960년대부터 강조되기 시작한 학문 중심 교육과정은 전인교육을 강조하기보다는 기초과목으로서 학문을 강조하고 기술과학적 혁신에 초점을 두었기 때문에 인간 중심적인 측면이 경시되는 면이 많았다. 이에 대한 대안으로서 인간 중심 교육과정 운동이 나타나게 되었으며, 교육의 과정에서 인간다움의 회복을 강조하기 시작하였다. 즉, 교육이란 지식과 기술을 습득하기 위해서만 행해지는 것이 아니라 인간에 대한 이해, 조화와 균형 잡힌 긍정적인 인간성의 개발, 보다 나은 인간관계의 형성 등을 위해 행해져야 하고, 또 그러한 내용들을 교육목표로 삼아야 한다는 주장이 나타난 것이다. 이러한 점에서 인간 중심 교육과정은 학습자 개개인의 적극적인 자아실현을 돕고, 현대사회에서 자기가 지닌 역할을 원만하게 수행할 수 있는 능력과 의식을 가진 전인적 인간을 육성하는 것을 강조한다. 인간 중심 교육과정의 일반적 특징을 들면 다음과 같다.

첫째, 교육과정의 목적을 자아실현인의 육성에 두고 있다. 즉, 교육의 목적은 인간관과 분리될 수 없는데, 인간은 본래적으로 성장하고자 하는 욕구를 지니고 있으며, 이 욕구의 실현이 곧 자아실현이다. 교육은 이 인간발달의 목표인 자아실현을 구체화하는 활동이 되어야 한다. 따라서 자신에 대한 긍정적 태도와 잠재력 개발, 자신이 원하고 자신에게 가치 있는 과업의 성취 등에 관련된 교육내용들을 강조한다.

둘째, 타인과의 원만한 인간관계의 형성을 강조하며, 잠재적 교육과정을 중시한다. 현대 산업사회에서 학교는 표면적 교육과정에 의한 지식이나 기술의 습득과 아울러 바른 가치관과 도덕성을 지니는 것, 사회성의 발달 등도 필수적으로 습득해야 한다. 따라서 이 교육과정에서는 한 인간으로서 상대방에 대한 관심을 갖고 적절한 반응을 보이는 것, 타인의 의사를 존중하고 수용하는 것 등 바람직한 인간관계 활동들을 강조하며, 잠재적 교육과정을 통한 생활태도의 형성을 중요시한다.

셋째, 학교환경의 인간 중심적 조성을 위해 노력한다. 이 교육과정에서는 학교환경 전체를 인간 중심적으로 조성해야만 비로소 학생들이 인간적인 경험을 할 수 있다고 본다. 그런데 학교의 인적·물적 환경 중에는 인간교육을 저해하는 요인이 허다하다. 예를 들면 대규모 학교, 과밀학급, 체위에 맞지 않는 책상과 걸상 등은 인간소외 현상, 반항심, 정서적 불안 같은 문제를 야기할 수 있다. 또 금지, 체벌, 강요와 같은 학교 풍토는 자아실현에 결정적인 악영향을 미칠 수 있다. 따라서 학교 안에 인간적인 환경을 창조하고 유지하는 방법을 찾아낼 필요가 있다. 또한 이와 관련하여 가장 중요한 심리적 환경이라 할 수 있는 교사가 인간주의적이어야 한다. 가르친다는 것은 단순히 하나의 체계나 방법들을 이용하는 것이 아니고, 하나의 인간적인 관계이기 때문에 교사의 인간적인 영향은 매우 중요하다. 따라서 한 개인으로서의 학습자에 대한 존중, 공감적 이해, 애정 등을 갖춘 교사, 학생과의 신뢰와 수용적인 관계를 유지할 줄 아는 교사가 필요하다.

기존의 관점에서 볼 때 인간 중심 교육과정은 아직 체계화된 교육과정 이론이라고 보기에는 대단히 미흡하다. 그러나 인간 중심 교육과정은 교육과정에 대한 기존의 접근들의 문제점을 날카롭게 지적하고 있을 뿐 아니라 교육과정의 새로운 방향을 모색하는 데 중요한 지침을 제공하고 있다고 평가할 수 있다.

3 교육과정의 구성

앞부분에서 논의하였듯이 교육과정을 구성하는 요소는 교육목표의 설정, 교육내용의 선정과 조직, 교수-학습과정, 교육평가의 네 가지이다. 여기서 교육과정의 구성요소들 각각을 좀 더 상세히 살펴보면 다음과 같다.

1) 교육목표의 설정

교육목표는 교육을 통해 달성하고자 하는 것으로 가르치려는 행동 특성을 의미하며 지적, 정의적, 신체적인 모든 행동의 변화를 포함한다. 교육목표는 교육과정의 전체 방향을 제시하고, 교육내용이나 구체적인 학습활동 또는 지도활동의 기준 내지 근거를 제공하는 기능을 가지고 있기 때문에 가장 먼저 설정되어야 한다.

한편 여기서 목표라고 부르는 것은 포괄적인 의미이며, 그 안에는 국가적 차원에서 국가의 교육이념이나 사명 또는 교육철학으로 진술되는 교육목적/목표와 이것을 유치원, 초등학교와 중·고등학교, 대학의 각급 학교수준으로 구체화시킨 교육과정상의 목적/목표, 그리고 이것이 교실 상황에서 교사에 의해 전개될 때 사용되는 수업(교수)목적/목표가 모두 포함된다. 교육목표를 설정할 때 고려해야 할 점은 다음과 같다.

첫째, 교육목표의 설정 시 염두에 두어야 할 점은 교육목표 산출을 위한 기초 자원이 종합적이고 타당해야 한다는 점이다. 즉, 교육목표는 사회 이상과 현실적 필요, 인간·가치·지식 등에 대한 철학적 탐구, 학생들의 특징 및 발달적 필요, 교과의 특징 등 다양한 측면이 종합되어 설정되어야 한다.

둘째, 교육목표의 진술방식이다. 교육목표 수준의 다양성 때문에 일괄적으로 진술방식을 제시하는 것은 어렵지만 목표 진술의 일반적 방법 내지 기준을 설명해 보면 다음과 같다.

(1) 구체성과 명료성

교육목표는 교육내용의 조직과 지도에 구체적인 시사를 줄 수 있는 정도로 구체적이고 명료한 행동적 용어로 진술되어야 한다. 이 점은 국가수준이나 교육과정 수준의 교육목표보다는 학교수준에서의 수업목표에 더 적합하기는 하지만 큰 범주에서 보면 모든 수준의 목표에 해당된다. 즉, 교육목표에서 흔히 발생하는 현상은 진술된 교육목표가 너무 막연한 말로 표현되어 있어서 그것을 달성하기 위해 어떤 학습경험을 학습자에게 마련해 주어야 할지 분명히 암시하지 못하는 경우가 많다는 점이다. 따라서 교육목표는 어느 누구에게나 같은 뜻으로 해석될 수 있게끔 명료하게 진술되어야 하며, 될 수 있으면 관찰 가능하도록 가시적이며 행동적으로 진술해야 한다. 더 나아가 교육성과의 판정기준, 즉 도달도 수준의 평가가 용이하도록 내용과 행동의 진술이 다 같이 포함되어야 한다. 그러나 교육목표가 얼마나 구체적이고 명료해야 하는가에 대해서는 다소간의 논쟁이 있을 수 있다.

(2) 포괄성

진술된 전체 교육목표는 넓은 인간 특징의 변화를 충분히 포함할 수 있도록 포괄적이어야 한다. 현대의 교육은 전인교육을 지향하며 따라서 교육목표도 신체적 · 지적 · 정의적 · 사회적 측면을 모두 포괄해야 하지만 사실상 진술된 교육목표는 지적 기능에 관련된 내용들이 더 많이 그리고 상세하게 기술되는 경우가 많다. 이는 정의적 · 사회적 측면들은 구체적이고 명료하게 행동적으로 진술되기 어렵다는 점에서 기인하는 바도 있지만 어쨌든 교육목표 진술은 전인으로서 요구되는 모든 부분들이 포괄되도록 진술해야 한다.

(3) 철학적 일관성

진술된 교육목표 속에는 통일성, 일관성이 있어야 한다. 진술된 여러 교육목표들 서로 간에는 일관된 철학적 입장이 살아 있어야 한다. 어떤 항목에서는 협동적 활동이 강조되는 반면 다른 항목에서는 무조건적인 경쟁이 강조되어서는 안 된다는 것이다. 이런 의미에서 진술된 각 교육목표들 간의 관계를 검토해 보는 것이 필요하다.

(4) 실현가능성

진술된 교육목표는 실현성이 있어야 한다. 이는 진술된 교육목표가 학습자의 발달수준에 비추어 볼 때 실현 가능해야 하며, 교육의 여건과도 부합해야 한다는 점이다. 예컨대 현재 학교의 시설·설비상 그 목표에 관련된 학습활동을 할 수 없거나, 교사가 아무리 열심히 가르쳐도 학습자의 인지발달 수준이 아직 낮기 때문에 학습자가 그 목표를 달성할 수 없다면 아무리 필요하고 좋은 목표라 하더라도 결국은 의의가 없는 것이다.

(5) 내면화

진술된 교육목표는 모든 교사들의 교육행위 속에 내면화되어야 한다. 진술된 교육목표는 수업을 진행하는 교사를 거쳐 학생들의 학습경험으로 나타나야만 의의가 있다. 즉, 학생들의 학습경험에 직접 작용하는 것은 교사의 행동이지 문서상의 목표가 아닌 것이다. 따라서 진술된 교육목표는 모든 교사들이 이해하고 받아들이고 그들의 교육적 직책 수행에 있어 그 목표 속에 항상 살아갈 수 있는 것이어야 한다.

(6) 변화성

진술된 교육목표는 결코 완성되고 불변하는 것이 아니며, 타당성이 항상 비판되고 필요에 따라 언제나 변경될 수 있는 것이어야 한다. 이를 위해서는 이 교육목표에 대한 계속적인 평가와 그에 따르는 계속적인 개선이 요구된다.

2) 교육내용의 선정과 조직

교육내용은 교육목표를 달성하기 위한 수단이다. 따라서 수많은 내용들 중 교육목표의 달성에 가장 합당한 교육내용을 선정하고 이를 체계적으로 조직하는 것이 요구된다.

(1) 교육내용의 선정

교육내용을 선정하는 데 고려되어야 할 일반적인 원칙들을 제시하면 다음과 같다(이형행, 1997).

첫째, 교육목표와의 일관성이다. 교육내용을 선정할 때 원칙적으로 지켜야 하는 준거는 교육목표를 달성하는 데 필수적인 내용이 선정되어야 한다는 점이다. 즉, 수영의 기능을 향상시킨다는 목표가 설정되었으면 수영의 기능을 향상시킬 수 있는 바로 그런 경험이 교육의 내용이 되어야 한다.

둘째, 교육내용의 학습가능성이다. 선정된 교육내용은 학습자의 발달수준이나 경험적 배경 또는 지적 능력에 비추어 볼 때 능히 감당해 낼 수 있는 것이어야 한다. 예를 들어 교육목표가 영문해석 능력을 기르는 것이라 하더라도 중학교 2학년 학생에게 셰익스피어의 작품을 해석하게 해서는 안 되며, 그 수준에 합당한 난이도를 지닌 내용을 선정해야 한다. 다시 말해 이 말은 교육내용이 무조건 쉬운 것이어야 한다는 것을 의미하는 것이 아니며, 적절한 수준을 유지해야 한다는 것이다.

셋째, 일목적 다경험 활용의 원리이다. 이것은 한 가지 교육목표를 달성하는 데에 수많은 교육내용을 사용할 수 있다는 것이다. 물론 어떤 교육내용이든 교육목적을 충족할 수 있는 것이라야 하며, 교육목적이 지시하는 한계를 넘어가면 안 되지만 특정의 교육목표를 달성하는 데에는 거의 무한할 정도의 다양한 교육내용이 있을 수 있다는 것이다. 이 원칙은 교사들에게 교수-학습지도의 계획에 있어서 넓은 창의의 폭을 제공한다. 즉, 학교에서의 교육내용이 반드시 판에 박은 듯한 단조로움과 천편일률에 매여 있을 이유가 없다는 것이다. 여러 학교에서 많은 교사들이 동일한 교육목표를 추구하면서도 얼마든지 다양하고 생동감 넘치는 교육을 펼칠 수 있는 가능성을 열어 주는 것이다.

넷째, 일경험 다목표 달성의 원리이다. 하나의 학습경험이 단지 하나의 목표만을 달성할 수 있는 것은 아니다. 따라서 많은 교육내용 중 어떤 내용이 특정한 교육목표의 달성에 공헌하는 동시에 다른 목표 달성에도 기여할 수 있다면 그런 교육내용을 선정하는 것이 좋다. 예를 들면 서양의 문화양식을 소개하는 자료로 영어 학습을 하게 되면 영문해석력도 늘지만 서구의 문화를 이해하게 될 수도 있다.

(2) 교육내용의 조직

이러한 원칙들에 의해 교육내용이 선정되고 나면 이 내용들을 적절하게 배열하고 순서를 정하는 일을 하게 된다. 즉, 학습순서를 정하는 일인데, 이것은 수직적 조직과 수평적 조직으로 나뉘게 된다. 수직적 조직은 무엇을 먼저 가르치고 무엇을 나중에 가르칠 것인가 하는 시간적 순서에 관한 것이고, 수평적 조직은 교과목 간이나 동일 교과의 단원 간의 내용을 서로 관련지어 배열하는 상호관계에 관한 것이다. 예를 들면 초등학교 역사교과에서 5학년과 6학년에서 가르칠 교육내용들 간의 관계를 생각한다면 수직적 조직의 문제인데, 6학년에서 가르칠 내용들이 5학년에서 가르친 내용들 위에 바르게 접속되는 것이 필요하다. 그리고 5학년에서 역사와 지리 간의 관계를 생각한다면 이것은 수평적 조직의 문제가 되는데, 역사와 지리의 교육내용들이 서로서로를 보강해 주고 강화해 주는 관계로 조직되는 것이 필요하다. 수직적 조직에서 고려해야 할 원칙으로는 계속성과 계열성을 들 수 있는데, 이들을 자세히 설명하면 다음과 같다.

첫째, 계속성의 원리란 내용의 반복성을 의미한다. 어떤 교육내용이든 그것이 학생의 경험 속에 정착되기 위해서는 일정기간 계속적인 반복학습이 이루어져야 한다는 것이다. 교육목표로서 추구되는 행동의 의미 있는 변화는 한두 번의 학습경험만으로 이루어지지 않는다. 교육내용들은 어떤 형식으로든 누적되어야만 의미 있는 행동 변화를 가져오게 되므로 중요한 학습경험은 시간이 지나가고 학년이 올라감에 따라 계속해서 반복적으로 제공되어야 한다. 예를 들면 애국심, 책임감, 협동성, 관용성이나 민주시민의 생활태도와 같은 학습은 단번에 또는 어느 학년이나 학기 동안만 학습한다고 완전할 수는 없다. 이러한 목표들은 여러 학습 상황에서 몇 번이고 계속 반복학습이 되도록 함으로써 학습자에게 내면화, 생활화, 또는 습관화되어야 한다.

둘째, 계열성의 원리는 계속성을 포함하면서 전후 내용 간의 관련성을 유지하면서 더욱 심화되고 확충되는 것을 의미한다. 교육내용을 조직할 시 교육내용 간의 연결성과 함께 점점 더 확대되고 깊은 의미가 부여될 수 있게 조직되는 것을 말한다. 즉, 계열성은 단순한 내용의 연결과 반복이기보다는 계속되는 학습의 과정에 따라 학습의 심화와 확충을 강조하는 개념이다.

교육내용 조직의 계열성을 유지하기 위한 방법은 논리적 배열과 심리적 배열로 나누어질 수 있다. 흔히 계열성은 학문 또는 해당 교과의 본질과 구조에 따라 크게 영향을 받기 때문에 교과의 논리적 체계에 따라 교육과정 내용을 배열하는 경우가 많다. 예를 들어 연대적 순서에 따라 편성된 역사라든가, 발생적인 계통에 따라 학습하는 생물학 등을 들 수 있다. 또 초등학교 저학년에서는 10자리 미만의 덧셈, 뺄셈을 하지만 고학년에서는 분수나 소수의 덧셈이나 뺄셈, 또는 천만, 십만 자리의 덧셈과 뺄셈으로 조직하는 경우가 그것이다. 이와 함께 학습자의 발달단계를 고려한 심리적 배열에 따른 계열성도 생각할 수 있다. 예를 들면 단순한 내용에서 복잡한 내용으로, 시공간적으로 가까운 것에서 시작하여 먼 곳으로, 구체적인 것에서 시작하여 추상적인 방향으로 전개하는 것 등이다.

셋째, 통합성의 원리는 교육내용의 횡적 조직에 관한 것인데, 여러 교육내용들의 횡적인 관계에서 서로가 서로를 보강할 수 있게 조직됨으로써 학습자가 여러 곳에서의 경험을 통하여 모순이나 단절 없이 통합된 의미를 발견하고 행동에도 통일성을 이루게 하는 것을 의미한다. 전통적인 교육과정의 결함으로 지적되고 있는 것 중 하나는 단편적인 지식의 나열이라는 점인데, 교과 상호 간에 관련이 없을 뿐 아니라 동일한 교과 내에서도 전후 내용 간에 맥락이 통하지 않는다면 그 내용은 쉽게 잊어버리거나 왜곡될 가능성이 많아진다. 그러므로 여러 가지 교육내용들은 그 수평적 관계에서 서로가 서로를 보강하고 강화할 수 있도록 조직되어야 한다. 예를 들면 생물교과에서 배우고 있는 내용들은 사회시간에 공해문제를 다룰 때 새로운 각도에서 다시 배울 수 있다. 또 산수교과에서 계산하는 법을 배웠다면 그것을 산수시간에만 쓰는 것이 아니라 자연과 실과와 같은 교과에서도 효과적으로 활용할 수 있어야 할 것이다. 아울러 이외의 다른 여러 교과와도 관련지어 그 개념에 대한 더욱 폭넓은 이해와 통합된 의미가 교수-학습되어야 한다.

이밖에 횡적인 원리로서 범위의 원리도 고려해야 할 필요가 있다. 교육목적에 타당하면서도 풍부하고 다양하게 내용을 조직해야 한다는 측면이다. 예를 들면 국어학습에서 교사가 시인이라고 해서 다른 것은 소홀히 하고 오직 시에 관한 것만 다룬다든지, 영어학습에 있어서 독해만을 강조하고 작문이나 청취능력을 소홀히 다룬다면 이것은 범위의 원리에 위배된다고 할 수 있다. 물론 지나치게 많은 내용을 다루고자 욕심을 내는 수업은 수업의 초점을 흐리게 하고 학습자들에게 혼란을 낳게 할 수 있으므로 지양해야 함은 물론이다. 그럼에도 교과의 특성과 교육목적, 목표에 부합되도록 균형을 가지면서 풍부한 교육내용을 다루는 것은 학습자에게 폭넓은 경험을 제공한다는 측면에서 중요한 고려사항이라 하겠다. 다음의 [그림 6-3]은 교육내용 조직의 수직적이고 수평적인 원리를 종합적으로 보여 주는 모형이라고 할 수 있다.

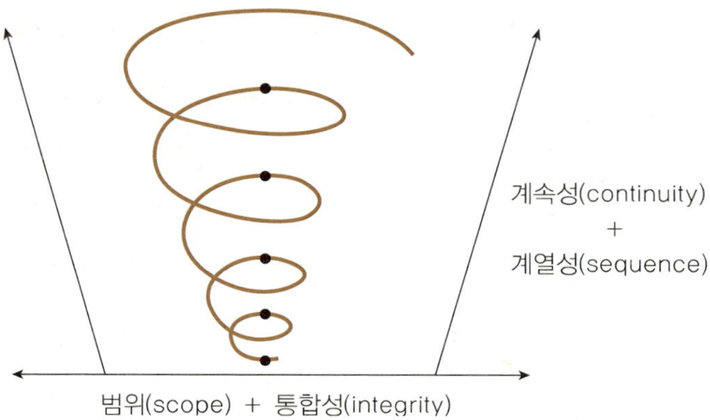

[그림 6-3] 교육내용 조직의 구조 모형

출처: 노승윤(1996). p.154 참조.

3) 교수-학습과정

교육목표가 설정되고 이의 달성에 적합한 교육내용이 선정·조직되고 나면 실제 지도단계인 교수-학습과정으로 들어가게 된다. 교수-학습과정은 교육의 과정 중에서 가장 핵심을 이루고 있으며, 교육목표의 설정, 교육내용의 선정과 조직, 교수매체 등은 모두 여기에 투입되고, 이 투입의 결과가 학습자의 성장·발달로 나타나게 된다. 또한 학습자의 심리적 특성, 교사의 인성과 자질 및 지도능력, 목표와 내용, 교수조건 및 방법, 학교 또는 학급집단의 분위기, 물리적 환경 등의 제 요인들이 역동적으로 상호작용이 이루어지며, 학습자 및 교사요인이 크게 영향을 미치는 단계이다. 이러한 교수-학습과정에 관해서는 이어지는 7장에서 상세하게 논의될 것이다.

4) 교육평가

교육의 과정에는 반드시 평가활동이 동반되는데, 이러한 평가는 교육목적의 달성도 및 이에 영향을 미치는 변인에 관한 증거를 수집하고 교육적 의사결정을 내리는 과정이라 할 수 있다. 교육평가에는 의도했던 교육목표가 달성되었는가에 대한 평가, 교수-학습과정의 구성요소와 그 전체 과정에 대한 평가가 모두 포함된다. 즉, 학습자의 학습 결과에 대한 평가와 교사 자신(지도계획, 지도과정, 지도방법, 목표의식, 평가계획 그 자체) 및 교육과정 자체의 평가가 모두 포함된다. 교육평가는 교육의 향상을 위해 교육의 과정 전반에 걸쳐서 필요한 자료를 수집하고 그것에 의거해 가치를 평가하는 일련의 활동이라 볼 수 있으며, 교육 전반의 질적 관리 수단이 된다. 또한 이러한 평가는 교육의 전체 과정에서 끊임없이 계속되어야 하며, 일관성을 유지해야 한다. 교육평가에 관한 내용은 8장에서 상세하게 논의될 것이다.

4 우리나라의 교육과정

우리나라의 교육의 역사는 오래되었지만 현재의 교육과정과 직접 연관성을 갖는 것은 해방 이후부터라고 할 수 있다. 해방 이후 3년간은 미군정하에 있었는데, 미군정청 학무국에서 시달된 '신조선의 조선인을 위한 교육' 명령에 의해 초·중등학교 교과편제 및 시간배당이 정해져 실시되었고, 1946년 '교수요목 제정위원회'에서 교수요목이 제정되고 교과서를 편찬하게 되었다.

1948년 8월 15일 우리나라 정부가 수립되자 정부는 곧 교육법을 제정하여 교육이념과 제도에 대한 기본을 마련하였다. 1949년 12월 31일에 공포된 교육법은 홍익인간을 교육의 이념으로 정하고 일반 교육목표를 설정하였으며, 국민학교·중학교·

고등학교·고등교육에 걸치는 6—3—3—4제를 확정하였다. 그리고 교육과정에 관련하여 '대학, 사범대학, 전문대학을 제외한 각 학교의 학과 및 교과는 대통령령으로 교육과정은 문교부 장관이 정한다(교육법 제155조).'라고 하여 교육과정은 정부가 주관하는 사항임을 분명히 밝혀 놓았다. 또한 '대학, 교육대학, 사범대학, 전문대학을 제외한 각 학교의 교과용 도서는 문교부가 저작권을 가졌거나 결정 또는 인정한 것에 한한다(교육법 제157조)'고 하여 교과용 도서의 사용에 있어서도 정부가 권한을 가지고 있음을 분명히 하였다. 이러한 기본적인 제도적 장치, 즉 중앙집권체제하에서 지금까지 우리나라의 교육과정은 유지·발전되어 왔다. 1950년 한국전쟁으로 교육과정 제정 사업은 일단 중지되었다가 1953년경부터 정부는 본격적으로 교육과정 정비에 착수하게 되었다.

1) 우리나라 교육과정의 역사

우리나라 주도하에 최초로 만들어진 제1차 교육과정은 1954년 4월 20일 문교부령 제35호로 '교육과정 시간배당기준'을 공포하고 1955년 8월 1일 문교부령 제44-47호로 국민학교, 중학교, 고등학교 및 사범학교 등의 교과과정을 공포함으로써 시작되었으며, 이후 1995년까지 총 여섯 차례의 교육과정 변화가 있었다. 제2차 교육과정 개정은 1963년 2월 15일에 문교부령 제119호로 기존의 것을 대체한 것이고, 제3차 교육과정 개정은 1973년 2월 14일 문교부령 제310호로 전면 개편되었다. 제4차 교육과정 개정은 1981년 12월 31일 문교부령 제442호를 공포하여 국민학교 저학년은 1982년, 고학년은 1983년도부터 적용되었고, 중등학교는 1984년부터 적용되었다. 제5차 교육과정 개정은 1985년 3월에 전반적인 계획을 수립하여 1987년부터 적용된 교육과정으로 시행하였다. 그리고 제6차 교육과정 개정은 1992년에 고시되어 1995년 3월부터 1998년까지 순차적으로 실시가 시작된다. 대체로 6~10년을 주기로 하였던 이 여섯 번에 걸친 교육과정의 개편은 정치・사회적 변동과 교육에 대한 새로운 사회적 요구, 교육과정에 대한 안목의 변화, 기존 교육과정의 문제점 제거 등의 관점에서 서로 차이를 가지고 있다.

제1차 교육과정은 '각 학교의 교과목 및 기타 교육활동의 편제'라고 정의되었고, 법령상의 명칭이 교과과정이었기 때문에 교육과정 자체는 교과 중심 교육과정이었다. 그러나 교육과정을 기준으로 편찬한 교과서는 생활 중심을 지향하고 있었으며, 특히 1956년 부분 개편된 교육과정에서는 경험 중심 교육과정의 특성을 많이 반영하였다.

1963년 개편된 제2차 교육과정은 교육과정을 '학교의 지도하에 학생들이 가지는 경험의 총체'로 봄으로써 완전히 생활 중심 혹은 경험 중심 교육과정의 형태를 나타냈다.

1973년 개정된 제3차 교육과정에서는 교과내용 구성상에 있어 획기적인 변화가 있었는데, 지식의 구조를 강조한 학문 중심 교육과정 정신을 반영한 점이다. 특히 수학, 과학과목에서 새로운 개념과 방법을 교과내용에 반영하였고, 내용의 제시방법도 종전과 같이 설명 위주가 아닌 문제 형태를 택했다. 국민학교 산수에서 새로운 개념으로 집합이 도입되었고, 내용수준이 다소 어려워졌다. 과학도 마찬가지여서 생활 응용에 관한 부분은 무시되고, 과학적인 순수 개념에 관한 것이 대부분을 차지했다.

1981년 제4차 교육과정 개정은 전인교육에 대한 내용이 많은 비중을 차지하면서 인간 중심의 교육과정으로 바뀐 것이 특징인데, 이러한 인간 중심 교육과정의 입장은 이후 지금까지 계속적으로 유지되고 있다.

1987년 제5차 교육과정 개정은 교육과정의 적정화, 내실화, 지역화에 초점을 두고 제4차 교육과정의 기본 골격을 유지하면서 교육과정 및 교과용 도서 중에 개선이 필요한 부분만을 개정한 것이다. 한편 제4차 교육과정부터 나타난 교과편제상의 큰 특징이 있는데 그것은 통합교과의 신설이다. 즉, 제4차 교육과정에서는 문교부령인 고시 '교과과정'에는 종래의 교과를 그대로 둔 채 국민학교 1, 2학년의 교과서를 '바른 생활', '슬기로운 생활', '즐거운 생활'로 통합하여 발간하였다. 제5차 교육과정에서는 교육과정 자체를 통합하였는데, 국민학교에서 국어와 산수를 기초기능과목으로 분리해 내고, 나머지는 바른생활, 슬기로운 생활, 즐거운 생활로 통합하였다. 또 중학교에서 기술과와 가정과를 통합, 가정・기술교과로 만들어 1989년부터 적용하였으며, 고등학교에서는 국어, 사회, 과학교과에서 과목의 조정이 있었고, 정보화 사회에 대비하여 정보산업이라는 과목이 실업 선택과정으로 신설되었다.

1995년 실시되기 시작한 제6차 교육과정은 건강한 사람, 자주적인 사람, 창의적인 사람, 도덕적인 사람을 기르는데 목적을 두고 있으며, 개정의 중점은 다음과 같다. 첫째, 교육과정 결정을 분권화하였다. 즉, 중앙집권형 교육과정을 지방분권형 교육과정으로 전환시켜 시도 교육청과 학교의 자율재량권을 확대했다. 이 점은 제6차 교육과정에서 가장 특기할 만한 사항으로 편성・운영체계에서 국가수준, 지역수준, 학교수준 교육과정을 명백히 구별하고, 교육부 → 시도 교육청 → 학교로 이어지는 교육과정 편성 운영체계를 강조하였다. 둘째, 교육과정의 구조를 다양화하였다. 즉, 다양한 이수과정과 교과목을 개설하고, 필수과목을 축소하는 한편 선택과목을 확대하여 교육내용의 획일성을 줄였다. 셋째, 교육과정 내용을 적정화하였다. 학습량과 수준을 조정하고 교과목체계의 개선으로 교육내용의 적합성을 높이며 학습 부담을 줄였다. 넷째, 교육과정 운영을 효율화하였다. 즉, 학생의 적성, 능력, 진로를 고려하고 학습과 생활의 기초능력을 신장하며, 평가방법을 개선하여 교육과정을 효율적으로 운영할 수 있도록 한 것이다.

2) 제7차 교육과정

제7차 교육과정은 자율과 창의에 바탕을 둔 학생 중심의 교육과정을 극대화하고 학교와 교사들의 능동적인 참여를 중시하고 있다. 제7차 교육과정의 특징 중의 하나는 재량활동을 확대・신설하여 특별활동과 더불어 교육과정의 한 영역으로 편제한 것이다. 제7차 교육과정은 '국민 공통 기본 교육과정'의 체제를 갖추어 교과의 명칭을 일관성 있게 조정하였는데, [그림 6-4]는 제7차 교육과정의 편제를 나타낸 것이다.

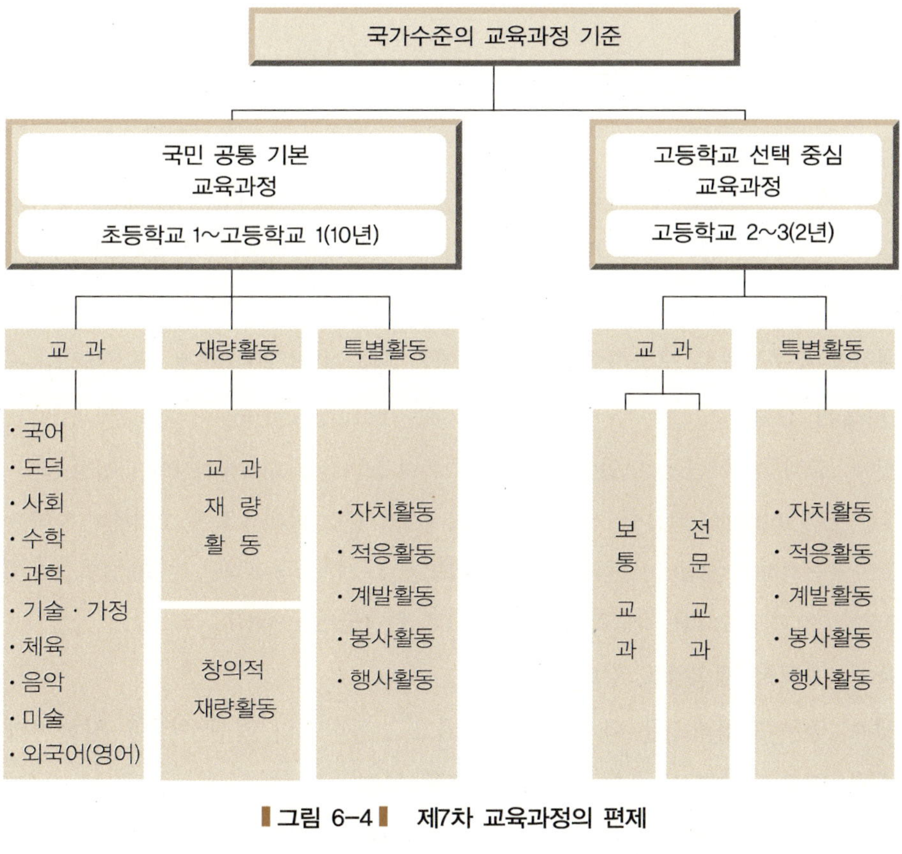

그림 6-4 제7차 교육과정의 편제

재량활동은 크게 교과 재량활동과 창의적 재량활동으로 구분된다. 교과 재량활동은 국민 공통 기본교과의 심화·보충학습과 선택과목 학습을 위한 것이며, 창의적 재량활동은 학교의 독특한 교육적 필요·학생의 요구 등에 따른 범교과 학습과 자기주도적 학습을 위한 것이다.

재량활동 운영과 관련한 국가수준의 지침을 보면 초등학교의 경우 학교 실정에 따라 융통성 있게 배정하되 교과 심화·보충학습보다 창의적 재량활동에 중점을 두고 있다. 중학교의 경우 교과 재량활동은 연간 102시간 이상으로 선택과목 학습 시간에 우선 배정하며, 창의적 재량활동은 연간 34시간 이상이다. 고등학교의 경우 교과 재량활동은 연간 10단위 이상, 창의적 재량활동은 연간 2단위를 배정하고 있다.

3) 2007 개정 교육과정

현재 적용되고 있는 교육과정은 8차 교육과정이라고 표현되기 보다는 2007개정 교육과정이라는 표현을 한다. 전면적인 교육과정개편이라기 보다는 7차 교육과정의 문제점을 부분적으로 보완하여 개정한 것이기 때문이다. 2007개정 교육과정의 특징은 다음과 같다.

첫째, 교과군, 학년군 도입(교과군이란 기존의 교과들을 교육목적상의 근접성, 학문 탐구대상 또는 방법상의 인접성, 실제 생활 양식에서의 상호 연관성 등을 고려하여 광역군 개념으로 유목화하는 개념이며, 학년군은 초등학교는 1~2학년, 3~4학년, 5~6학년의 3개 학년군으로, 중학교와 고교는 3개 학년 을 각각 1개 학년군으로 설정)

둘째, 창의적 체험활동 강화

셋째, 공통 교육과정을 학제와 일치시키고 고등학교의 핵심 역량을 강화시킴

넷째, 학교 교육과정 운영의 자율성 대폭 확대

개정된 교육과정은 다음 [그림 6-5]처럼 단계별로 적용되었다.

2011년부터 학교급별 · 학년별 단계적 적용

	2011년	2012년	2013년
초	o 1, 2 학년	o 3, 4학년	o 5, 6학년
중	o 1학년	o 2학년	o 3학년
고	o 1학년	o 2학년	o 3학년

▌그림 6-5▐ 2009 개정교육과정 적용일정

연구 및 토의 과제

1. 교육과정의 개념체계를 정리해 보자.

2. 교육과정을 유형별로 간략히 설명해 보자.

3. 교육내용 선정 시 고려해야 할 일반적 원칙을 정리해 보자.

4. 교육내용 조직 시 고려해야 할 원칙을 설명해 보자.

5. 인간 중심 교육과정의 의의와 한계에 대해 각자 발표해 보자.

6. 다음의 각 개념들을 정리해 보자.
   ① 잠재적 교육과정
   ② 지식의 구조
   ③ 나선형 교육과정
   ④ 일 목적 다 경험

07

Chapter

교육방법

1. 교육방법의 개념
2. 교수-학습과정
3. 교육방법의 유형
4. 교육공학의 이해

여기서는 교육의 전체 과정 중 교육의 방법적 측면을 다룬다. 효율적인 교육활동이 되기 위해서는 교육의 과정 각각이 잘 계획되고 진행되어야 하겠지만 그중에서도 교육방법은 핵심이 되는데, 이는 아무리 훌륭한 목표가 설정되고 내용이 선정되더라도 그것을 달성하기 위한 수단으로서의 교수-학습과정이 적합하지 못하면 결국 교육의 성과가 제대로 달성될 수 없기 때문이다. 이에 본 장에서는 교육방법의 개념, 교수-학습과정, 교육방법의 유형들을 살펴보고자 한다.

1 교육방법의 개념

교육은 크게 왜 가르치려는가의 교육목적과 무엇을 가르칠 것인가의 교육내용 및 어떻게 가르칠 것인가의 교육방법으로 나누어 볼 수 있다. 그리고 이들은 교육이 진행되는 과정의 관점에서 본다면 6장 교육과정 부분에서 논의되었듯이 우선 교육목표를 설정하고, 이를 달성하기 위한 교육내용을 선정하고 조직하여 교수-학습과정을 통해 가르치고 배우며, 그 결과를 평가하고, 이것이 다시 그다음의 교육목표로 피드백 된다. 이러한 교육의 전체 과정에서 볼 때 교육목적과 교육내용 부분은 다분히 가치론적이고 규범적인 측면들을 포함하지만 교육방법 혹은 교수-학습과정 부분은 실행적 측면으로서 학교에서 다루어지도록 결정된 교육의 내용들을 어떻게 하면 타당하고 효율적으로 학생들과 의사소통할 것인가의 문제를 다루게 된다. 즉, 교수-학습과정이 의도된 교육목적에 합당하도록 가능한 한 시간과 노력을 절약하면서 효과적으로 학생들에게 제시될 수 있게 여러 가지 방안들을 강구하는 것이 교육방법의 핵심사항이라 할 수 있다.

1) 교육방법의 의미

교육방법을 지칭하는 말로는 교수, 학습지도, 수업, 교수-학습과정 등이 있다. 이들 단어들은 활동의 초점을 교사에 두느냐 아니면 학생에 두느냐에 따라 달리 지칭되어 왔는데 교사에 둘 경우에는 교수법, 학생에 둘 경우에는 학습지도로 교사와 학생의 상호작용을 강조하는 경우에는 교수-학습 또는 수업이란 단어가 활용된다.

오랫동안 교육방법은 묵시적으로 교수법에 국한하며 이해하려는 경향이 지배적이었다. 교수법은 교사 중심의 관점에서 교과내용, 즉 지식을 학습자에게 전달하는 데 초점을 두었고, 교육방법도 주로 설명을 위주로 하는 강의법이 활용되었다. 그러나 아동의 흥미와 경험을 강조하는 교육과정이 제안되면서 점차 학생 중심의 교육이 강조되기 시작하였고, 학습자의 주체성을 강조하는 의미에서 학습지도란 용어를 사용하게 되었다. 이에 따라 교육방법도 발견학습, 문제해결 학습 등 학습자의 탐색활동을 강조하는 방향으로 전개되었다. 또한 과학기술 특히 공학의 발달에 힘입어 교수기계, TV, 컴퓨터 보조학습, TV 학습, Flim 등이 사용되었다. 최근에는 교사와 학습자를 각각 분리시켜 생각하지 않고 이들을 동시에 고려하는 교육방법이 강조되면서 교수-학습과정 혹은 수업이라는 용어가 사용되고 있다.

2) 교수-학습과정의 정의

교수-학습과정에 대해서는 여러 정의가 있지만 이들 정의는 모두 학습자가 무엇인가를 학습할 수 있도록 도와주는 일련의 활동을 지칭한다는 점에서 공통점을 찾을 수 있다. 이에 대해 코리(Corey)는 수업이란 개인으로 하여금 특정한 행동을 나타내도록 학습하게 하거나 또는 그 특정한 행동을 나타내도록 개인을 둘러싼 환경을 계획적으로 조작하는 과정이라고 정의하였다(노승윤, 1996). 이무근(1991)도 수업이란 학습자가 교육과정에서 의도한 지식・기능・태도 등의 학습력이 보다 효율적으로 신장될 수 있도록 내부적 · 외부적 환경을 체계적으로 조성하는 과정이라고 하여 비슷한 관점을 제시하였다.

3) 학습과 교수의 관계

수업과정, 즉 교수-학습과정은 교수와 학습의 개념을 모두 포괄하고 있으며, 항상 역동적으로 상호 연계되고 통일된 과정이다. 이처럼 학습과 교수의 개념이 서로 불가분의 관계를 맺게 되는 것은 학습은 대개 교수에 의해 발생하고 효과적이며 교수는 늘 학습을 전제하기 때문이다. 그러나 교수와 학습은 개념상으로 볼 때 다음과 같은 차이가 있다(김정규 · 김영수, 1986).

첫째, 교수는 학습에 비해 의도성이 크다. 즉, 교수는 특정한 학습을 성취시킬 목적으로 환경을 계획적으로 조작한 과정이란 점에서 학습자의 자발적 활동에 의한 행동 변화를 의미하는 학습보다 의도성이 훨씬 크다. 학습은 비의도적으로 습득된 내용도 인정하는 반면 교수는 그렇지 않다.

둘째, 교수는 독립변수가 되고 학습은 종속변수가 된다. 교수는 학습자에게 작용하는 기능이며, 학습은 그 작용의 결과로서 나타나는 일련의 행동 변화이다. 따라서 교수전략에 필요한 것은 독립변수를 어떤 조건 아래서 어떻게 작용시켜서(효율적인 교수의 제공) 종속변인의 효과(학습 결과)를 극대화시킬 것이냐 하는 점이다.

셋째, 교수는 처방적이고 학습은 기술적이다. 교수는 보다 나은 학습을 위한 방안을 처방하는 행동이며, 학습은 이러한 처방에 따라 나타난 결과를 있는 그대로 기술하는 것이다.

이러한 학습과 교수의 관계에 관하여 이영덕(1985)은 다음과 같은 그림으로 요약하여 제시하고 있다([그림 7-1] 참조). 이 그림에서 이상적인 관계는 교수된 것을 모두 학습하는 경우를 말하며, 실제적 관계란 교수내용을 일부만 학습하는 경우를 말한다. 따라서 교사는 효율적인 교육방법을 통해 수업한 내용들이 가능한 한 많이 학습자에게 습득되도록 노력해야 할 것이다.

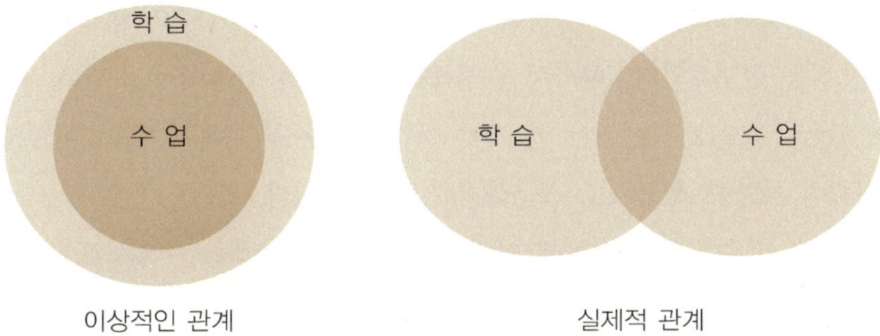

그림 7-1 학습과 교수의 관계

2 교수–학습과정

교수–학습과정은 크게 수업 전 준비단계 → 수업단계 → 수업 후 평가 및 활용단계로 나눌 수 있는데, 이의 효율적인 운영을 위해서는 관련되는 제반 요소들을 고려한 철저한 계획이 요구된다. 즉, 교사의 수업운영 능력은 천성적으로 타고나는 것이라기보다는 수업 준비를 위해 투자하는 시간의 양과 많은 현장경험, 성실성 등에 의해 결정되는 것이라 할 수 있다. 여기서는 이러한 교수–학습과정을 수업 전 단계로 수업목표의 설정과 출발점 행동의 진단 수업단계, 수업활동 그리고 수업 후 단계, 학습 성과의 평가로 나누어 살펴보고자 한다.

1) 수업목표의 설정

제6장 교육과정 부분에서 교육의 첫 단계는 교육목표의 설정이며, 이 교육목표는 국가수준의 교육이념에서부터 출발하여 최종적으로는 교사수준의 수업목표로 세분화된다는 점을 살펴보았다. 따라서 수업목표는 장기적 안목에서 수립된 교육목표, 즉 교육이 궁극적으로 달성해야 할 가치 실현의 내용을 전제로 하고, 이들을 관찰, 측정, 기술이 가능한 행동으로 세분화시킨 것을 말한다.

한 학습단원의 수업을 계획함에 있어서 단원에서 의도하는 수업목표를 확정하는 일은 매우 중요하다. 수업목표는 이 단원의 학습지도를 위하여 앞으로 어떤 수업활동을 가지며, 수업이 끝났을 때 무엇을 평가할 것인지를 결정해 주는 열쇠이다. 이런 면에서 수업목표는 도착점 행동, 즉 어떤 수업과정이 끝났을 때 학생들이 보여 주는 성취 정도라고도 볼 수 있다.

수업을 통해 기르고자 하는 인간의 행동은 수없이 많으며 또 그것은 여러 가지 용어로 표현되고 있는데, 대표적인 접근방법으로 블룸(Bloom)의 분류학적 접근을 들 수 있다. 블룸 등은 교육목표를 크게 지적 영역, 정의적 영역, 운동기능적 영역으로 나누었다. 지적 영역은 다시 지식, 이해, 적용, 분석, 종합, 평가의 여섯 개 능력으로 분류되었다. 이 분류는 복잡성의 원칙에 기초한 것으로 가장 단순한 것에서부터 복잡한 능력의 순서로 위계화시켜 조직한 것이다. 따라서 각 능력은 앞의 능력을 선행조건으로 하는데, 예를 들면 적용은 지식과 이해의 기초 위에 이루어지는 능력이다. 정의적 영역은 감수, 반응, 가치화, 조직, 인격화의 다섯 개 능력으로 분류되었으며, 이 분류의 원칙은 내면화의 수준이다. 예컨대 가치화는 감수를 위한 관심과 거기에 대한 반응에 기초하여 이루어진다. 마지막으로 운동기능적 영역의 분류는 분명치 않으나 관찰, 모방, 연습, 적응 등으로 분류된다(김정규, 1993).

블룸 등은 수업목표를 분류할 때 학습 결과를 내용과 행동으로 도식화시키는 이원분류표를 작성하였다. 앞에서 제시한 목표 분류를 횡렬의 행동유목으로 적고 교과목의 교육내용에서 추출된 내용을 종축의 내용유목에 적는 것이다([그림 7-2] 참조).

행동 / 내용	인지적 영역						정의적 영역	
	지식	이해	적용	분석	종합	평가	감수	……
질량과 밀도	1							
물질의 양		2						
질 량				1				
⋮								

▌그림 7-2▐ 수업목표 이원분류표의 예

다음으로 이렇게 추출된 수업목표를 진술할 때는 학생들에게 일어난 변화를 관찰하고 인지할 수 있을 정도로 구체화, 명세화하는 것이 필요하며, 행동적 수업목표를 활용해야 하는데, 그래야만 학습자에게 예기했던 변화가 일어났는지의 여부를 정확히 알 수 있기 때문이다. 예컨대 일반적 수업목표가 '안다'라면 행동적 수업목표는 이것을 알기 때문에 할 수 있는 행동, 즉 '정의하다', '명칭을 붙이다', '선택하다' 등이 될 것이며, '이해한다'라면 '전환하다', '구별하다', '예측하다' 등이 될 것이다. 이러한 방식으로 진술된 목표를 예로 들어 보면 '화학원소의 원자가(내용)를 쓸 수 있다(행동)', '곱셈의 배분법(내용)을 실제로 조작할 수 있다(행동)' 등인데 이들은 모두 내용과 행동을 함께 내포하였고, 행동적 수업목표를 사용하여 진술된 것이다.

2) 출발점 행동의 진단

출발점 행동(entry behavior/entering behavior)은 투입행동이라는 용어로도 사용되며, 한 학습단원에서의 수업목표를 의미하는 도착점 행동과 대응되는 의미로 쓰인다. 출발점 행동이란 학습자가 새로운 특정 도착점 행동을 습득하기 전에 이미 습득해 있어야 할 행동이다. 즉, 수업이 시작되는 시점에서 학생들이 가지고 있는 앞으로 진행될 수업과 관련된 종합적인 학생의 특징을 말한다.

출발점 행동의 내용으로는 첫째, 지능, 적성, 인지유형, 학습하려는 학습과제와 관련된 선수학습 정도(예컨대 곱셈을 배우려 할 때 덧셈과 뺄셈기능을 습득했는가의 여부)와 같은 지적 출발점 행동, 둘째, 학교, 교사, 특정 과목에 대한 흥미나 태도, 자아개념 등의 정의적 출발점 행동, 셋째, 학습하려는 바로 그 과제를 이미 알고 있는 정도 등을 들 수 있다.

이런 출발점 행동을 수업활동에 앞서 진단하는 이유는 거의 자명하다. 수업은 언제나 영의 상태에서 출발하는 것이 아니라 과거의 선수학습 정도를 출발점으로 하여 시작되는 것이기 때문에 이러한 결손을 그대로 둔 채 수업을 밀고 나간다는 것은 결국 수업의 실패를 자초하는 일이 되기 때문이다. 예를 들어 100m 달리기를 하는 출발점에 운동복과 운동화를 갖추고 준비운동을 하고 서 있는 선수와 짧은치마에 굽 높은 구두를 신고 서 있는 선수가 있다고 하자. 달리기가 시작되기 전에 이미 승부는 상당 부분이 결정되었다고 볼 수 있을 것이다. 이에 대해 블룸은 이러한 출발점 행동의 개인차는 학업성적에서 개인차의 68% 정도를 결정할 만큼 중요한 요인이라고 하였다(황정규, 1984).

출발점 행동의 진단에 관한 작업은 크게 나누어 세 가지로 구분될 수 있다. 첫째, 한 학습단원에서 추출된 출발점 행동을 근거로 하여 계획된 진단을 실시하는 것이다. 둘째, 진단검사의 결과를 분석하여 학생들의 학습결손 여부 및 그 정도를 확인하는 단계이다. 이런 학습결손의 확인 절차는 교사의 편에서 볼 때 상당한 부담이 되겠지만 수업의 비효율성과 학습 성과의 개인차가 이런 학습결손에 많이 달려 있다는 점에서 볼 때 이는 결코 생략될 수 없는 절차임이 분명하다. 셋째, 학습결손의 처치단계이다. 이때 만일 어떤 학습결손이 한 학급의 거의 모든 학생에게서 발견되는 경우라면 수업목표를 재조정하거나 학습결손에 대한 교정학습을 전체 학생에게 실시할 수 있다. 만일 소수의 학생들만이 학습결손을 나타낸다면 수업 외 시간에 이들을 위한 특별지도를 하거나, 이것이 불가능할 경우에는 숙제나 가정학습을 통해 이루어질 수 있다.

학습결손의 처치와 관련하여 생각해 볼 문제는 이렇게 나타나는 학생들의 개인차에 어떻게 대처하는 것이 가장 바람직한 방안인가 하는 점이다. 앞에서 언급된 출발점 행동에서의 학습결손 처치방안은 앞으로 진행할 수업방식에 필요한 선수학습을 모든 학생이 갖추게 해 놓고 동일한 수업방식을 사용하여 수업을 진행한다는 것이다. 이러한 것도 실행하는 것이 어려운 형편이지만 사실상 지금까지의 교수-학습 관련 이론들에서 밝혀진 것은 모든 학생에게 똑같이 좋은 학업성적을 증진시키는 단일한 교수전략은 존재하지 않는다는 것이다. 따라서 고정된 수업목표를 고정된 수업방법에 의해 모든 학생이 달성하도록 하려는 교육계획은 실패할 가능성이 높다.

다음 방안은 각 학생의 개인차에 따라 목표를 달리 선정하고 그것을 달성하기 위해 고정된 교수방법을 적용하는 것인데, 이것도 나름대로 의의는 있으나 교육장면에서는 받아들이기 어려운 계획이다.

세 번째 방안은 고정된 수업목표를 다양한 교수방법으로 달성시키려는 노력을 들 수 있다. 이는 학습자가 지니고 있는 출발점 행동의 정보에 따라 개인별로 적절한 교수방안을 마련하여 제공하는 것을 의미한다. 이러한 시도는 적성-교수방법 상호작용이론(Aptitude-Treatment Interaction: ATI)이라는 입장에서 연구가 이루어지고 있는데, 앞으로 교육공학의 발전을 통해 개별수업이 가능해진다면 실현 가능한 측면이기도 하다. 이런 맥락에서 본다면 출발점 행동의 진단을 통해 학습결손을 처리하는 새로운 방식은 학습자의 개인차에 맞는 적절한 교수방법을 찾아내어 모든 학생에게 개인차를 최소화하고 학습을 극대화하는 방안을 제공하는 것이 될 것이다.

총체적으로 보면 제한된 정규 수업시간을 사용하여 장기간에 걸쳐 누적된 학습결손을 제거한다는 것이 지극히 어려운 일임은 두말할 필요도 없다. 그러나 이 단계에서 사용하는 시간은 수업효과란 면에서 볼 때 결코 낭비가 아니다. 따라서 교사는 어떻게 수업 시작 전에 학생들의 개인차를 처리해 줄 것인가에 관한 방안을 나름대로 마련하려는 노력을 해야 할 것이다.

3) 수업활동

이제 본격적으로 수업이 진행되는 단계로 교실에서 교사와 학습자의 상호작용을 통해 현재의 학습단원에 대한 본격적인 지도활동을 펼치게 된다. 이 단계에서 어떤 수업활동을 펼칠 것인가 하는 점은 전적으로 어떤 교육내용이 다루어지며 수업목표가 무엇인가에 따라 결정된다. 일반적인 수업 절차를 살펴보면 크게 도입 → 전개 → 정리 → 평가 → 차시예고의 과정으로 이루어지며, 적절한 교수방안들을 적용해 단위시간의 수업을 전개하게 된다.

도입은 본 수업이 시작되는 단계로서 비교적 짧은 시간 안에(대략 3~5분 정도이며 10분을 초과하지는 않는다) 학습자를 본 수업으로 이끌어 오는 일을 하게 된다. 이를 위해 학습자의 동기를 유발하여 주의를 집중시키며, 도달해야 할 수업목표를 제시하여 인식시키고, 본 수업과 관련된 과거의 학습내용을 회상시키는 등의 방법이 사용된다. 이 단계는 비교적 짧은 시간 동안 이루어지지만 이 단계에서 학습자를 수업으로 이끌어 오느냐의 여부가 수업과정 전반의 성패를 좌우할 만큼 중요하다고 볼 수 있다.

전개는 실제로 학습지도가 행해지는 과정이며, 본시 수업의 대부분은 주로 이 단계에 해당된다. 여기서 교사는 다양한 수업방법과 수업매체들을 사용하여 목표 달성을 위한 교수-학습활동을 전개하게 된다. 교사의 지도능력의 개인차도 이 단계에서 완연히 나타나게 된다.

정리단계는 수업한 내용을 요약정리하고, 연습을 통해 강화시키며, 필요한 경우 주변의 생활문제에 적용해 봄으로써 일반화하려는 단계이다.

평가단계는 형성평가의 실시와 심화 또는 보충학습으로 구성된다. 형성평가의 실시는 그동안의 학습지도의 성과를 중간 점검하는 것이다. 이 활동은 교수-학습지도 활동의 마지막 단계인 학습 성과의 평가활동과는 다르다. 우선 형성평가는 학생의 최종적인 성적을 내는 일과는 아무런 관계가 없으며, 본래의 목적은 학습자의 그동안 학습 진전 상황을 살펴봄으로써 학습자에게는 무엇을 이미 성공적으로 학습했으며, 무엇을 아직도 더 학습해야 하는지를 알려 주고, 교사들은 자신의 지금까지의 학습지도 활동 중 어느 부분에 약점이 있었고, 어느 부분이 수정되어야 하는지를 확인할 수 있게 하는 체계적인 정보수집 활동이라는 점이다. 이런 종류의 형성평가 활동은 한 학습단원에 대한 수업의 진행 중에 실시되는 것이 원칙이다. 심화 또는 보충학습 단계는 형성평가 결과 그동안의 학습 진전 상황이 불만족스러운 것으로 밝혀진 학생들에게는 불충분한 학습의 부분을 재학습할 수 있는 보충학습을 실시하고, 이미 만족할 만한 학습 진전을 보여 주는 학생들에게는 이들의 학습을 심화시키거나 더욱 촉진시킬 수 있는 기회를 주는 단계이다.

마지막으로 차시예고 단계는 수업시간 동안 충분히 다루지 못했던 학습내용이나 학습자가 더 알고 싶어 하는 주제에 관한 보충자료, 참고도서들을 언급하고, 다음시간에 학습할 내용이나 주제를 이번 수업시간에 배운 것과 관련지어 제시하여 차시 수업에 대한 학습자의 준비와 기대를 유도하고 수업을 마치는 단계이다.

4) 학습 성과 평가

학습 성과의 평가는 설정된 수업목표에 비추어 학생들의 달성 정도를 평가하는 과정이다. 즉, 그동안의 학습 성과를 총괄적으로 평가함으로써 학생들에게는 최종성적을 내주고 교사들은 스스로 수업의 효율성을 확인하는 단계이다. 이러한 총합평가와 앞 단계들에서 실시되는 진단평가 및 형성평가에 관한 자세한 내용은 이어지는 제8장 교육평가 부분에서 다루게 된다.

3 교육방법의 유형

교수-학습과정을 전개해 나가는 데 있어 가장 효과적인 방법이 무엇인가 하는 것은 획일적으로 결정할 수 없다. 이는 수업방법의 효율성은 수업목표와 수업내용, 학생의 제반 특성, 학급의 규모 등에 따라 달라지기 때문이다. 여기서는 자주 활용되는 교육방법들을 살펴보고자 한다.

1) 강의식 수업

강의법은 지식이나 기능을 교사 중심의 설명을 통해 학습자에게 전달하고 이해시키는 교수법을 말한다. 강의법의 특징은 주로 해설이나 설명에 의해 수업이 이루어진다는 점이다. 즉, 언어를 통한 학생과 교사의 상호작용이 주를 이룬다. 이 방법은 교사 중심의 교수법이기 때문에 학습자가 능동적으로 학습활동에 참여할 수 없고 주의집중이 어렵다는 점 등의 비판을 받고 있기는 하지만 지금까지 가장 일반적으로 행해지는 전통적 교수법이며, 나름의 장점을 가지고 있다. 강의법의 장담점을 살펴보면 다음과 같다.

❖ 강의법의 장점

① 많은 양의 지식을 체계적으로 전달할 수 있다. 특히 사실에 관한 내용의 설명에 유효하다.

② 전체적인 전망 제시에 유용하다. 즉, 다루는 단원에 대하여 전체적인 개관을 하거나 문제의 배경을 설명할 경우 또는 학습내용 전체를 정리하는 경우에 유효하다.

③ 교사의 재량에 따라 교재내용의 보충, 첨삭이 가능하고 수업시간, 학습량 등도 자유로이 조절할 수 있어 형편에 따른 융통성과 적응력이 있다.

④ 대집단 수업이 가능하기 때문에 경제적이다.

❖ 강의법의 단점

① 교사의존도가 높아 학습자가 수동적이 되며, 따라서 참여학습이 이루어지기 어렵고 동기유발도 힘들다.

② 집단수업으로 진행되기 때문에 개인차를 고려한 학습이 곤란하다.

③ 학습자가 교사의 언어적 표현들을 이해할 수 있어야 하므로 지적 수준이 낮거나 언어이해력이 부족한 학습자에게는 적당하지 않다.

④ 실생활과 유리된 지식 위주에 빠질 가능성이 높다.

흔히 강의법에 대한 비판 중 하나는 학습자의 고등정신 기능을 함양하지 못하고 단순히 기계적 암기만을 하게 만든다는 것이다. 이 지적은 강의법은 학습자의 능동적인 참여가 없기 때문에 학습자의 문제해결 능력을 기를 수 없다는 데에서 기인한다. 그러나 이 점은 강의법 자체에 내재한 단점이라기보다는 실행상의 잘못으로 인해 강의식 수업이 주입식, 암기식 수업이 되어 버리는 경우에서 비롯된 것이므로 이러한 점들의 극복이 요청된다.

이에 대해 오스벨(Ausubel)은 유의미 수용학습 내지 설명적 교수법을 제안하고 유의미한 학습과 기계적인 학습을 구분하였는데, 유의미한 학습이 이루어지기 위해서는 다음의 세 가지 조건이 충족되어야 한다. 첫째, 학습과제가 논리적으로 유의미성을 갖고 있어야 하고, 둘째, 학습자의 인지구조 속에 이 유의미한 학습과제 내용을 받아들일 수 있는 관련 기초지식이 있어야 하며, 셋째, 학습자에게 이 과제를 학습하려고 하는 의욕 내지 동기가 있어야 한다는 것이다(안범희, 1993). 오스벨은 특히 학습을 용이하게 하는 장치로서 선행조직자(advance organizer)를 제안했다. 선행조직자는 학습자가 이미 알고 있는 것과 현재 다루려는 과제를 유의미하게 학습할 수 있는 다리 역할을 하는 것으로 새 수업에 접하는 학생들에게 후속되는 수업을 위한 참조 틀로 제공하는 것이다. 제시되는 첫 자료는 수업 전체에 대한 개관, 주요점, 중심내용 또는 주제를 제공해 주어야 하며, 선행조직자는 바로 이 일을 담당하게 된다(문선모, 2004).

오스벨의 지적은 강의를 진행하는 교사들에게 몇 가지 중요한 점을 시사하는데 첫째, 강의로 제시되는 수업내용, 즉 학습과제 및 자료가 실체를 갖추고 논리적이며 타당하게 구성되어야 한다는 점이다. 대부분의 학습과제는 자체 내에 위계성을 가지고 있으며, 구체적이고 세분화된 내용에서부터 추상성이 높은 일반적인 개념까지 분화될 수 있다. 이러한 위계성을 제대로 갖춘 의미 있는 학습과제가 제시되면 학습자의 인지구조에 그 내용들이 의미 있게 포섭될 수 있지만, 학습과제가 이런 속성들을 갖추지 못하면 결국 학습자는 그 내용을 암기하는 수밖에 없다. 이런 점에서 볼 때 교사는 준비시간을 충분히 갖고 자료를 수집하고, 강조점을 표시해 두며, 전체 내용을 구조화하고, 또 내용의 이해에 필요한 예들을 풍부하게 준비해 두어야 할 것이다.

다음으로 학습자에게는 이렇게 제시되는 내용을 받아들일 수 있는 인지구조가 갖추어져 있어야 한다. 이를 위해서는 학습자의 지능이나 언어이해력 등 학습능력을 점검하고, 수준에 적합한 수업목표를 선정하며, 필요한 선수학습을 갖추도록 해야 한다. 또 수업 초기에 학습자가 이전에 배운 것을 기억해 내는 데 도움을 줄 수 있는 적절한 단서를 제공해 주는 것이 필요하다. 또한 선행조직자의 적절한 제공도 필요하다. 그래서 학습자가 지니고 있는 사전 지식과 경험을 현재의 수업내용과 연결 지을 수 있도록 자극하고, 그 연결을 통해 새로운 내용이 학습될 수 있도록 해야 한다.

마지막으로 교사는 학습자의 동기를 유발시키고 학습에 대한 의욕을 고취시키는 것이 중요하다. 아무리 제시되는 학습과제가 의미 있고 학습자에게 이를 받아들일 만한 인지구조가 있다 하더라도 학습할 마음이 없으면 그 내용은 제대로 받아들여지지 않기 때문이다. 오스벨은 이러한 조건들이 충족된다면 설명적 교수라도 기계적 수업이 아니라 유의미한 수용학습이 될 수 있음을 제안한 것이다. 따라서 교사는 강의를 할 때 이러한 점들에 유의하여 강의가 기계적인 암기가 아니라 유의미하게 이해되는 수업이 되도록 해야 할 것이다.

또한 강의법은 본래 교사의 말이 주가 되는 활동이지만 오늘날 학교에서 순전히 말만으로 강의를 하는 경우는 드물며 무언가 보조수단이 쓰인다. 때문에 강의법의 사용 시 교과서 이외의 학습 보조자료, 예컨대 시범, 모형, 표본, 필름, 투시물 환등기(OHP) 등의 시청각적 자료와 다양한 설명방식 등을 병행한다면 학습자의 동기유발을 할 수 있는 좋은 강의를 할 수 있을 것이다.

한편 실제로 강의를 실시할 때 변화 있는 강의 전개를 위한 교사의 태도 및 행동도 중요한데 그것들을 살펴보면 다음과 같다(나일주 · 정인성, 1996).

① 자연스럽게 교사 자신이 교육에 대해 많은 열성을 가지고 있다는 것을 학생들이 느끼게 한다.

② 강의 진행 시 밝은 분위기를 유지해야 한다. 적절한 시기에 적절한 유머나 비

유 등을 들고 학습자와의 상호작용을 통해 신선하고 흥미 있는 강의 분위기를 유도해야 한다.

③ 학습자의 반응을 정확하게 파악해야 한다. 이를 위해 강의 진행 동안 학습자와 눈을 마주쳐 학습자의 수업이해도 등을 확인하는 것이 좋다.

④ 불필요하고 학습자의 주의를 산만하게 하는 습관적 행동을 피한다.

⑤ 음성과 톤을 적절히 조절한다.

⑥ 학습자들이 기대치 않았던 결론을 활용할 수 있다.

⑦ 강의 시 서 있는 지점을 조절한다. 학습자의 주의집중이 가장 잘될 수 있는 부분은 정면 가운데 부분이므로 다른 위치에서 강의를 하다가도 강조 부분이나 특별히 학습자의 관심을 요하는 부분에서 정면 가운데로 서서히 위치를 옮겨온다면 효과적이다. 또한 학습자와 눈맞춤과 상호작용을 유도할 때에는 가능한 한 몸을 학습자 쪽으로 노출시키는 것이 좋다.

2) 토의식 수업

토의식 수업이란 학습자들 간의 상호작용을 통하여 정보와 의견을 교환하고 결론을 이끌어 내는 형태의 교수방법이다. 이것은 학생들의 참여와 역할을 강조하는 학습자 중심의 수업방식으로 개방적인 의사소통과 협조적인 분위기를 요구한다. 또한 교사의 능숙한 질문기법과 적절한 관여를 통해 토의의 흐름을 촉진하기도 한다. 따라서 교사는 학습자들 간의 상호작용을 조정하고 유익한 정보를 제공해 주는 역할을 해야 한다. 토의식 수업의 장담점을 살펴보면 다음과 같다.

❖ 토의식 수업의 장점

① 교수-학습과정 속에 학습자를 능동적으로 참여시킬 수 있고, 학습자의 학습동기와 흥미를 유발시킬 수 있다.

② 학습자의 표현력을 길러줄 수 있다.

③ 고등정신 기능을 기르기에 적절하다. 원리에 입각하여 비판적으로 사고하고 추리하며, 논의과정을 통해 알맞은 답을 발견하여 문제해결력을 기를 수 있다.

④ 학생들의 사회성 발달에 도움을 줄 수 있다. 토의과정에서 학습자들은 타인에 대한 이해와 존중의 태도를 배울 수 있으며, 특히 논쟁을 통해 다른 사람의 견해를 들어보고 이를 토대로 자신의 태도를 변화시키고 개발할 수 있다.

❖ 토의식 수업의 단점

① 학습자 전원이 토의활동에 자발적, 적극적으로 참여하지 않고 특정한 학생에 의해 토의가 점유될 수 있다. 그 외의 나머지 학습자들은 토의과정에서 방관하거나 무관심한 상태로 빠질 위험이 있다.

② 교사가 토의를 주도해 나갈 문제가 생길 수 있다.

③ 해당 주제에서 정답이 쉽게 존재하지 않는 합의점이 낮은 분야의 학습(인문・사회・예술・문학 등)에는 적절하지만 비교적 합의점이 높은 정답을 찾아가는 분야의 학습(수학・자연과학・공학 등)에는 적절하지 않다.

④ 다양하고 많은 양의 학습내용을 다루기 어렵고, 정보의 전달이 느려 다른 수업에 비해 시간소비량이 많다.

토의식 수업의 효율적인 진행을 위해서는 학습자의 능동적 참여를 조정할 수 있는 방안을 강구해야 한다. 이를 위해서는 우선 전원이 참여할 수 있는 소규모로 집단이 구성되는 것이 필요하다. 다음으로 교사는 토의가 시작되기 전에 토의의 목적과 주제 및 방식을 분명하게 설명해 학습자 전원이 이를 이해하고 적극적으로 반응할 수 있도록 동기유발을 시켜야 하며, 토의에 활용할 수 있는 다양한 정보를 토의거리로 제공해 주어야 한다. 셋째로 적절한 물리적·심리적 환경의 제공이 요청되는데, 친밀감을 느낄 정도의 방의 크기와 분위기를 조성하고, 가능한 한 모두가 다른 사람의 얼굴을 볼 수 있도록 좌석을 배치한다. 조명, 소음 정도, 냉난방 시설 등도 점검한다. 또한 심리적 환경으로서 교사는 열띤 토론 분위기를 흔쾌히 받아들여야 하며, 질문의 형태나 수준에 관계없이 긍정적으로 수용하되 대답은 확실하고 정확하게 제공해야 한다. 또 엉뚱하다고 생각되는 의견이나 제안도 간과하지 말아야 한다. 그리고 너무 말을 많이 해서 토론시간을 독점하는 학습자와 적극적으로 참여하지 않는 학습자, 그리고 토론내용으로 서로 갈등하는 학습자들을 적절히 통제하고 관리해야 한다.

효과적인 토의는 적절한 사전 준비에 의해 주의 깊게 계획되고 운영될 때 가능하다. 따라서 교사는 이런 제반 조건들을 갖추고 체계적인 절차를 밟아감으로써 효과적인 토의식 수업이 되도록 노력해야 한다.

3) 발견식·탐구식 수업

발견식·탐구식 수업은 학습자가 스스로 문제를 인식하고 해결해 가도록 하고, 교사는 지식을 전달하기보다 학생들이 발견 경험을 하도록 돕는 형태의 수업을 의미한다. 이는 탐구나 발견은 지식 자체가 아니라 지식을 얻는 과정, 방법 혹은 활동으로 표현되며, 흔히 문제해결, 반성적 사고의 과정을 포함하기 때문이다. 따라서 교사는 학습자가 습득해야 할 지식을 최종적인 형태로 제공하는 것이 아니라 그 최종 형태를 학습자 스스로 조직하도록 허용해야 한다. 이러한 학습자 중심의 교수방법은 전통적인 교사 중심의 강의식 수업에 대응되는 개념으로 그 기원은 소크라테스(Socrates)의 대화법, 루소(Rousseau)의 아동 중심 교육사상에까지 거슬러 올라간다. 현대의 수업방법으로는 반성적 사고와 문제해결능력을 강조한 듀이(Dewey)의 사상과 브루너(Bruner)의 발견학습, 마시알라스(Massialas)의 사회탐구 모형, 슈바프(Schwab)의 과학탐구 모형 등에서 찾아볼 수 있다(노승윤, 1996).

탐구학습은 일반적으로 다음의 네 단계를 거친다.

표 7-1 탐구학습의 단계

① 문제파악	지식 구조화, 가르치고자 하는 내용사실 구체적 · 체계적 재구성
② 가설설정	학생수준에 알맞은 수업목표설정 학습내용 사실 개념화
③ 가설검증	가설을 검증하는 단계이며, 논리적 사고활동이 강조 원리적용
④ 일반화(적용)	개성신장, 일정원리 내용사실 적절히 활용 추상적인 개념을 현실상황에 적용해 보는 단계 지식전이의 단계

❖ 발견식 · 탐구식 수업의 장점

① 계획하고 조직하고 판단하는 능력과 창의성 등 고등정신 기능을 개발할 수 있다. 즉, 발견하고 탐구하는 방법 자체를 배울 수 있다.

② 학습자의 자발적 행동에 의해 학습이 이루어지므로 자율성과 능동성을 기를 수 있다.

③ 이 학습활동을 성공적으로 마치게 되면 학습자는 지적인 쾌감을 맛보고 새로운 문제에 도전하려는 강한 의욕을 갖게 되는 내적 동기유발이 이루어진다.

❖ 발견식 · 탐구식 수업의 단점

① 동일한 내용을 다루는데 다른 방법에 비해 시간이 많이 소요되며, 한정된 시간에 수업을 할 경우 정해진 시간 내에 충분한 효과를 얻지 못하고 도중에 끝마칠 우려가 있다.

② 단순한 사실적 지식이나 개념을 전달하는 데는 비효율적이다.

③ 학습에 요구되는 자료 준비가 너무 많고 학습지도, 평가 등에 있어 교사에게 큰 부담을 준다.

발견식·탐구식 수업의 효율적인 진행을 위한 유의점들을 살펴보면 다음과 같다(변영계·김영환, 1996).

① 수업에 활용 가능한 다양한 자료를 준비해야 한다. 여기에는 지도, 도표, 그림, 슬라이드, 통계표, 실험도구 등 활용 가능한 모든 자료가 포함된다. 이 자료들은 아이디어의 시험·분석을 위한 도약판의 역할을 한다.

② 교사는 최종적이고 절대적인 답변을 주지 않으면서 학습자가 문제에 직면하면 학생과 함께 탐구를 하는 동료로서의 역할을 해야 한다.

③ 교사는 탐구의 과정을 유도하는 것 외에도 문제점을 보는 새로운 방법을 안내하는 질문을 하기도 하고 추가적인 자료를 소개하기도 해야 한다.

④ 교실에서의 자유로운 의사 표시와 아이디어를 시험하는 과정은 높은 수준의 동기유발을 가져온다. 교사는 외적인 보상을 주기보다는 발견이나 탐구를 하는 과정에서 내적인 동기가 우러나올 수 있도록 노력해야 한다.

⑤ 교사는 가치가 관여되는 문제를 안내할 때에는 자신의 의견을 그대로 밝히기보다는 그 가치문제에 대한 공평성을 유지하고 학습자들의 의견을 들으며 그들이 그것을 입증하는 증거를 조사하고 신뢰도를 평가하도록 도와야 한다.

4) 개별화 수업

개별화 수업은 교수-학습활동을 개별화함으로써 학습자 개개인의 능력의 다양성을 고려할 수 있으며 학생들의 사고나 인식을 개성적이고 주체적으로 발달시킬 수 있는 학습 형태이다.

개별화 수업에는 여러 가지 방법이 있는데 개인교수, 자습, 개인처방식 교육(IPI), 켈러 계획(Keller plan), 개별화 수업체제, 프로그램 학습, 컴퓨터 보조학습 등을 들 수 있다. 여기서는 이들 중 근래의 교육공학과 연결되어 가장 유명한 분야로 지목되고 있는 컴퓨터 보조학습에 대하여 살펴보고자 한다.

컴퓨터 보조수업은 개별수업을 목적으로 컴퓨터를 이용한 수업방식을 말한다. 이 수업에서는 컴퓨터가 코스웨어라고 불리는 교수용 프로그램에 의해 학습내용을 제시하고 학습과정을 지도, 통제하며 학습 결과도 평가하게 되어 있어 기계와 학습자 간에 교수-학습과정이 이루어지게 된다. 이 수업의 목적은 컴퓨터의 우수한 성능을 교육에 적용하여 학습자 개개인의 특성을 고려한 개별적 교육을 실시하자는 것이다. 또한 수업의 진행으로 보면 컴퓨터의 개수에 따라 동시에 많은 학습자들을 교육할 수 있다는 점에서 대량수업이 가능하며, 결과적으로 교사가 개별적인 학습지도에 전념하도록 교수를 지원해 준다. CAI 프로그램은 교재의 성격에 따라 몇 가지 유형으로 구분된다.

(1) 개인교수형

이 방식은 마치 교사와 학생이 개별적으로 대화를 하면서 수업을 진행하는 것과 같은 형태이다. 즉, 컴퓨터가 화면이나 음성으로 질문을 하면 학습자는 그에 대해 대답을 한다. 학습자의 응답은 컴퓨터에 의해 비교 분석되어 이 응답에 대한 적절한 피드백이 제공되며, 응답의 수준에 따라 다음 단계로 진행된다. 이 양식은 거의 모든 학습내용에 대해 사용 가능하며, 특히 사실의 제시와 법칙이나 원리학습 등에 적절하다.

(2) 반복연습형

이 방식은 학습자가 새로운 개념이나 법칙, 원리 등을 학습한 후 그것을 반복하여 다루어 볼 기회를 제공하는 일련의 연습용 프로그램이다. 예를 들면 곱셈문제를 푼다면 난이도에 따라 문제들이 하나씩 제시되고, 이에 대해 학습자가 답을 하면 그것이 정답인지의 여부를 알려 준다. 오답의 경우 이의 교정에 적절한 연습문제를 통해 보충학습을 하는 형태를 취하게 된다. 이 양식은 수학문제 풀기, 단어 외우기, 기본 기능 훈련 등에 다양하게 활용될 수 있다.

▌그림 7-3▌ 컴퓨터 보조수업 화면 예

(3) 문제해결형

이 방식은 학습자가 스스로 원리를 발견하도록 하는 과정 중심의 학습 형태로써 고등정신 기능을 함양하는 수업에 특히 유용하다. 즉, 컴퓨터에 의해 제시된 문제를 학습자가 여러 방식으로 작업하면서 스스로 해답을 얻을 수 있게 하는 프로그램 방식으로 학습자의 사고력, 문제해결력을 높여 줄 수 있다.

(4) 교육적 게임형

이것은 전자오락이나 컴퓨터게임에서 아동들의 흥미를 끄는 요소들을 수업에 활용하는 것이다. 예컨대 이차방정식에서 x 값을 구하는 것이 수업의 목표라 할 경우 그 값을 구하는 것이 전자오락 게임에서 점수를 얻는 것과 유사한 형태로 구성될 수 있다. 즉, 게임을 유도하고 승부에 따라 보상이 제공되는 형태를 취하여 학습자가 흥미 있게 학습을 진행할 수 있도록 만드는 것이다.

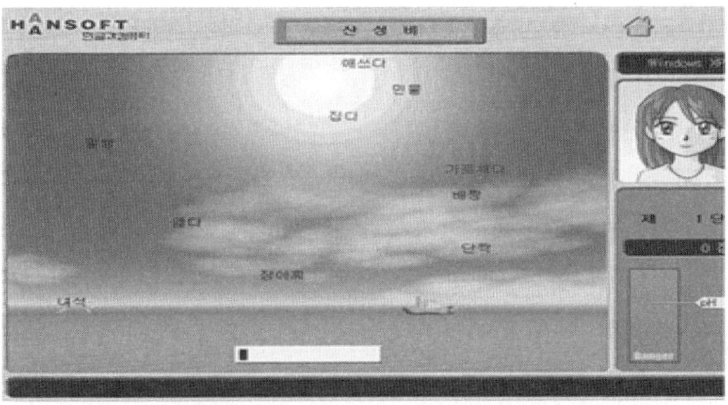

▌그림 7-4▐ 컴퓨터 보조수업 화면 예(한컴타자연습)

컴퓨터 보조수업의 장단점을 살펴보면 다음과 같다.

❖ 컴퓨터 보조수업의 장점

① 개인차에 적응한 수업이 가능하다. 즉, 학습자 개개인에 맞는 수준과 속도로 학습을 진행할 수 있다.

② 학습자가 어떤 지적 능력수준에 처하여 있든지 간에 그들을 차별 없이 도와줄

수 있다. 기계이기 때문에 감정이 없다는 점은 단점과 동시에 장점이 될 수도 있다. 즉, 학습자의 오답에도 계속해서 응답해 주는 점과 학습자의 이름을 기억하는 등 학습자를 개별적으로 취급해 주는 특징은 특히 학습지진아를 위해 효과적인 학습수단이 될 수 있다. 또한 컴퓨터이기 때문에 학습자가 실수를 두려워하지 않고 응답할 수 있다는 점도 장점이 된다.

③ 학습자를 학습과정에 능동적으로 참여시킬 수 있고, 학습자의 응답에 개별적이고도 즉각적인 피드백이 제공되기 때문에 학습동기가 강화된다.

④ 다양한 색상과 움직임을 묘사하는 그래픽과 효과음, 배경음악 등으로 현실성 있는 학습이 가능하다. 즉, 시청각적인 교육효과를 얻을 수 있고, 이 점이 학습동기와 흥미를 일으킬 수 있다.

⑤ 학습자의 진행 속도와 성취수준 등에 대한 상세한 기록, 분석이 가능하므로 이에 따른 적절한 지도를 할 수 있다.

⑥ 부수적으로 컴퓨터가 교사의 성적 처리 등 사무적 일상 업무를 처리해 줌으로써 교사는 학생의 개별지도 및 상담에 좀더 많은 시간을 할애할 수 있다.

❖ 컴퓨터 보조수업의 단점

① 컴퓨터와 주변 기기를 구입하고 유지하는 데 비용이 아직 많이 든다.

② 수업목적에 맞는 코스웨어, 즉 우수한 교육용 프로그램들이 아직 빈약한 상태이다.

③ 이 수업은 주어진 프로그램 범주 안에서의 학습활동이기 때문에 학습자의 진정한 자유로운 사고의 이동과 확산이 어렵다.

④ 컴퓨터는 결코 가르치는 교사의 심오한 인간성을 대체할 수 없다.

컴퓨터 보조수업은 기계의 교육공학적인 이용으로 개인차를 반영한 수업을 가능하게 해주었다는데 큰 교육적 의의가 있다. 물론 아직까지 이러한 수업방법의 사용은 초보적인 수준이며 교육공학 전반과 관련하여 볼 때 과연 기계가 교사의 인간성을 대체할 수 있는가 하는 의문이 제기되기도 하지만 이 수업은 혁신적이고 대표적인 개별화 수업방식으로 정착될 가능성이 높다.

이상에서 수업에 사용 가능한 대표적인 교육방법 유형들을 살펴보았다. 그러나 앞에서 말했듯이 모든 수업목표의 달성에 적합한 단일한 수업방법은 존재하지 않는다. 따라서 자신의 수업목적에 맞는 교육방법을 찾아 적절하게 활용하는 지혜가 요구된다.

4 교육공학의 이해

교육공학은 현대의 공학연구와 과학기술을 교육의 실제에 합리적, 경제적으로 적용시켜 교육의 효율성을 증진시키고자 시도하는 교육의 새로운 분야이다(김정규 · 김영수, 1986). 그리고 교육의 효율성을 극대화하기 위하여 교수 · 학습의 과정에 관련된 제반 변인들에 대한 체계적이고도 종합적인 접근방법을 다루는 학문 분야이다(정찬기오 외, 1995).

교육공학의 근원은 시청각 교육이다. 시청각 교육은 교과서를 중심으로 한 전통적 교육방법에서 탈피하여 다양한 교수매체를 사용하는 새로운 교육방법을 의미한다. 즉, 형식적 언어주의를 탈피하고 직접, 간접의 관찰을 통한 학습자의 구체적 · 감각적 경험을 중시하는 것이다. 이런 입장은 처음에는 그림, 차트, 융판이나 실물 등의 자료를 직접 사용하는 시각교육에서 출발하였고, 여기에 음향녹음과 유성영화를 응용하며 영화, 슬라이드, 녹음기, 라디오, TV 등의 교재와 교구를 활용하는 시청각 교육으로 진행되었다. 따라서 시청각 교육은 교수-학습과정에 시청각적인 교재를 활용함으로써 학습자의 이해를 촉진하는 교육을 의미한다. 이러한 시청각 교육은 시청각적 자료들을 사용하여 교육내용을 보다 구체적으로 표현함으로써 학습자에게 흥미있고 효과적인 학습을 하자는 데 목적이 있으며, 시청각 매체들을 단순히 교사의 보조물로 간주하였을 뿐 이들만으로 이루어진 독립적인 교수방법에 대해 생각한 것은 아니었다.

이러한 시청각 교육에 통신이론과 체제이론을 포함시켜 교육에 적용한 것이 시청각 통신이다. 우선 통신이론의 적용으로 교육 커뮤니케이션의 개념이 이루어졌는데, 이것은 송신자인 교육자와 수신자인 학습자 간에 이루어지는 통신과정에 중점을 두는 것이다. 통신 장면에서는 송신자와 수신자의 통신방식이 일방식이 아니라 쌍방적 커뮤니케이션을 가정하게 되었으며, 이 통신과정의 핵심인 메시지, 즉 교수자료도 수업과정과 분리된 보조도구가 아니라 교수자와 학습자 통신과정의 일부로 고려하게 된다. 이런 관점을 분명하게 해준 것이 체계 개념이다. 여기서는 교수-학습과정을 다양한 교수방법으로 조직되고 체계적으로 통합된 산물로 보았으며, 교수매체는 교수-학습 시스템의 한 가지 구성요소로 간주되었다. 즉, 이제 교수자료들은 교사의 보조물이라기보다 교수체제의 구성요소로 취급되는 것이다. 이러한 점은 기존의 시청각 교육의 관점과는 완전히 다른 것이다. 즉, 시청각 통신은 교육이론과 실천의 한 분야로서 교수매체를 효과적으로 이용하여 학습과정을 통제하고, 학습자가 지니고 있는 능력을 최대한 개발시킬 수 있는 커뮤니케이션 방법을 의미하며, 교수-학습과정 전반을 포괄적으로 다루는 교수설계 분야로 확대된 것이다.

이러한 시청각 통신이론에 교수 개발 개념을 적용하여 체계적 접근 개념의 미비성을 보완함으로써 탄생한 것이 교육광학 이론이다. 즉, 초기 체계이론에서는 교재 및 메시지를 중시했던 것에 비해 후기에는 교육 커뮤니케이션이 진행되는 '과정' 전반을 강조하는 쪽으로 변화되면서 교육공학 분야가 탄생하게 되었다.

이렇게 전개되어 나타난 교육공학 분야는 계속 발전하는 중이기 때문에 그 정의도 계속적으로 변화하고 있으며, 최근에는 교육공학이란 용어와 교수공학이란 용어를 거의 동일하게 사용하고 있다. 교육공학 분야의 대표적 기관인 AECT에서 1994년 제시한 바에 따르면 교수공학은 '학습을 위한 절차와 자원을 설계, 개발, 활용, 관리, 평가하는 이론과 실제'라고 정의되며, 그 목적은 설정된 교수목표를 달성하기 위해서 교수-학습과정에 과학적인 지식과 공학적인 기술을 체계적으로 적용하고, 교육문제 해결을 위한 최적의 수단과 방법을 제공하는 것이다(나일주 · 정인성, 1996).

이렇게 정의되는 교육공학의 개념은 크게 하드웨어적인 교육공학과 소프트웨어적인 교육공학의 두 가지 차원을 포함한다. 우선 하드웨어적인 교육공학이란 교육목적의 달성을 위해 공학적 기구와 공학적 원리를 응용하는 것으로 교육용 TV, 영화, OHP, 슬라이드, 라디오, 녹음기, VTR, 컴퓨터 등이 여기에 해당한다. 그리고 소프트웨어적 교육공학이란 교육목적의 달성을 위해 학습심리학 분야에서 밝혀진 학습원리를 최대로 적용하며, 행동과학적 접근을 통해 교육목적을 해결하려는 것으로 프로그램 학습자료, OHP 등에 사용되는 TP 용지, VTR 테이프, 교재 등이 이에 해당한다(이승원 외, 1997). 이 두 부분은 함께 통합적으로 고려되고 운영될 때 교육공학의 올바른 운영이 가능하다.

교육공학의 발달은 대량 교수의 가능성을 높이고 그러면서도 동시에 학습자의 적성과 개인차에 적응한 개별학습을 실현하는 등 교육방법론적 측면에서 혁신적인 변화를 초래하고 있다. 또한 새로운 교수설계 이론들을 탄생시킴으로써 교육의 과정 전반의 효율적인 운영에 기여하고 있다. 그리고 컴퓨터를 사용한 자동교수 매체의 도입으로 교사기능의 임무가 기계로 대체 및 보완되고 있으며, 각종 교수용 자료의 처리, 기록보존 등 교수 보조업무를 신속하고 정확하게 처리함으로써 교수인력의 절약도 가져올 것이 예상된다.

그러나 이러한 공학과 과학기술에 의거하여 교육의 능률을 추구하다 보면 자연히 교육에서의 비인간화 현상이 야기될 수 있다. 사실 교육의 일각에서는 교육공학이 초래할 비인간화 현상을 우려하고 있다. 즉, 교육공학은 인간화의 목적을 가진 교육과정 자체를 비인간화시킴으로써 결국 교육의 본래적인 목적을 상실하게 만들 것이라고 염려하는 것이다. 하지만 지금의 시점에서 교육공학적 측면이 배제된 교육이 실현될 가능성은 거의 없으며, 교육에서 교육공학의 영향력은 점점 더 커질 것이다. 따라서 앞으로 논의의 초점은 교육공학이 좋은가 나쁜가를 따지는 것이 아니라 어떻게 하면 교육공학이 초래할지도 모를 문제점들을 해결하고 예방하면서 교육공학의 방향성을 잡아 나가느냐 하는 점이 되어야 한다. 즉, 교육공학이 교육의 인간화에 배치되지 않고 도리어 인간화 교육을 지향할 수 있도록 발전시켜 나가는 것이 요청되는 것이다.

연구 및 토의 과제

1. 교육방법이 의미하는 바를 서로 논의해 보자.

2. 학습과 교수의 관계를 비교하여 설명해 보자.

3. 교육방법의 유형을 간략히 정리해 보자.

4. 교육공학의 개념을 정리하고, 그 발전 방향을 논의해 보자.

5. 다음의 각 개념들을 정리해 보자.
   ① 출발점 행동
   ② 오스벨(Ausubel)의 유의미 수용학습
   ③ 컴퓨터 보조수업(CAI)

08

Chapter

교육평가

1. 교육평가의 개념
2. 교육평가의 유형
3. 문항 제작 및 양호도 분석

평가는 판단을 필요로 하는 모든 활동 분야에서 그러하듯이 교육이 이루어지는 모든 현상에 직접, 간접적으로 작용한다. 따라서 교육의 과정 속에서 교육평가는 왜 필요하고, 어떤 기능과 역할을 가져야 하며, 어떤 영향을 미치고 있는가 하는 점을 이해하는 것은 효율적인 교육의 수행을 위해 필수적으로 요청된다.

이에 본 장에서는 교육평가의 개념, 교육평가의 유형, 그리고 평가문항의 작성 및 문항양호도 분석에 관해 살펴보고자 한다.

1 교육평가의 개념

앞에서 언급된 바와 같이 교육평가는 교육의 과정 중 마지막 단계인 동시에 그 이전의 과정들, 즉 교육목표의 설정, 교육내용의 선정과 조직 및 교수-학습과정 각각에 계속적으로 피드백되는 요소이다. 교육평가는 교육이 이루어진 후에 그 성과, 즉 교육목표의 달성 정도를 평가할 뿐 아니라 이러한 교육이 진행되는 과정 자체에 대한 가치를 판단하는 체계적인 과정을 포함한다. 그러나 교육평가에 대한 일반인의 인식은 단지 교육현장에서 실시되는 월말고사나 기말고사 혹은 입학시험에서 학습자 선발이나 분류를 위한 활동으로 국한해서 생각하는 경향이 있기 때문에 교육평가의 개념과 교육과정 전반에서 교육평가가 차지하는 위치 및 그 역할에 대한 올바른 이해가 요청된다.

우선 교육평가를 바라보는 시각은 크게 두 가지로 나누어 볼 수 있는데, 첫째로 판정 및 선별의 기능을 들 수 있다. 이것의 기본 목적은 해당되는 교육 분야에서 학습자의 교육목표 달성 정도나 자격유무 등을 판정하거나 분류하고 필요에 따라 선발하려는 것이다. 예컨대 학교에서의 성적 산출 및 이에 따른 진급이나 낙제의 결정, 검정고시나 각종 자격시험에서의 자격유무 판정, 고입선발고사나 대학입학시험

등 상급학교 진학에서의 선발이 이에 해당된다. 둘째로는 교육평가를 교수 및 학습을 개선하고 학습자의 학습에 도움을 주는 것으로 보려는 관점이다. 만약 교육평가의 기본목적이 판정 및 선별에만 있다면 교육평가는 교수-학습과정의 개선과는 아무런 관련이 없는 활동이 될 것이다. 그러나 교육평가의 중요한 기능 중 하나는 교수-학습과정에 최대한의 도움을 주고, 그렇게 함으로써 모든 학생의 학습 성과를 극대화시키는 것이라고 볼 수 있으며, 이러한 관점이 교육평가에서 더 강조되는 중요한 기능이라고 볼 수 있다.

일반적으로 교육평가에 대한 주장들은 목표 달성 중심, 의사결정 중심, 그리고 가치판단 중심 정의라는 세 가지 입장으로(김진규, 2002) 정리할 수 있다. 첫째, 목표성취를 강조하는 정의를 들 수 있는데, 이 입장은 교육평가를 교수 프로그램의 목표가 어느 정도 달성되었는가를 결정하는 것으로 보려는 입장이다. 이 입장의 대표자인 테일러(Tyler)는 평가의 과정이란 본질적으로 교육과정이나 수업 프로그램에 의하여 교육목표가 어느 정도 실현되었는가를 결정하는 과정이라고 보았는데, 교육목표는 기본적으로 학습자의 행동양식을 바람직한 방향으로 변화시키는 것이므로 결국 평가란 이러한 행동 변화가 실제로 어느 정도 일어났는가를 결정하기 위한 과정이라 할 수 있다(김정규, 1993). 이 정의는 교육평가 분야에서 가장 오랫동안 사용되어 왔으며, 근본적으로 교육평가의 의미를 목표지향적으로 해석하는 것이다.

둘째, 판단을 강조하는 입장이 있다. 이 입장은 평가가 지나치게 목표 달성 혹은 성취수준 지향적인데 반하여 탈목표 가치판단 지향으로 평가의 의미를 해석하려는 입장으로 평가는 어떤 경험, 개념 또는 과정의 가치를 판단하는 데 초점을 두어야 한다고 믿는다. 이 견해의 대표적 학자인 스크리븐(Scriven)은 목표의 달성에만 초점을 둘 경우 나타날 수 있는 부작용에 대해, 만약 목표가 성취해야 할 가치가 없는 것이라면 그것을 아무리 잘 성취했다 하더라도 그것은 아무런 의미가 없다고 보았다(황정규, 1984). 따라서 평가자는 목표가 얼마나 달성되었는가 하는 문제뿐 아니라 목표 그 자체의 가치에 대해서도 평가를 해야 하며, 이런 의미에서 탈목표지향적인 특징을 나타낸다.

셋째, 의사결정 촉진을 강조하는 입장이다. 이 입장은 교육평가의 목적을 교육에서 의사결정을 내릴 사람들에게 도움을 주기 위해 이들이 필요로 하는 정보를 수집하여 제공해 주는 일이라고 본다. 이 입장의 대표자인 스터플빔(Stufflebeam)은 교육평가를 의사결정 대안들이 적합한 것인지 판단하기 위해 정보를 수집하고 제공하는 과정이라고 보고 있다(황정규, 1984). 이러한 정의는 교육평가를 가장 폭넓게 정의하는 관점이라고 할 수 있다.

이상에서 교육평가를 바라보는 시각과 또 교육평가에 대한 몇 가지 정의들을 살펴보았다. 이들을 종합적으로 생각해 볼 때 교육평가의 기능은 다음과 같이 정리될 수 있다.

첫째, 학습자의 학업성취도를 평가하는 일이다. 학습자의 학업성취도를 확인함으로써 교육목표 달성도에 관한 증거와 정보를 수집할 수 있다.

둘째, 전체 교육과정의 효과를 평가하는 일이다. 즉, 교육목표에서 출발하여 교육평가에 이르기까지의 과정 각각에 대한 평가를 통해 교육활동 전반의 개선을 도모하는 것이다.

셋째, 학습자, 교육방법, 학교경영, 교육행정에 관한 의사결정 등 교육에 관한 의사결정에 필요한 자료를 수집하고 활용하는 것이다. 이 내용에는 입학시험을 통한 학생 선발, 각종 자격시험을 통한 자격인정 등의 기능도 포함된다.

한편 이상의 교육평가에 대한 정의에서 도출된 것은 아니지만 교육평가의 기능으로 홍보, 주의 환기, 동기 촉진을 위한 정략적 기능도 생각해 볼 수 있는데, 이것은 학생들이 공부를 하도록 하기 위해 시험을 실시하거나 자연보호나 불조심에 대한 학생과 학부형들의 주의를 환기시킬 목적으로 글짓기 경연이나 포스터를 그리게 하여 평가하고 시상하는 것 등을 말한다. 이 경우 평가의 주요 목적은 성적이나 작품을 평가하는 데 있지 않고 이에 대한 학생들의 관심과 주의를 환기시키기 위한 것이다. 이러한 기능을 교육평가의 심리적·사회적·정치적 기능이라고 하고 줄여서 정략적 기능이라 한다(변창진 외, 1996).

2 교육평가의 유형

교육평가는 접근하는 시각에 따라 여러 가지 유형으로 개념화시켜 볼 수 있다. 여기서는 최근 교육평가의 실제에서 중요하게 다루어지고 있는 규준지향평가(상대평가)와 목표지향평가(절대평가)를 대비시켜 논의하고, 이어 교수-학습과정의 진행과 밀접하게 관련되어 이루어지는 진단평가, 형성평가, 총합평가의 의미와 기능을 알아보기로 한다.

1) 규준지향평가와 목표지향평가

학습 결과를 평가하는 방법은 크게 두 가지로 나누어 볼 수 있다. 하나는 한 학습 진단 내에서 서열상으로 몇 번째가 되는가 혹은 전국적 규준에 비추어 볼 때 상대적으로 어느 위치에 속하는가를 평가하는 입장이고, 다른 하나는 주어진 수업목표를 어느 정도 성취하였는가를 알아보는, 즉 수업목표의 달성도를 평가하는 입장이다. 전자를 상대평가 혹은 규준지향평가라고 하고, 후자를 절대평가 혹은 목표지향평가라고 부른다. 이 같은 평가방법은 평가기준에 따른 분류이기도 하고 평가 결과의 해석방법에 따른 분류이기도 하다.

(1) 규준지향평가

규준지향평가는 학생의 성적수준을 그가 속해 있거나 혹은 속해 있지 않더라도 비교가 되는 집단의 규준에 비추어 본 상대적 서열에 의해 판단하는 평가체제이다. 즉, 학습자들의 상대적인 능력이나 기능을 비교해 보고 그에 대한 어떤 결정을 내리는 것으로 학습자 선발기능이나 우열을 가려내는 기능이 크게 강조되는 평가방법이다.

여기서 규준이란 개념이 출발한 것은 심리측정에서 사용하는 각종 심리검사의 발전과 그 역사를 같이 한다. 심리측정에서는 인간의 여러 가지 특성을 측정하기 위하여 그러한 특성을 나타낸다고 상정되는 질문이나 문항, 장면 등을 검사로 구성하여 인간행동을 외현적으로 관찰하려는 접근방법을 취하고 있다. 이런 검사로 지능검사, 인성검사, 학력검사, 자아개념검사 등을 들 수 있다. 이때 어떤 검사에서 한 개인이 얻은 원점수는 아무런 의미가 없다. 즉, 개인의 원점수는 그것을 어디에 비추어 볼 때만 해석이 가능하고 의미가 있는데, 이렇게 비추어 볼 수 있는 잣대를 미리 만들어 놓는 것이 규준이다. 이때 원점수를 다른 점수로 바꾼 것을 변환점수라고 하는데, 변환점수로 바꾸는 환척방법으로는 연령점수규준, 백분위점수규준, 표준점수규준 등을 들 수 있다. 예컨대 지능검사에서 45점을 받았는데 이것을 지능지수라는 규준에 비추어 보니 120이라면 지능이 평균지능보다 높다는 해석이 가능하며, 자아개념검사에서 18점을 받았는데, 이것을 백분위점수 규준에 비추어 보니 30퍼센타일이라면 자아개념이 비교집단의 평균보다 훨씬 낮다는 해석을 할 수 있다.

이런 점에서 볼 때 개인의 점수, 성취, 능력은 언제나 규준에 비추어 본 상대적인 것이다. 그러나 실제 학교학습에서 다루는 학과목의 점수를 이 같은 규준척도에 비교하는 경우는 드물며, 학업성적 또는 다른 행동 특성의 점수를 가상적이건 실재하건 집단 내 다른 사람과의 상대적 비교에 의해 그 의의를 부여하고 해석하려 할 때 이를 모두 규준지향적이라고 본다. 여기서 규준지향평가의 특징들을 살펴보면 다음과 같다.

첫째, 규준지향평가는 학습자가 무엇을 얼마큼 알고 있느냐에 대한 관심보다는 개인의 성취수준을 비교집단의 규준에 비추어 상대적 서열을 판단하는 것에 관심이 있다. 즉, 특정의 학습자가 다른 학습자에 비하여 얼마나 더 성취하였는가의 상대적 우열에 최대의 관심이 놓여 있다.

둘째, 규준지향평가는 선발적 교육관에 바탕을 두고 있는데, 교육을 통하여 달성하고자 하는 목표나 수준에 도달할 수 있는 사람은 어떤 방법을 사용하는 소수에 지나지 않는다는 것이다. 즉, 어차피 성공하는 자와 실패하는 자가 존재하기 마련이라는 신념을 갖고 있으며, 따라서 개인차의 범위가 커지기를 바라고, 그렇게 되도록 평가작용을 유도하는 등 학습자의 개인차를 명확히 보여 줄 수 있는 평가가 강조된다.

셋째, 따라서 평가기능은 교수-학습과정과 밀접히 관련된 것으로 보지 않으며, 대개 수업이 시작되기 전후에 학습자의 행동 특성에 관한 상대적 위치에 관한 정보를 알기 위해 사용되고 분류, 선발, 정치, 보상과 같은 행정적 목적에 이용된다.

이러한 규준지향평가는 다음과 같은 장점을 지닌다.

첫째, 규준지향평가는 개인차의 변별이 가능하다. 즉, 상대적인 비교를 기초로 하는 엄밀한 성적 표시방법을 채택함으로써 개인차의 변별이 가능해진다.

둘째, 객관적으로 제작된 검사를 통해 성적을 표시하고 있기 때문에 교사의 편견을 배제할 수 있다.

셋째, 규준지향평가는 학습자들의 경쟁을 통해서 동기를 유발하는 데 유리하다. 특히 등급이나 당락을 결정할 경우의 평가는 보다 강력한 동기유발을 촉진시킬 수 있다.

우리나라의 경우 교육평가, 특히 성적평가의 체제는 오랫동안 학생의 성적을 상대적으로 비교하는 규준지향평가의 철학 및 원칙에 의해 지배되어 왔으며, 이와 같은 평가체제의 적절성이나 타당성에 대해 의심을 제기하지 않았다. 즉, 1976년까지 우리나라의 생활기록부는 수 10%, 우 20%, 미 40%, 양 20%, 가 10%로 평가하는 다섯 단계 평가가 이루어져 왔으며, 현재도 학생의 학급 등수나 전교 석차를 기재하는 것은 이러한 규준지향평가의 맥락이라 볼 수 있다. 이러한 평가체제는 다음과 같은 단점을 갖고 있으며, 이러한 점은 우리의 교육에 좋지 못한 영향을 미쳤다.

첫째, 학교교육에서 교육의 과정과 평가 간의 관계를 단절시킨다. 즉, 이 평가체제는 교수-학습과정과 교육평가 간에 관련이 없기 때문에 이 평가로는 교수-학습과정의 적절성을 평가할 수 없다. 또 평가가 중요한 경우, 예컨대 대학입학시험을 앞두고 있는 고교교육의 경우 교육목표와 교육평가 사이에 크게는 교육과정과 교육평가 사이에 불연속성을 형성하게 되고, 결과적으로 교육평가가 교육과정을 구속하는 역작용을 낳게 되었다. 예를 들면 시험에 포함되지 않는 과목은 교육과정에 포함되어 있음에도 불구하고 실제 수업이 진행되지 않는 경우가 생기는 것이다.

둘째, 규준지향평가에서는 참다운 의미에서의 학력평가가 불가능하다. 즉, 학습자의 성취도가 집단 내에서의 상대적 비교로써 판정되기 때문에 학습내용을 완전히 이해한 학습자라도 집단 전체가 우수하다면 학업성취도가 낮은 것으로 분석될 수 있다. 예를 들면 학생이 배워야 할 교육내용을 다 이해했고, 또 아무리 높은 성적을 받더라도 자기보다 1점이라도 더 받은 학생이 있으면 상은 그에게 돌아간다. 또 반대로 배워야 할 것은 50%밖에 달성하지 못해도 다른 학생이 그보다 덜 달성하면 우수한 학습자로 취급되는 것이다.

셋째, 학습자 간의 학력의 상대적 위치 또는 순위를 결정하기 때문에 과다한 경쟁심리가 조장되며, 이로 인해 인성교육을 방해할 우려가 있다. 즉, 한 학생의 성적이 성공, 성취를 의미하기 위해서는 반드시 거기에 대비되는 실패자, 불성취자, 열등자라는 비교집단이 존재하기 때문에 학생들은 성공자가 되기 위해 경쟁할 수밖에 없고, 여기서 실패하게 되는 상당수의 학생들은 낮은 자아존중감과 패배의식에 빠지고, 결국에는 학교공부 자체를 포기하게 되는 경우가 많다는 점이다.

이 같은 부조리 현상에 대한 비판과 기타 여러 가지 이유가 복합되어 1960년대 초부터 규준지향평가에서 탈피하여 의도했던 어떤 준거나 표준의 달성 여부에 비추어 평가하는 목표지향평가로 전환하려는 노력이 이론적 및 실제적 수준에서 시작되었다.

(2) 목표지향평가

목표지향평가는 학습자의 현재 성취수준이나 행동목표의 도달 정도를 교육목표에 비추어 알아보는 평가방법이다. 즉, 다른 학습자와 상대적인 비교를 하는 것이 아니라 학습목표를 사전에 설정해 놓고 이 목표를 비추어 학습자 개개인의 학업성취 정도를 따지려는 입장이다. 여기서 목표지향평가의 특징을 살펴보면 다음과 같다.

첫째, 목표지향평가는 학습자가 다른 학습자에 비해 얼마나 성취했는가에 대한 관심보다는 학생이 무엇을 성취했느냐에 관심을 두며, 이것이 평가의 궁극적인 표준인 목표가 된다. 즉, 교사가 의도하고 기대하며 설정했던 교육목표를 학생이 달성했는가의 여부에 관심을 둔다.

둘째, 목표지향평가는 적어도 대부분의 학생이 기대하는 성취수준에 비추어 성공할 수 있다는 신념을 갖기 때문에 적절한 교수전략, 적절한 환경, 적절한 교육 노력을 투입한다면 대부분의 학습자가 수업에서 기대하는 성취수준에 도달할 수 있다고 본다. 즉, 개인차는 교육의 누적적 실패에서 오는 결과이며, 이 개인차는 교육적 작용과 노력에 의해 극복될 수 있다고 본다. 따라서 교육평가는 학습자를 판단하기보다는 대부분의 학생이 학습에서 기대하는 성취수준에 도달할 수 있도록 교수전략의 효과를 극대화하려고 노력하게 되며, 교육평가를 교육목표를 성취하기 위한 주요 교수변인으로 활용한다. 그리고 학습 결과에 대한 평가에 있어서도 학습자들 간의 개인차보다는 수업목표를 어느 정도 달성하였는지에 관심이 집중된다.

셋째, 목표지향평가에서는 교육평가의 기능 자체를 교수-학습과정과 밀접하고 유기적인 관련 속에서 보며, 그것을 교수-학습과정에 도움을 주는 중요한 한 개의 변수로 본다. 그래서 진단적 기능과 형성적 기능을 강조하고 교수효과를 판단하는 의사결정이 보다 중요하다. 즉, 학습자가 새로운 프로그램을 시작하기 위하여 필요하다고 생각되는 선수기능이나 능력을 보유하고 있는지, 없다면 어떤 교수대안을 투입해야 할 것인지, 교육목표의 계열성이 유지되고 있는지, 또한 교수목표를 달성하거나 못했을 경우 다음에 투입되어야 할 교수 대안이 무엇인지 등을 밝히는 데 평가 결과를 이용한다.

목표지향평가의 장점을 살펴보면 첫째, 교수-학습과정 및 교육활동 전반의 개선에 도움을 줄 수 있다는 점이다. 즉, 학습자가 무엇을 알고 모르는지의 정보를 직접적으로 제공하므로 무엇을 어떻게 가르쳐야 할 것인지에 대한 시사점을 제시해 주며, 교수전략의 효과를 극대화시킬 수 있는 방안의 강구가 가능하다.

둘째, 보다 광범위한 관점에서 보면 목표지향평가는 교육의 정상화에 기여할 수 있다. 앞에서도 언급되었듯이 교육의 과정은 교육목표의 설정, 교육내용의 선정과 조직, 교수-학습과정, 그리고 교육평가가 일관성 있게 순환될 때 교육이 정상화되고 있다고 본다. 목표지향평가는 이러한 순환적 일관성을 충실히 지킬 수 있는 평가 형태이기 때문에 학교교육의 정상화를 유도할 수 있다.

한편 목표지향평가의 단점으로는 첫째, 개인차의 변별이 쉽지 않다는 점이다. 즉, 학습자 개인 간의 비교 및 우열을 판정하기가 어렵다. 둘째, 준거의 설정기준이 문제가 될 수 있다는 점이다. 다시 말해 교육에 있어서의 절대기준은 교수목표이지만 이러한 교수목표를 누가 정하느냐는 고도의 전문성이 요구되는 문제이다. 셋째, 검사점수의 통계적 활용이 불가능하다. 목표지향평가에서는 검사점수의 정상분포를 부정하기 때문에 점수를 통계적으로 활용하기가 어렵다.

우리나라에서도 목표지향평가의 장점들을 인식하여 1976년 문교부 훈령 286호에 의거하여 성적평가를 목표지향평가 방식으로 실시하고 있다. 그러나 대학입시 내신 성적은 규준지향적 평가의 성격을 띠고 있으며, 학교에서의 성적도 석차를 매기고 있다는 점에서 역시 규준지향적 평가의 비중이 더 크게 작용하는 것이 현실이다.

지금까지 규준지향평가와 목표지향평가에 관해 알아보았다. 이 두 가지 평가방법은 서로 다른 특징과 장단점을 지니고 있기 때문에 어느 한 방법이 더 좋다거나 나쁘다고 단적으로 말하기는 어렵다. 비교, 변별, 선발과 같은 결정을 목적으로 하는 경우에는 규준지향평가의 사용이 불가피하고, 자격을 부여하거나, 학습의 진도를 확인하고, 교수–학습과정의 개선을 목적으로 하는 경우에는 목표지향평가를 적용하는 것이 마땅하다. 따라서 평가의 목적과 필요에 따라서 그에 적합한 평가방법을 선택하여 사용하는 것이 타당하다고 보인다.

2) 진단평가, 형성평가, 총합평가

교육평가는 교수–학습과정이 진행되는 각 단계에서 시행되는데, 수업이 시작되기 전에 실시되는 진단평가, 수업이 진행되는 과정에서 실시되는 형성평가, 그리고 수업이 끝난 시점에서 실시되는 총합평가로 구분할 수 있다.

(1) 진단평가

진단평가의 주요 목적은 현재의 학습과제에 대한 수업이 시작되기 전에 학습자가 가지고 있는 출발점 행동을 예진하고, 학습장애의 요인을 진단하여 효과적인 수업의 절차와 방법을 모색하는 데 있다. 이러한 진단평가가 가지고 있는 기능을 좀더 자세히 살펴보면 다음과 같다.

첫째, 출발점 행동의 진단이다. 이것은 수업이 시작되기 이전에 실시되는 것으로 지적·정의적 출발점 행동과 학습하려는 그 과제 자체에 대한 성취 정도를 예진함으로써 학습결손을 확인하고, 이 결손을 처치해 주며, 더 나아가 학습자에 적합한 교수전략을 개발하여 학습자에게 제공하기 위한 평가기능이다.

둘째, 수업 진행 중에 실시되는 것으로 학습 실패의 교육 외적 원인의 진단을 들 수 있다. 앞의 출발점 행동의 진단이 대체로 수업에 관련된 요인들을 평가하는 것이라면 학습장애의 진단은 수업과 직접적인 관련이 없으면서도 학습 실패의 원인이 되고 있는 요인들, 즉 학습자의 신체적·심리적 혹은 환경적 조건에서 특별히 학습장애를 일으키는 원인을 찾아내는 것이다. 예컨대 시각이나 청각 이상, 정신박약 등의 신체적 요인, 정서적 불안정, 부정적 자아개념, 학습동기의 결여 등의 심리적 요인, 물질적·경제적 빈곤으로부터 문화실조에 이르기까지의 환경적 요인들을 확인하여 적절한 의사결정을 하기 위한 것이다. 대부분의 학습장애를 초래하는 이러한 요인들은 교사의 능력으로는 해결하기 어려운 것들이다. 따라서 학습장애의 원인이 수업 외적인 것으로 판단될 때에는 해당 학부모와 의논하여 적절한 대책을 강구하

표 8-1 수업 단계에 따른 평가유형 비교

기준	진단평가	형성평가	총합평가
실시목적	• 학습자의 특성파악	• 교수·학습지도 개선	• 성적 산출
실시기간	• 학습 전 또는 초기	• 수업 도중	• 수업 후
평가기준	• 절대평가, 상대평가	• 절대평가	• 절대평가, 상대평가
평가대상	• 준비도	• 수업의 일부	• 수업 결과
특성	• 선수학습파악(준비도, 출발점 행동) • 학습자의 적성이나 능력파악, 적절한 수업처방 기능 • 수업결손 원인 판단	• 교수방법개선 • 동기유발 • 수업의 원활화 도모 • 현재 수업곤란의 원인 파악과 처방	• 성적의 결정 • 교수방법 개선 • 다음 학습의 성공예언 • 집단 간의 성적비교 가능

는 것이 요구된다.

(2) 형성평가

형성평가는 수업이 진행되는 과정에서 그 수업이 주어진 수업목표의 달성을 향해 제대로 정상적인 진전을 보여주고 있는지를 계속적으로 점검해 나가는 평가활동을 말한다. 즉, 형성평가는 교수-학습이 진행되는 도중 학습자와 교사에게 수업내용에 관한 피드백을 제공함으로써 학습자에게는 수업내용에 대한 교정과 개선을 도모하고, 교사에게는 교사 자신의 수업방법을 포함한 교수-학습과정을 개선하기 위해 실시하는 평가이다. 따라서 형성평가는 교수-학습과정을 일차적으로 이끌어가고 개선해야 할 교사가 제작하는 것이 원칙이며, 교육목표에 근거한 목표지향평가를 해야 한다. 형성평가의 주된 기능은 다음과 같다.

첫째, 형성평가는 학습자들의 학습 진행 속도를 조절한다. 즉, 학습내용의 분량이 많거나 학습내용이 일정한 선후 관계에 의하여 조직되어 있을 때 적절한 빈도로 평가를 실시함으로써 학습을 위한 노력과 시간을 투입하도록 학습자를 자극할 수 있다.

둘째, 형성평가는 학습자의 학습행동을 강화시킨다. 즉, 학습자에게 설정된 목표를 향해 제대로 진전하고 있다는 피드백을 제공함으로써 학습행동을 강화시킬 수 있고, 학습동기도 유발할 수 있다. 그런데 이와 같은 기능을 발휘하기 위해서는 형성평가의 결과를 최종 성적평가에 반영시키지 말아야 하며, 그 대신 교정학습을 위한 기회나 자료를 제공하는 것이 요구된다. 즉, 형성평가에 좋지 못한 결과를 얻은 학습자도 보충학습의 기회를 통해 정상적인 학습 진전이 가능하다고 확신할 때 새로운 학습의욕을 갖고 노력하게 될 것이다. 만일 형성평가 결과를 최종 성적에 반영한다면 여러 번 실패한 학습자는 분발하기보다는 오히려 학습의욕을 상실하고 자포자기할 가능성이 높다.

셋째, 형성평가는 학습곤란을 진단하고 교정한다. 이 평가는 학습자들에게 학습결손이 무엇인지를 구체적으로 알려 주고, 이를 교정하고 보완하는 데 그 의의가 있다. 따라서 형성평가 결과는 각자 자기의 답안지를 채점하도록 하여 학습자 스스로 자신의 문제점을 발견하고 그것을 제거해 나가도록 도와주어야 한다.

넷째, 형성평가는 학습지도 방법의 개선에 이바지할 수 있다. 형성평가는 학습자뿐 아니라 교사에게도 교수활동에 대한 피드백을 제공하는데, 이를 통하여 교사는 자신의 교수방법의 단점을 구체적으로 분석하고 개선하게 된다.

(3) 총합평가

총합평가란 수업이 끝난 후 수업목표의 달성 정도를 총합적으로 판정하는 평가 형태를 의미하며 총괄평가라고도 부른다. 즉, 총합평가는 한 단원, 한 학기 혹은 한 학년이 끝나는 시점에서 그동안의 학습 성과를 총괄적으로 판단하는 것으로 월말고사, 학기말고사, 학년말고사 등이 해당된다.

총합평가는 전체 교과목이나 과목의 해당 부분에 걸친 학습이 어느 정도 달성되었는가를 평가하는 것으로 배운 내용 중 적정량의 대표적인 문항을 표집하여 일반화되고 광범위한 목표를 평가하며, 교사가 직접 제작할 수도 있고 표준화된 학력검사를 사용할 수도 있다. 또한 평가의 목적에 따라 목표지향평가를 할 수도 있고 규준지향평가를 할 수도 있다. 총합평가의 구체적 기능은 다음과 같다.

첫째, 총합평가는 학습자의 학업성적을 판정한다. 즉, 전체 과목이나 중요한 학습 내용에 대한 교수의 효과가 어느 정도인지를 판단하고 그 결과에 의해서 성적을 내고 평점을 주며 서열을 결정할 수도 있다.

둘째, 총합평가를 통한 평가 결과는 학습자들의 미래의 학업성적을 예측하는 데 도움을 준다. 일반적으로 현재의 학업성적은 미래의 학업성적과 높은 상관관계를 가지고 있기 때문에 현재의 성적을 평가함으로써 학습자 개개인의 미래의 성적을 쉽게 예측할 수 있다.

셋째, 총합평가는 집단 간의 성적을 비교할 수 있는 정보를 제공해 준다. 즉, 학습자 집단 간의 종합적인 학습 성과를 교수방법의 유형이나 학습자료의 종류 등과 관련시켜 비교·분석함으로써 교육연구에 기여할 수 있다.

넷째, 총합평가는 학습자의 자격 유무를 판단하는 역할을 한다. 즉, 학습자가 지식, 기능이나 능력을 갖추고 있는지를 평가하여 자격 유무를 결정할 수 있는데, 예컨대 졸업 유무 및 학력 인정, 자격증 유무 등의 판단에 활용될 수 있다.

3) 수행평가

(1) 수행평가의 개념

표준화 학력검사를 중심으로 한 전통적인 교육평가의 문제점을 지적하면서 이에 대한 대안적 평가로 주장되는 평가의 일종이다. 수행평가는 학생이 배우고자 하는 지식이나 기능을 평가함에 있어서 선택형 검사와 같이 정답을 선택할 수 있는 능력이 곧 '지식을 안다'거나 '기능을 습득했다'고 가정하는 것을 부정하고, 학생이 답안을 작성하거나 실제와 가까운 상황에서 행동으로 나타내는 것을 통해 지식이나 기능을 직접적으로 측정, 평가하고자 한다. 이러한 특성 때문에 실제적 평가, 참평가, 직접적 평가, 상황지향적 평가라고도 한다. 수행평가의 방법에는 실기, 실험 및 실습, 관찰, 면접, 구두시험, 자기평가 및 동료평가, 포트폴리오 등이 있는데, 실기평가라도 전통적 상황에서 이루어지던 것과는 다른 의미를 지닌다. 즉 전통적 평가에서는 실기 평가의 상황을 인위적으로 구성하고 통제하였으나 수행평가에서의 실기 평가는 평가 대상이 되는 그 기능이 실제로 발휘되는 자연스런 상황에서 평가하는 것을 일컫는다. 다시 말해 수행평가는 학생들의 작품이나 활동을 직접 관찰하고, 관찰된 과정과 결과를 전문적으로 판단함으로써 이루어지는 평가이며, 학생 개개인이 처한 '상황'이라는 요인을 고려하여 과제수행 과정과 결과에 대해 포괄적인 과제를 수집하여 평가하는 방식이다.

(2) 수행평가의 필요성

- 21세기에는 지식 정보화 사회가 요구하는 고등정신 능력의 강조하고 있다.
- 교육본질에 대한 직접평가가 강조되고 있다.
- 교육상황을 개선하고자 하는 것과 암기위주의 교육을 해소하고자 한다.
- "아는 것"과 "행하는 것"의 차이에 대한 인식이 높아지고 있다.
- 진리관, 지식관, 학습관의 변화에 따른 새로운 교육과정관이 강조되고 있다.

(3) 수행평가의 일반적인 특징

- 수행평가는 학생이 문제의 정답을 선택하게 하는 것이 아니라, 자기 스스로 정답을 작성하거나 행동으로 나타내도록 하는 평가방식이다.
- 수행평가는 추구하고자 하는 교육목표의 달성여부를 가능한 한 실제 상황하에서 파악하고자 하는 평가방식이다.
- 수행평가는 교수학습의 결과뿐만 아니라 교수학습의 과정도 함께 지시하는 평가방식이다.
- 수행평가는 단편적인 영역에 대해 일회적으로 평가하기보다는, 학생 개개인의 변화 발달과정을 종합적으로 평가하기 위해 전체적이면서도 지속적으로 이루어지는 것을 강조하는 방식이다.
- 수행평가는 개개인을 단위로 해서 평가하기도 하지만, 집단에 대한 평가도 중시한다.
- 수행평가는 학생의 인지적 영역뿐만 아니라, 학생 개개인의 행동발달 상황이나 흥미, 태도 등 정의적인 영역, 그리고 체격이나 심동적인 영역에 대한 종합적

이고 전인적인 평가를 중시하는 평가방식이다.

- 수행평가는 기억, 이해와 같은 낮은 사고능력보다는 창의, 비판, 종합과 같은 고등 사고능력의 측정을 중히 여기는 평가방식이다.

표 8-2 전통적 평가체제와 새로운 평가체제의 비교

구분	전통적 평가체제(선택형)	새로운 평가체제(수행평가)
지식관	절대주의적 진리관	상대주의적 진리관
학습관	• 직선적 · 위계적 과정 • 일반적 · 객관적 상황 중시 • 학습자의 기억 재생산 중시	• 인지구조의 계속적 변화 • 구체적 · 주관적 상황 중시 • 학습자의 이해 성장 중시
학습자관	• 수동적 존재 • 지식의 단순 재생산자	• 능동적 존재 • 지식의 창조자
교사관	지식의 전달자	학습의 안내자 · 촉진자
교육의 책임소재	• 학습자에게 있음 • 학습자의 능력이나 특성에 따른 차이 강조	• 교사에게 있음 • 학습자의 학습목표달성에 필요한 교수방법 강조
교수 학습활동	• 교사중심 • 인지적 영역, 암기 위주 • 기본 학습능력 강조	• 학생중심 • 지 · 정 · 체 모두 강조 • 창의성 등 고등사고 강조
평가체제	• 선발주의적 관점 • 상대평가, 양적평가	• 발달주의적 관점 • 절대평가, 질적평가
평가목적	• 선발분류 배치 • 설명예언 통제	• 지도 · 조언 · 개선 • 이해 · 재구성
평가내용	• 명제적 지식(내용적지식) • 학습의 결과 중시	• 절차적 지식(방법적 지식) • 학습의 과정 중시
평가방법	• 선택형 지필평가 위주의 간접평가(검사) 중시 • 일회적 · 부분적 평가 강조	• 다양한 평가방법의 활용 강조 • 직접평가(관찰) 위주 • 지속적 · 종합적인 평가 • 타당도 · 상황적합성 강조
평가시기	학습활동이 종료되는 시점	학습활동의 모든 과정

(4) 수행평가의 방법

- **논문형**: 개인의 생각이나 주장을 창의적이고 논리적이면서 설득력 있게 조직하여 작성한다.
- **포트폴리오법**: 학생의 경험과 성취를 포함한 다양한 정보를 기록한 자료들로서 성취기록의 요약, 공식기록, 일지, 성과물 등을 포함한다. 따라서 포트폴리오법은 학생이 수행한 일련의 과제를 통해 교사나 평가자가 누적적이고 연속적인 변화를 평가하는 방법이다.
- **관찰법**: 관찰을 통해 일련의 정보를 수집하는 방법이다.
- **면접법**: 일정한 조건하에서 질문을 하여 응답을 얻어내는 언어적 상호작용 과정을 통하여 피면접자가 내적으로 가지고 있는 무엇인가를 알아내는 평가방식이다(구조화된 면접/비구조화된 면접).
- **구술시험**: 학생으로 하여금 특정 교육 내용이나 주제에 대하여 자신의 의견이나 생각을 발표하도록 하여 학생의 준비도, 이해력, 표현력, 판단력, 의사소통능력 등을 직접적으로 평가하는 방식이다.
- **연구 보고서법**: 각 교과별로나 범교과적으로 여러 가지 연구주제 중에서 학생의 능력이나 흥미에 적합한 주제를 선택하되, 그 주제에 대해서 자기 나름대로 자료를 수집하고 분석 종합하여 연구보고서를 작성 제출하도록 하여 평가하는 방식이다.
- **토론법**: 교수학습활동과 평가활동이 통합된 것으로 보통 토의식 수업에서 학생들을 평가하는 것이다. 즉, 교사와 학생, 학생과 학생간의 토론의 장을 마련하여 각자의 입장에서 자신의 주장을 논리적이고 설득력 있게 표현하도록 하며 동시에 학생의 토론 준비도, 의사소통능력, 사고력, 토론태도 등을 평가하는 방법이다.
- **실기시험**: 예 · 체능 교과에서 주로 활용되어 온 평가방법이나 이전의 실기시험

과 수행평가에서 강조하는 실기시험과는 약간의 차이가 있다. 즉 이전의 실기시험이 강요된 인위적 상황에서 주로 이루어진 반면, 수행평가에서의 실기시험은 실제 문제 상황에서 요구되는 능력을 평가하는 데 초점을 맞춘다.

- **실험 실습법:** 어떤 과제에 대해서 학생들로 하여금 직접 실험이나 실습을 하게 한 후 그 결과보고서를 제출하도록 하는 것으로 이를 통해 기자재 조작능력뿐만 아니라 지식을 적용하는 문제해결과정을 포괄적이면 종합적으로 평가한다.
- **컴퓨터 시뮬레이션:** 컴퓨터 보조수업(CAT)의 시뮬레이션 기법을 이용한 것으로 시간적, 공간적, 경제적 제한으로 실제 조작해 볼 수 없는 상황을 컴퓨터로 모의하여 실제와 유사한 상황을 제공하는 평가이다.

(5) 2009년 개정 교육과정에서의 평가활동

2009년 개정 교육과정에서는 중고등학교의 평가활동에 대해 언급하고 있다. 학교는 학교 교육 과정 편성과 운영의 적합성, 타당성, 효과성을 자체 평가하여 문제점과 개선점을 추출하고 다음 학년도의 교육과정 편성·운영에 그 결과를 반영한다. 또 학교에서 실시하는 평가활동은 다음과 같은 사항을 고려해서 이루어지도록 한다.

- 평가는 모든 학생들이 교육목표를 성공적으로 달성하기 위한 교육의 과정으로 실시한다.
- 학교는 다양한 평가도구와 방법으로 성취도를 평가하여 학생의 목표 도달도를 확인하고, 수업의 질 개선을 위한 자료로 활용한다.
- 교과의 평가는 선택형 평가보다는 서술형이나 논술형 평가 그리고 수행평가의 비중을 늘려서 교과별 특성에 적합한 평가를 실시하도록 한다.
- 실험·실습의 평가는 교과목의 성격을 고려하여 합리적인 세부 평가기준을 마련하여 실시한다.
- 정의적, 기능적, 창의적인 면이 특히 중시되는 교과의 평가는 타당한 평정기준

과 척도에 의거하여 실시한다.

- 학교와 교사는 학교에서 가르친 내용과 기능을 평가하도록 한다. 학생이 학교에서 배울 기회를 마련해 주지 않고, 학교 밖의 교육수단을 통해서 익힐 수밖에 없는 내용과 기능은 평가하지 않도록 유의한다.
- 창의적 체험활동에 대한 평가는 창의적 체험활동의 내용과 특성을 감안하여 평가의 주안점을 학교에서 작성, 활용한다.

3 문항 제작 및 양호도 분석

일반적으로 교육평가는 검사의 형태를 갖추어 실시하게 된다. 그런데 한 검사는 여러 개의 문항으로 구성되기 때문에 좋은 검사가 되기 위해서는 검사의 기본단위인 문항이 잘 구성되어야 한다. 여기서는 좋은 문항이 갖추어야 할 일반적인 조건, 다양한 문항유형 및 제작 원리 그리고 문항을 구성하는 과정을 다루고자 한다. 우선 좋은 문항을 제작하기 위해 검사제작자가 갖추어야 할 자질은 다음과 같이 요약할 수 있다(황정규, 1984; 김대현 · 김석우, 1996).

첫째, 문항제작자는 그 문항으로 평가하려고 하는 교과목, 그리고 그에 해당되는 교육과정을 충분히 이해하고 있어야 한다. 특히 해당되는 교수목표를 분명히 알고 이것을 문항 속에 투영시킬 수 있는 능력이 요구된다.

둘째, 피험자 집단의 심리적 · 교육적 특성을 잘 알고 있어야 한다. 학습발달수준뿐만 아니라 그들이 사용하는 어휘수준까지도 파악하고 있을 때 이들에게 어느 정도의 복잡성이나 난이도를 가진 문항이 적합할지를 결정할 수 있고, 정답의 단서나 모호성은 어느 정도 피할 수 있는가 등을 알 수 있다.

셋째, 자신의 생각을 정확하고 분명하게 표현할 수 있는 문장력을 갖추어야 한다.

아무리 좋은 생각을 가지고 있더라도 그 내용을 간결하고 명확하게 표현하지 못한다면 교수목표를 제대로 평가할 수 없다.

넷째, 문항 제작에 관한 해박한 지식을 가지고 있어야 한다. 다양한 문항유형 및 각 유형이 갖는 장점과 단점, 문항 제작에서 빠지기 쉬운 오류 등에 관한 이해가 있어야 하며, 문항분석을 통한 문항난이도 및 문항변별도의 조정방법을 알고 이를 통해 출제된 문항이 좋은 문항인지 아닌지를 평가할 수 있어야 한다. 그리고 문항들의 집합체인 검사의 타당도 및 신뢰도를 검증할 수 있어야 한다.

1) 학업성적의 평가문항 제작

학교에서 학습자의 학습 성과를 평가하기 위해서는 해당 표준화 학력검사를 이용할 수도 있지만 대개는 교사가 만든 지필고사를 사용하여 평가하게 된다. 지필 검사에 사용되는 문항의 유형은 채점방식에 따라 객관식과 주관식으로 피험자의 반응방법에 따라 선택형과 서답형으로 크게 구분된다. 선택형 문항은 주어진 답지 중 하나를 고르는 문항 형태를 말하며, 서답형 문항은 피험자가 정답을 직접 써넣는 형태의 문항을 말한다. 흔히 선택형 문항을 객관식 문항, 그리고 서답형 문항을 주관식 문항이라고도 하지만 사실상 서답형 문항 중 논문형만이 진정한 의미에서 주관식 문항이라 할 수 있다.

선택형 문항에는 진위형, 선다형, 배합형이 있다. 진위형은 피험자에게 진술문을 제시하고 그것의 진위, 정오를 판단케 하는 방법으로 흔히 양자택일형이라고 하며 OX 문항이라고 할 수 있다. 선다형은 문두와 함께 두 개 이상의 답지로 구성되며 문항은 의문문이나 불완전 문장으로 되어 있다. 중·고등학교의 경우 주로 4지 선다형을 많이 사용한다. 선다형은 다른 유형에 비해 결점이 적고, 다양한 내용을 다룰 수 있는 융통성과 포괄성이 있기 때문에 객관식에서 가장 널리 사용되고 있는 문항유형이다. 배합형은 일련의 전제와 일련의 답지, 그리고 전제와 답지를 배합시키는 지시문의 세 가지로 구성된다. 흔히 맞는 것끼리 줄을 긋거나 보기에 제시된 것들을 유목에 따라 분류시키는 형태가 주를 이룬다.

서답형 문항에는 단답형, 완결형, 논문형이 있다. 단답형은 의문문이나 명령문으로 제시되는 질문이며, 피험자가 간단한 단어, 어구, 수, 기호 등으로 답을 써넣는 형식이 된다. 이 형식은 주로 용어의 정의나 의미 등을 묻는 단순 재생 문항들이 많다. 완결형은 진술문의 일부분을 비워 놓고 거기에 적합한 단어, 구, 기호 등을 써넣는 형식이다. 흔히 괄호 넣기로 알려져 있다. 논문형은 지시와 질문에 따라 피험자들이 자유롭게 반응하도록 하는 것이다. 이 유형은 어떤 일정한 형식이 있는 것이 아니라 피험자의 반응을 거의 무한하게 허용하는 자유반응 유형이기 때문에 분석력, 비판력, 조직력, 종합력, 문제해결력 등의 고등정신 능력을 측정할 수 있고 주관식 문항이 된다.

선다형				
연결형(배합형)		완성형		
진위형		단답형		논술형
객관형	←	(유동적)	→	주관형

▌그림 8-1▌ 채점자의 주관성 개입 정도에 따른 분류

여기서 객관식 문항(선택형 문항 전부와 서답형 문항 중 단답형과 완결형)과 주관식 문항(논문형)의 장단점을 살펴보면 다음과 같은데 서로의 장점이 반대편의 단점으로 작용하는 경향이 있다.

객관식 문항의 장점으로는 첫째, 채점의 객관성과 신뢰성이 높다는 점이다. 객관식 문항에서는 정답이 분명하기 때문에 객관적으로 신뢰롭게 채점할 수 있다. 둘째, 교육내용을 골고루 표집하여 평가할 수 있다. 객관식에서는 비교적 많은 수의 문제를 출제할 수 있기 때문에 내용을 포괄적으로 다룰 수 있다. 셋째, 채점 및 통계분석이 쉽다. 주관식에 비하여 채점에 소요되는 시간이나 노력이 훨씬 적다. 그리고 각 문항에 대한 문항분석이 가능하고 이것을 기초로 쉽게 통계처리를 할 수 있다.

반면 객관식 문항의 단점으로는 첫째, 추측의 요인을 제거할 수 없다는 것이다. 특히 선택형은 주어진 답 중에서 고르는 문제이기 때문에 정답을 전혀 모르고서도 추측에 의하여 응답할 수 있다는 커다란 약점이 있다. 둘째, 단순 지식의 암기력을 측정하는 데 불과할 위험이 있다. 선택형은 아무리 문항을 잘 만들어도 여하튼 주어진 답 중에서 정답을 고르는 것이므로 고차적인 능력을 측정하기보다는 단편적인 지식의 기억만을 측정하게 될 가능성이 크며, 서답형 중 단답형이나 완결형 역시 수업에서 배운 내용을 단순히 암기하여 대답할 가능성이 높다. 즉, 단순한 암기력 측정에 빠질 위험이 크다. 셋째, 자기표현과 창의의 기회가 제한된다. 객관식 문항에서는 반응의 자유도가 아주 낮아서 수험자는 자기의 능력이나 의견을 자유롭게 창의적으로 표현할 수 있는 기회가 희박하다.

다음으로 주관식 문항의 장점은 첫째, 반응의 자유도가 크다는 데 있다. 논문형에서는 수험자가 비교적 자유스럽게 자신의 생각을 조직해서 자기가 원하는 방식으로 표현할 수 있다. 둘째, 고등정신 능력을 평가하는 데 효과적이다. 객관식 문항으로는 평가하기 어려운 사고력, 분석력, 창의력과 같은 이른바 고차적 능력을 측정할 수 있는 장점을 지니고 있다. 셋째, 비교적 문항 제작이 쉽다. 객관식 문항을 작성하려면 시간과 노력이 많이 드는 데 비하여 논문형 문항은 적은 노력으로 좋은 문항을 만들 수 있다.

반면에 주관식 문항의 단점을 살펴보면 첫째, 채점의 객관성과 신뢰성을 유지하기 어렵다는 것이다. 이것은 채점방식을 개선함으로써 어느 정도 극복할 수는 있으나 아무튼 채점을 하는 데 주관적 요인을 완전히 배제하기는 어려운 일이다. 둘째, 문항의 표본 수가 제한된다. 반응하는데 소요되는 시간이 길기 때문에 논문형의 문항을 한 검사 속에 많이 포함시킬 수 없다. 따라서 학습한 내용을 골고루 평가하지 못하고 어느 일부분에만 치중하기 쉽다. 셋째, 채점하는 데 많은 시간과 노력이 든다. 논문형의 문항을 채점하는 데는 엄청난 시간과 노력이 소모되기 때문에 채점에 소홀하기 쉽고, 이것은 채점의 신뢰성을 떨어뜨리는 한 원인이 된다.

표 8-3 문항 선택 준거

선택형	서답형(주로 논술형)
• 검사를 받을 대상 집단의 수가 많은 때 • 보다 신뢰로운 검사를 원할 때 • 검사의 공정성과 객관성이 보다 강조될 때 • 문항 제작자가 답안지를 정확하게 판단하는 것보다 선택형 문항을 제작하는 데 더 자신이 있을 때 • 문항을 채점할 시간 보다 제작할 시간이 더 많을 때	• 검사를 받을 대상 집단의 수가 적을 때 • 글에 의한 표현 능력을 강조하고 이를 배양하고자 할 때 • 수험자의 학업성취도보다는 그의 태도와 의견에 더 많은 관심이 있을 때 • 문항 제작자가 선택형 문항을 만드는 것보다 답안을 비판적으로 읽는 데 더 자신이 있을 때 • 문항을 제작할 시간보다 채점할 시간이 더 많을 때

평가문항의 작성에 있어서 어떤 문항형식을 택할 것이냐를 결정할 때 가장 중요한 것은 평가하려고 하는 내용을 적절히 측정해 낼 수 있는 문항유형이 어떤 것인가를 결정하는 일이다. 어떤 형태이든 장점과 단점을 가지고 있기 때문에 획일적으로 한 가지 방법이 좋다 혹은 나쁘다고 말할 수는 없다. 또한 한 검사에서 다양한 문항형식을 활용하여 문항들을 작성할 수도 있다. 따라서 검사문항을 만들 때는 이러한 다양한 형식 중 해당되는 검사가 목적으로 하는 바를 가장 잘 표현해 줄 수 있는 문항형식을 고르고, 각 문항형식에서 문항 작성상의 원리들을 참고하여 문항을 제작하는 일이 요청된다.

2) 문항양호도 분석

한 검사 속에 포함되어 있는 문항 하나하나가 얼마나 적합하며, 제구실을 하고 있는가를 검증·분석하고 문항의 개선을 목적으로 하는 것이 문항양호도 분석이다. 한 개의 검사는 여러 개의 문항들로 구성되어 있기 때문에 한 검사의 좋고 나쁜 정도는 결국 검사 속에 있는 각 문항의 양호의 정도에 따라 결정된다. 일반적으로 문항양호도 분석은 객관식 문항의 분석에 한정되며, 주관식 문항의 검증은 논리적인 방법으로 이루어지게 된다.

문항분석의 방법으로는 문항난이도, 문항변별도, 문항반응분포의 세 가지가 있다. 이 방법들은 전통적 측정이론에 기초를 두고 있기 때문에 주로 규준지향검사를 위한 것들이지만 목표지향검사에서도 적절한 보조 정보로서 활용 가능하다. 한편 목표지향검사에서는 최근 교수민감도라는 개념을 도입하여 한 문항이 교수방법의 효율성을 얼마나 민감하게 반영하는가를 측정하기도 한다.

(1) 문항난이도

문항난이도는 한 문항의 쉽고 어려운 정도를 의미하는데 실제로는 한 문항에 학생들이 정답을 한 비율로 정의된다. 문항난이도 지수는 정답의 백분율이기 때문에 난이도 지수가 높을수록 그 문항은 쉽다는 의미이다. 기본 공식은 P=R/N×100(P: 문항난이도 지수, N: 전체 사례 수, R: 정답자 수)인데, 선택형 문항일 경우 추측 요인을 고려하거나 미달항을 고려하여 변형된 공식을 사용하기도 한다. 문항난이도에 의해 문항을 평가하는 절대적 기준은 없으나 규준지향검사의 경우는 대개 20~80% 사이의 문항난이도를 가지고 평균난이도가 50% 정도일 경우 좋은 검사라고 본다. 그러나 목표지향검사의 경우는 '문항이 얼마나 어려운가'라는 견지에서 문항난이도를 보지 않고 '얼마 정도의 학생들이 목표를 달성했느냐'로 보아 난이도 지수가 높을수록 학생들의 목표 달성 정도가 높은 것으로 해석할 수 있다.

(2) 문항변별도

문항변별도는 한 검사의 개개 문항이 그 검사에서 득점이 낮은 학생과 높은 학생을 식별해 줄 수 있는 변별력을 말한다. 즉, 각각의 문항이 피험자의 상하능력을 얼마나 잘 변별해 내느냐를 뜻하며, 이를 변별도지수(D.I.)라 한다. 예를 들면 검사를 실시하고 나서 검사 총점을 기준으로 전체 점수가 우수한 상위집단과 점수가 낮은 하위집단으로 양분했을 때 상위집단에 속하는 피험자가 하위집단의 피험자보다 각 문항에 대한 정답의 확률이 높아야 변별도가 있는 문항이라 할 수 있으며, 그 정도의 차이를 나타내는 것이 곧 변별도지수인 것이다. 기본적인 변별도 산출공식은 다음과 같다.

$$D.I. = (HR-LR)/(N/2)$$

(D.I.: 문항변별도 지수, HR: 상위집단의 정답자 수, LR: 하위집단의 정답자 수, N: 사례 수)

문항변별도는 규준지향검사나 목표지향검사 모두에게 유용하게 쓰일 수 있다. 즉, 규준지향검사에서는 총점에서 성적이 좋은 사람과 나쁜 사람을 분명히 가려낼 수 있는 문항으로 구성된 검사가 좋은 검사이다. 만약 이 같은 기능을 제대로 못하는 문항이 많이 섞여 있으면 그만큼 규준지향검사의 타당성은 낮아진다. 일반적으로 규준지향검사의 경우 문항변별도가 .40 이상이면 변별력이 좋은 문항이라고 할 수 있으며, .20 미만인 문항은 변별력이 낮으므로 수정되어야 한다. 특히 변별도가 음수인 문항은 검사에서 반드시 제외시켜야 한다. 즉, 변별도가 0 이하라면 그 문항은 상하능력 집단을 변별하는 데 아무런 역할을 못했을 뿐 아니라 이상한 문항이다.

한편 목표지향검사에서도 한 학습과제에서 성공한 학생은 각 문항에서 성공할 확률이 클 것이고, 한 학습과제에서 실패한 학생은 그만큼 각 문항의 성공률이 낮을 것이기 때문에 규준지향검사와 같은 맥락에서 해석이 가능하다. 또한 이를 수업목표와 관련시키면 학습의 실패자와 성공자가 잘 변별되는 목표가 어느 것인지를 확인하는 데 중요한 정보를 제공한다.

(3) 문항반응분포

문항반응분포는 문항의 각 답지에 대한 반응의 분포상태를 분석함으로써 각 답지가 의도했던 바의 기능이나 역할을 하고 있는지 알아보는 것이다. 문항반응분포에서는 분석의 대상이 문항 그 자체가 아니라 문항 속에 포함되어 있는 각각의 답지에 대한 반응이며, 각 답지의 정답과 오답이 제구실을 했는지, 또 상위능력 집단과 하위능력 집단 간의 반응 형태는 어떤 차이가 있는가 등을 알 수 있다. 문항반응분포의 예는 [그림 8-2]에 제시되어 있다.

[문항 1]	[문항 2]	[문항 3]
① 54	① 90(*)	① 200(*)
② 140(*)	② 80	② 80
③ 53	③ 70	③ 0
④ 53	④ 60	④ 20
계 300	계 300	계 300

〈* 표는 정답자 수〉

그림 8-2 문항반응분포 분석 예

이 예에서 [문항 1]은 비교적 좋은 분포이며, [문항 2]는 정답이 제구실을 못하고 있다고 볼 수 있다. [문항 3]은 정답에만 몰려 있고 답지 ③과 ④는 제구실을 못하고 있다. 따라서 [문항 2]와 [문항 3]은 정답이나 오답을 다소간 수정할 필요가 있다.

문항반응분포의 이용은 규준지향검사와 목표지향검사에서 다소 다르다. 규준지향검사의 경우 각 문항은 대부분의 학생(약 50% 이상)이 정답에 반응하고, 그 나머지가 오답지에 비슷하게 분산되어 있을 것을 기대한다. 이렇게 될 때 문항은 각 학생의 능력 차이를 예민하게 변별할 수 있고, 또 오답의 역할을 제대로 수행할 수 있게 된다.

이에 반해 목표지향평가에서는 학습과제 초기단계에서의 문항은 많은 학생이 오답에 반응하고 정답에는 적게 반응하며, 학습이 진행되어 점차 학습과제의 종결에 이르면 이를수록 그때 실시한 형성평가의 문항에 오답반응을 하는 학생이 감소되어 가는 형상이 나타난다. 그러나 소수의 학생이 정답에 반응하고 대다수 학생이 오답에 반응하는 경우에도 허용문항으로 다룬다. 이 경우 형성평가에서는 문항자체가 제 역할을 못했다고 보지 않고, 교수-학습조건이 제대로의 역할을 못해서 학생이 성취수준에 도달하지 못한 것으로 간주한다. 이때의 문항반응분포에서 얻은 증거는 교수-학습과정을 개선하는 데 도움을 주는 정보로 사용되게 된다.

3) 정의적 특성의 평가

오늘날의 교육은 이른바 전인교육이나 인간주의 교육이라는 표현과 더불어 교육에서 정의적 특성의 중요성을 강조한다. 또한 이러한 맥락에서 우리나라 각급 학교생활기록부에는 행동발달 상황이라고 하여 근면성 · 책임감 · 협동성 · 준법성 · 자주성 등의 덕목이 나열되어 있다. 그러나 이처럼 정의교육의 당위적 주장과 필요는 강력하면서도 여전히 지적 교육이 지배적인 것이 현실이며, 또 그것이 당연한 것처럼 받아들여지고 있는 곳이 학교교육 현장이다. 사실 우리의 교육제도는 정의적 특성에 비해 지적 영역의 행동을 전통적으로 강조해 왔고, 이에 관련된 교수-학습이론과 기법에 관한 연구들이 행해져 왔다. 물론 이 점은 정의라는 개념 자체가 인지에 비해 훨씬 모호하며, 인지적 영역에 비해 평가의 대상과 방법이 불확실한 탓도 있다. 또한 정의교육의 책임은 학교에만 있지 않다는 생각 때문이다. 즉, 청소년이 도덕적으로 타락했다든지, 학생범죄가 대형화되고 흉폭화되어 간다는 소리가 들릴 때 그 탓은 학교교육이나 교사의 책임만이 아니라 가정과 사회전체의 책임이라고 보는 데에서 기인된 바도 있다(황정규, 1984).

그러나 인간교육, 전인교육을 목표로 하고 있는 오늘날의 교육에서는 인간 특성의 중요한 한 부분인 정의적 특성의 평가를 외면해서는 안 된다. 비록 아직은 지적 특성의 교육이나 평가처럼 성숙한 이론과 평가방법이 개발되지 못한 상태이지만 그러한 제약이 있음에도 불구하고 정의목표의 평가는 중시되어야 할 것이다. 이런 맥락에서 여기서는 교사들이 현장에서 정의적 특성을 평가하기 위해 가장 빈번히 또 간편하게 사용할 수 있는 방법으로 질문지법, 관찰법, 평정법에 대해 살펴보고자 한다.

(1) 질문지법

질문지는 어떤 문제에 관해 작성된 일련의 질문에 대해 피험자가 대답을 기술하도록 하는 방법이다. 질문지는 많은 학생들을 대상으로 해서 단시간에 일제히 실시할 수 있을 뿐 아니라 그 결과를 비교적 신속하게 통계적으로 처리할 수 있고, 면밀한 정의적 특성의 측정을 하기 위한 예비적 탐색으로서의 이점이 있기 때문에 널리 사용되고 있다. 질문지의 용도는 크게 두 가지로 분류된다. 첫째, 사실 확인에 관한 질문으로서 주로 학생의 가정생활 배경에 관한 사실을 묻는 것이 중심이 된다. 둘째, 의견, 판단, 태도, 감정과 같은 자아 관여가 깊이 작용하는 내용들을 묻는 질문으로 교사에 대한 태도, 흥미의 방향, 국가에 대한 감정 등을 묻는 것이 그 예이다.

질문지의 종류는 응답형식에 따라 구조적 질문지와 비구조적 질문지로 나뉜다. 구조적 질문지는 미리 반응이 나올 만한 여러 개의 유목 내지 선택지를 주어 고르게 하는 방법이며, 비구조화된 질문지는 피험자가 주어진 질문에 대해 비교적 자유스럽게 반응하도록 하는 방법으로 자유반응형 질문지라고도 한다. 이 두 유형은 각기 장단점을 가지고 있으며 서로 보완적으로 사용될 수 있기 때문에 필요에 따라 적절히 사용될 것이 요구된다.

(2) 관찰법

관찰은 도구를 사용하지 않는 측정이며, 만약 도구를 사용하더라도 그것이 측정받는 대상에게 영향을 미치지 않는 측정이다. 관찰을 사용하는 이유는 크게 두 가지이다. 첫째, 다른 측정방법으로는 사회적 상호작용의 과정을 방해할 위험이 있는 경우이다. 예컨대 질문을 할 경우 응답자가 질문받은 특별한 사건에 관심이 쏠려 다른 행동에 영향을 미칠 가능성이 있는 경우라면 질문지보다는 관찰이 적절하다. 둘째, 관찰대상자(행동자) 자신이 직접적인 정보원으로 부적당한 경우이다. 예컨대 피험자의 연령이 어리거나 언어 표현이 부족하다든지, 질문에 솔직히 답하기 어려운 내용이라든가 하는 경우 관찰에 의존할 수밖에 없다. 관찰의 방법으로는 자연적 관찰법, 전기적 관찰법, 행동요약법, 시간표집법, 장면표집법, 참여관찰법, 실험적 관찰법 등이 있고, 관찰내용을 기록하는 방법으로는 일화기록법, 체크리스트법 등이 있다.

관찰은 관찰자의 고도의 훈련과 역량에 의존하기 때문에 관찰의 성패는 관찰자에게 있다고 할 수 있다. 또 잘못된 관찰 결과에 의해 정의적 특성을 해석하고 판단할 때는 돌이킬 수 없는 큰 오류를 범하게 된다. 사실상 관찰은 인간 이해의 가장 기본적인 방법이기는 하지만 교사가 실시할 경우 교사의 입장에 따라 편파적인 관찰이 이루어질 수도 있다.

그런 면에서 관찰은 관찰시간, 관찰기록 방법, 관찰방법 등에 대해 사전에 신중한 계획을 세우고, 관찰자 자신의 편견이나 선입견 등이 작용하지 않도록 객관적인 태도를 견지하고, 상황조건들을 충분히 고려하여 해석하는 것이 요구된다. 또한 이에 관한 전문적인 지식을 갖추는 것이 요구된다.

(3) 평정법

평정법은 한 개인의 어떤 특성에 관한 의견을 특정 척도상의 유목이나 숫자에 의거해서 기록하고 정리하는 방법으로 교육평가의 모든 분야에서 널리 쓰이고 있는 방법 중 하나이다. 학교 장면에서 흔히 사용되는 평정법으로 숫자평정척은 평정의 단계를 1, 2, 3, …… 의 숫자로 표시하는 것이며, 도식평정척은 수평선 위에 기술문과 숫자를 함께 제시하는 것이고, 체크리스트평정척은 어떤 행동 특성의 일람표를 만들어 그러한 각 행동 특성이 일어났는지의 여부를 표시하는 방법이다.

이상에서 정의적 특성의 평가방법에 대해 살펴보았는데, 이 방법들은 나름의 장점과 단점을 지니고 있으므로 필요에 따라 적절한 방법을 사용할 것이 요구된다.

연구 및 토의 과제

1 교육평가의 개념과 그 기능을 간략히 정리해 보자.

2 규준지향평가와 목표지향평가를 비교하고 자신의 견해를 밝혀 보자.

3 객관식 문항과 주관식 문항의 장단점을 정리해 보자.

4 정의적 특성을 평가하는 방법을 간략히 정리해 보자.

5 다음의 각 개념들을 정리해 보자.

① 형성평가

② 문항난이도

③ 문항변별도

④ 문항반응분포

09

Chapter

생활지도와 상담

1. 생활지도의 개념
2. 생활지도의 영역과 활동
3. 상담활동
4. 학교폭력의 이해

학교교육에서 학습자에 대한 지도는 크게 학습지도와 생활지도로 나뉘게 된다. 학습지도는 교수–학습과정을 통한 교과활동을 말하며, 생활지도는 학생 개개인의 사회화나 자기실현을 도와주는 교과 외 활동을 의미한다. 사실 이 두 가지 특징적 활동은 교육이 있는 곳이면 언제 어디서나 큰 구분 없이 조화롭게 행해질 때 정상적인 교육이 운영되고 있다고 할 수 있다. 하지만 현실은 학생의 행동에 문제가 발생했을 때에만 생활지도의 필요성이 강조될 뿐 교사의 주요 업무내용으로 활성화되어 있지 못하다. 그러나 오늘날의 교육이 학생들의 통합적인 성장과 발달을 중시하는 전인교육을 지향하고 있다는 점에서 볼 때 생활지도는 매우 중요한 교사의 활동 영역이며, 따라서 생활지도에 대한 이해는 효율적인 교육활동의 수행을 위해 필요한 일이라 하겠다.

1 생활지도의 개념

1) 생활지도의 의의

생활지도는 영어의 'guidance'를 우리말로 옮긴 것이다. guidance의 동사인 'guide'는 안내한다, 이끌어 준다, 지도한다, 숙고한다는 뜻을 내포하고 있다. 우리나라에서는 교도, 지도, 향도 등의 말로 사용되어 왔다. 즉, 생활지도란 말 속에는 여행자가 안내자의 이끌림에 따라 그의 여행을 진행해 나가듯이, 학생이 교사의 안내에 따라 그가 겪고 있는 생활상의 모든 과제를 적절히 수행해 나간다는 뜻이 담겨 있으며, 개인으로 하여금 자기 자신과 자기를 둘러싸고 있는 환경을 잘 이해할 수 있도록 도와주는 전반적 활동이라는 의미로 사용된다.

생활지도란 여러 가지 의미를 지니고 있다. 트랙슬러(Traxler)는 생활지도를 모든 학생들로 하여금 자기가 가지고 있는 능력·흥미 및 인성적인 여러 특성을 이해하게 하여 이를 최대한으로 발전시켜 나가며, 또한 자신의 생활목표와 이것들을 결부시켜 드디어는 민주사회의 바람직한 시민으로 원만하고도 성숙한 자기지도를 해나갈 수 있도록 하는 과정이라고 했다. 또 존스(Jones)는 생활지도를 아동·학생이 생활의 문제들에 직면했을 때 자기 스스로 현명한 선택, 적응, 이해 등을 할 수 있도록 지도와 조언을 해주는 것이라고 보았다.

이와 같은 정의들을 종합해 볼 때 생활지도란 교육의 목적을 달성하기 위한 방법으로 학생의 일상생활에서 해결하여야 할 여러 가지 문제를 자력으로 해결할 수 있도록 도와주며 지도하기 위한 조직적 봉사활동이라고 할 수 있다. 이 정의가 내포하는 몇 가지의 개념적 특징은 다음과 같다(김경철 외, 1997).

① 생활지도는 하나의 과정(process)이다. 학교교육에 있어서 생활지도는 교과지도와 병행하는 비교과적 활동이며, 그러면서도 분명한 의도에 의하여 조직화된 하나의 과정이다.

② 생활지도는 조력(helping)이다. 즉, 발달상의 문제에 직면했을 때 그 문제를 해결해야 할 주체는 본인이며, 생활지도는 전문적인 조력을 제공하는 것뿐이다. 이러한 관점은 자율적인 문제해결에 의하여 자기지도력을 함양하려는 의도에서 비롯된 것이다.

③ 생활지도는 개인(individual)에 관심을 갖는다. 여기에서 개인이란 학교의 학생을 뜻하며, 보다 구체적으로는 정상적인 발달과정에 있는 학생을 의미한다. 그러므로 생활지도에 있어서는 전체보다는 개인이 일차적 관심의 대상이 된다.

④ 생활지도는 자신과 외계 환경의 이해를 돕는다. 이것은 개인으로 하여금 자기자신에 대한 객관적인 이해에 의하여 자기정체감을 확립하고 아울러 자기 자신을 둘러싸고 있는 환경조건에 대한 현실적 이해를 하도록 돕는다는 것이다. 이와 같은 이해는 건전한 적응의 전제가 된다.

2) 생활지도의 목적

생활지도는 학생들의 건전한 성장·발달을 돕기 위한 교육적 활동이다. 생활지도의 목적을 직접 목적과 간접 목적으로 나누어 살펴보면 다음과 같다(김경철 외, 1997).

(1) 직접 목적

① 아동 자신의 정당한 이해를 돕는다.

② 자기가 지닌 성장가능성으로 능력과 흥미, 기타 자질을 발견하게 한다.

③ 자기의 문제해결을 돕는다.

④ 다양하고 복잡한 생활현장 속에서 현명한 선택과 적응을 할 수 있도록 돕는다.

⑤ 장차 보다 건전하고 성숙한 적응을 할 수 있는 영구적 기초를 닦는다.

⑥ 각 개인의 신체적·지적·정서적·사회적 모든 면의 조화되고 통합된 인생을 즐겨서 사회에 공헌할 수 있게 한다.

(2) 간접 목적

① 교사들이 아동을 보다 정확하게 이해할 수 있도록 돕는다.

② 현직 교육활동을 통하여 생활지도 태도와 기능을 익힌다.

③ 전문직 봉사자로서의 능력을 기른다.

④ 교육 연구활동에 많은 도움을 준다.

3) 생활지도의 원리

생활지도의 원리를 생활지도의 기본 원리와 실천원리로 구분하여 살펴보면 다음과 같다. 생활지도의 기본 원리는 다음과 같다(김경철 외, 1997).

① **개인의 존엄과 수용의 원리:** 생활지도는 기본적으로 개인의 존엄성을 인정하고, 모든 개인이 한 인간으로서 존중받아야 한다.
② **자율성 존중의 원리:** 생활지도는 모든 개인이 정상적으로 발달하도록 도움을 주는 조력의 과정이다.
③ **적응의 원리:** 생활지도는 개인생활의 적응을 도와준다.
④ **인간관계의 원리:** 생활지도는 태도와 가치관의 변화와 같은 정의적 학습과 관련이 깊다.
⑤ **자아실현의 원리:** 생활지도의 궁극적인 목적은 모든 개인이 자아실현을 할 수 있도록 돕는다.

다음으로 생활지도의 실천원리는 다음과 같다.
① **계속 과정의 원리:** 생활지도는 일차로 만나서 끝나는 것이 아니라 진급, 진학, 취직 및 졸업한 후에도 계속 관심을 가져야 할 과정이다. 진학, 취직 및 이에 대한 정치활동, 추수지도 그리고 새로운 학교나 직장에 잘 적응할 수 있도록 하는 사전 지도 등이 필요하다.
② **전인적 원리:** 생활지도는 개인의 특수한 생활 영역이나 기능 등의 일부만을 취급하는 것이 아니고, 개인의 전체적 면을 다루어 지도하는 것이다.
③ **균등의 원리:** 생활지도는 문제아나 부적응아들의 문제만 해결해 주는 활동으로 잘못 이해하고 있는 경우가 많다. 생활지도는 전 아동의 가능성을 최대한 발달시키려고 하는 과정이다.
④ **과학적 기초의 원리:** 생활지도활동은 유아의 올바른 이해 및 그들 행동의 구체적·객관적 자료에 기초를 두고 출발해야 하는 것이다.
⑤ **적극성의 원리:** 생활지도는 소극적인 치료도 중요하지만 오히려 적극적인 예방지도에 중점을 두어야 한다.

⑥ **협동성의 원리**: 생활지도는 학교 전체 교사 상호 간의 협동은 물론 학교와 가정 또는 지역사회 인사들의 협동 없이는 그 효과의 극대화를 기할 수 없다.

⑦ **조직의 원리**: 생활지도는 구체적인 조직기구를 가지고 이루어져야 한다. 생활지도의 조직체제와 조직활동은 목표 달성의 효율적인 수단이 되기 때문이다.

4) 생활지도의 기본 방향

① 생활지도는 모든 학생을 대상으로 한다. 교육이 모든 학생을 대상으로 하듯이 생활지도의 대상도 모든 학생이다.

② 자율적인 지도능력의 함양을 기본으로 삼는다. 생활지도는 학생들에게 스스로 자기 행동을 이해하도록 하고, 변화를 가져오도록 돕는 역할을 해야 할 것이다.

③ 처벌보다는 선도 내지 지도를 앞세운다. 생활지도는 옳지 못한 학생들의 행동을 찾아내어 처벌하는 데 역점을 두는 것이 아니라 보다 적극적인 의미에서 학생들의 옳고 바른 행동을 찾아내어 그것을 북돋아 주고 이끌어 나가야 할 것이다.

④ 치료나 교정보다는 예방에 역점을 두어야 한다. 생활지도는 치료나 교정을 요하는 문제의 발견보다는 예방을 필요로 하는 문제의 발견에 더욱 힘써야 할 것이다.

⑤ 임상적 판단뿐만 아니라 과학적 근거에 기초한 판단에 역점을 두어야 한다. 생활지도는 학생의 이해와 행동에 대한 객관적이고도 구체적인 자료에 기초하여 시작되어야 한다.

⑥ 인지적 학습보다도 정의적 학습에 더 역점을 두어야 한다. 교육의 궁극적인 목표에 도달하기 위해서는 생활지도 측면에서 학생 개개인의 전인적 발달을 돕는 활동에 역점을 두어야 할 것이다.

2 생활지도의 영역과 활동

1) 생활지도의 영역

생활지도는 학생 개개인의 전인적 발달을 지향하고 있으므로 학교에서 수행하는 교육활동 전반에서 이루어지게 되는데, 구체적인 생활지도 계획을 수립하기 위한 관심 영역을 분류해 보면 다음과 같다.

(1) 교육지도

교육지도는 학교생활에 적응하는 데 도움을 주는 오리엔테이션, 교육 정보의 제공, 전공과목, 상급학교, 특별활동의 선택 등을 위한 상담, 학업 수행에 필요한 학습 습관이나 태도 육성, 학습방법의 지도, 졸업 후의 추수지도 등과 학습부진아, 우수아 지도 등이 포함된다. 특히 학업성적이 우수한 학생들보다 학습지진아, 가정환경으로 인한 문제아, 학교생활 전반에 대한 부적응아들에 대한 지도가 요구된다.

(2) 직업 및 진로지도

직업 및 진로지도는 학생들이 자신의 진로와 장래의 직업에 관련된 문제에 적극적인 관심을 갖고, 그 결과 적절한 진로 및 직업을 선택할 수 있도록 돕는 것이다. 여기에는 학생 개개인의 요구·흥미·적성·소질·능력을 발견하도록 돕는 일, 직업 정보의 제공, 직업준비교육, 직업상담, 취업 알선, 졸업 후의 추수지도 등이 포함된다.

(3) 인성 및 사회성 지도

인성지도는 학생들의 심리적 적응을 도와줌으로써 건전하고 조화로운 성격발달을 도모하는 것이다. 사회성 지도는 이러한 심리적 적응을 기초로 하여 집단생활에서 필수적으로 요청되는 원만한 대인관계의 수립을 포함한 사회적 적응이 잘 이루어지도록 도와주는 것이다.

이를 위해서 심리적으로 문제가 되는 성격적인 요소들, 즉 지나친 우월감과 열등감, 극단적인 수줍음, 공격적 태도, 이기주의, 자만심 등과 욕구좌절, 정서불안, 신경과민, 개인적 습관과 태도에 관한 것, 또 바른 인생관이나 도덕적 생활의 유지 등의 문제들을 상담하고 지도・조언해야 한다. 또한 가족, 친구나 이성 간의 관계 등 대인관계의 문제로 고민하는 학생들에게 도움을 주고, 더 나아가 합리적인 의사소통 방법, 관용정신, 협동과 봉사정신 등을 익히며, 민주적인 태도・기능・습관・협동정신을 함양하도록 도와주는 것이 필요하다.

(4) 건강지도

건강지도는 학생들이 건강의 중요성을 이해하고 자신의 건강을 위하여 적절한 대책을 세우도록 하며, 특별히 신체적 결함이나 운동 부족, 영양실조, 위생관념의 부족에서 오는 문제들을 지도・조언하는 것이다. 건강지도에는 신체적 건강지도, 정신위생지도, 공중위생・보건지도, 안전사고 대책지도 등이 포함되며, 건강기록을 통하여 학생 개개인의 건강상태를 점검하고 그에 따른 적절한 지도를 하여야 한다.

(5) 여가지도

여가지도는 가정이나 학교에서 학생들이 여가시간을 유용하게 이용할 수 있도록 지도・조언하는 것이다. 우리나라의 경우 학생들은 학교나 가정에서 사용할 수 있는 모든 시간을 공부하는 데 써야 한다고 생각하는 경향이 많기 때문에 교사나 학생 모두 여가라는 말에 익숙하지 않다. 그러나 여가를 활용하는 오락활동이나 취미활동은 정신건강의 증진은 물론 공부나 작업의 능률 향상에도 도움이 되기 때문에 지도할 필요가 있다. 우선 여가를 선용해야 하겠다는 자각을 하게 해주고 여가 시 할 수 있는 다양한 활동들을 알려주며, 경우에 따라서는 학교에서 그러한 활동을 할 수 있는 기회를 마련해 줌으로써 건전한 여가선용을 통해 자기성장을 추구해 나갈 수 있도록 도와주어야 한다.

이와 같은 생활지도의 관심 영역은 생활지도에 대한 이해를 도와주기 위한 편의적인 분류일 뿐 실제로 학교현장에서는 상당 부분이 서로 중복될 수 있다는 점도 고려해야 한다.

2) 생활지도활동

(1) 학생조사활동

생활지도의 기초적인 단계로서 학생들을 개별적으로 이해하는 데 필요한 기초적인 결과를 조사, 수집하는 활동이다.

❖ 조사활동의 영역

학생의 필요, 흥미, 문제, 성장가능성, 생활환경에 대한 이해를 위해, 학생에 관한 자료를 수집하기 위하여 가정환경, 지적 능력, 특별활동, 교외 활동, 지능·적성·흥미·성격, 장래의 희망 등이 포함된다.

❖ 조사활동의 원칙

- 객관적이고 신뢰도가 높은 정보이어야 한다.
- 수집된 정보는 문제해결에 필요한 사실과 요인이 포함되어야 한다.

- 다양한 방법과 기술에 의한 정보를 수집하여야 한다.
- 얻어진 정보는 기록하고 보관 활용해야 한다.

(2) 정보활동

학생들을 둘러싸고 있는 여러 가지 환경과 문제해결에 관련된 정보를 제공해 주는 활동으로 교육 정보, 직업 정보, 개인적·사회적 정보 등이 포함된다. 정보의 제공방법으로는 정보실이나 게시판을 통한 정보 제공, 각종 집회활동·홈룸(home room) 활동을 통한 정보 제공, 특별활동반을 통한 정보 제공, 정보활동을 위한 특수행사(오리엔테이션)를 통한 정보 제공방법 등이 있다.

(3) 상담활동

생활지도의 중핵적인 활동으로 지도·조언을 담당하는 상담자와 지도·조언을 받을 피상담자와의 문제해결을 위한 역동적 활동으로 지시적 상담, 비지시적 상담과 절충적 상담이 있다. 상담활동의 궁극적인 목표는 학생(상담자)으로 하여금 학생 자신과 자신의 문제를 이해하고 그것을 해결할 수 있는 능력을 배양하며 최대한의 자율적 성장을 할 수 있도록 돕는 데 있다.

(4) 정치(定置)활동

학생의 능력에 맞는 환경에 위치시키는 활동으로서 직장의 선택, 특별활동이나 홈룸 또는 클럽활동의 부서 배치, 상급학교나 특정한 학교에 입학하는 등 다음 단계로 옮겨가는 데 적성에 맞도록 조력을 하는 활동이다.

(5) 추후(추수)활동

상담활동을 통하여 지도를 받은 학생이 어느 정도 건전하게 적응하고 개선되었는가를 알아보고, 그 결과를 송환시켜 새로운 생활지도 계획의 자료로 삼는다. 여기에는 재학생, 퇴학생, 졸업생 등이 포함된다.

3 상담활동

상담은 생활지도의 핵심적인 활동이기 때문에 중요하나 상당히 전문적인 지식을 요하는 활동이므로 관련된 능력이 부족하다고 생각하는 교사들은 자칫 이러한 활동을 피하기도 하고 혹은 잘못된 방식으로 진행될 수도 있다. 그러므로 교사들에게는 적절한 상담관계를 형성하고 자연스럽게 전개할 수 있는 관련 지식의 이해와 실제 경험의 축적이 필요하다. 상담에는 개별상담과 집단상담의 두 가지 방법이 있다. 이 양자는 개인의 계획 · 행동 · 적응 등을 돕는다는 동일한 목적을 가진 수단인 점에서는 다를 바가 없다. 따라서 개별상담이든 집단상담이든 간에 학생지도란 궁극에 있어서는 학생들의 자아실현을 도와주는 것이어야 한다. 이상적인 학생지도는 개별상담과 집단상담의 어느 하나에만 의존하는 것이 아니라 이 양자를 서로 조화시켜 사용하는 것이다.

1) 상담의 개념

상담(counseling)이란 라틴어의 'consulere'에서 유래된 것으로 고려하다, 반성하다, 깊이 생각하다, 조언을 받거나 구하다 등의 뜻을 포함하고 있다. 상담의 정의는 학자마다 다양하나 상담이란 '도움이 필요한 사람(내담자)과 전문적 훈련을 받은 사람(상담자) 사이의 관계에서 내담자가 겪고 있는 어려움과 문제들을 해결하고, 나아가 문제의 예방과 내담자의 사고, 감정 및 행동 측면의 인간적 성장을 위해 노력하는 학습과정'이라고 할 수 있다(구광현 외, 2005). 즉, 내담자의 자기이해, 의사결정 및 문제해결이 이루어지도록 상담자가 전문적으로 도와주는 과정이라고 볼 수 있다.

학교현장에서 볼 때 학생과 교사 간의 수용적이고 구조화된 관계 속에서 학생이 자신과 환경에 대하여 의미 있는 이해를 증진하도록 하고, 그 스스로가 효율적으로 의사결정을 하며 여러 가지 심리적 특성을 긍정적인 방향으로 변화시키도록 도와주어 결과적으로 학생의 성장과 발전을 촉진시키는 심리적 조력의 과정이라고 할 수 있겠다.

2) 상담의 목표

상담은 상담을 받은 사람의 자발적인 변화를 촉진하기 위한 조건들을 제공하는 데 있다. 이러한 상담의 일반적인 목표는 다음과 같다.

(1) 행동 변화

상담은 좀더 생산적이고 행복한 생활을 하는 데 방해가 되는 행동을 감소시키거나 제거시키고 개인이 만족하고 성공적인 생각을 하는 데 도움이 되는 행동을 형성하거나 증가시키는 것을 목표로 한다.

(2) 정신건강의 촉진

상담은 단순한 부적응 행동의 치료에 멈추는 것이 아니라 좀더 적극적으로 정신건강을 촉진하는 것을 목표로 한다.

(3) 문제의 해결

상담은 피상담자의 문제를 해결하는 것을 목표로 한다.

(4) 개인적 효율성의 증진

상담은 피상담자의 사고・행동・결정의 효율성을 증진하는 것을 목표로 한다.

(5) 의사결정

상담은 피상담자 스스로 어떤 결정을 내리도록 돕는 것을 목표로 한다.

3) 상담관계의 형성

상담은 상담관계의 형성에서부터 출발한다. 상담관계는 부모와 자녀관계, 교사와 학생관계, 의사와 환자와의 관계, 친구관계 등과는 다른 성질의 관계이며, 제반 인간관계 중에서 가장 심층적이고 온정적인 관계라고 할 수 있다. 따라서 상담자가 아무리 훌륭하고 전문적인 기법을 지니고 있더라도 이러한 기본적 관계를 형성하지 못한다면 그 상담은 실패로 끝날 가능성이 높다. 이러한 상담관계의 형성에 대해 상담분야에서는 친화감(rapport)의 형성이란 표현을 쓰기도 한다. 이러한 상담관계 형성을 위해 요구되는 몇 가지 측면들을 살펴보면 다음과 같다.

(1) 수용

수용은 무조건적・긍정적인 존경 혹은 비소유적 온정을 의미하며, 거부나 부인과 대립되는 개념이다. 수용은 내담자를 고유한 한 인간으로 보며 그 가치를 인정하는 것에서 출발한다. 수용에는 첫째, 존재 그 자체의 수용을 포함한다. 즉, 인간적 결점이나 과오 등에 관계없이 그가 한 인간으로 존재하고 있으며, 지금보다 더 향상되고 발전되어야 할 가치와 필요가 있음을 존중하는 것이다. 둘째로 인간의 제 특성의 수용을 포함한다. 즉, 내담자의 개인차 등을 고려한 신체적 · 지적 · 성격적 특징들을 수용하고 이들 내담자들의 여러 특성들이 보다 바람직한 방향으로 성장하도록 기대하고 원조해야 한다. 셋째, 인간의 구체적인 행동을 수용하는 것을 포함한다. 행동의 잘잘못을 떠나서 그러한 행동이 있었음을 과장하거나 왜곡하지 않고 하나의 사실로 받아들이는 것이다.

(2) 공감적 이해

공감적 이해는 감정이입적 이해 또는 내적 준거체제에 의한 이해라고 부르기도 하며, 객관적 사실에 의한 이해나 이론적 이해와는 대비되는 개념이다. 공감적 이해는 내담자의 입장이 되어서 그를 이해하는 것이다. 즉, 내담자의 입장이 되어 그가 지닌 감정, 의견, 가치, 이상, 고민, 갈등을 가지고 그가 처해 있는 여러 상황에서 보는 것이다. 상담자는 내담자가 하는 말의 내용에서 표현된 언어의 의미를 넘어서 말의 이면에 포함된 감정적인 의미, 즉 정서, 의도, 갈등, 고통 등을 이해해야 한다. 이런 뜻에서 상담자는 '제3의 귀를 가지고 들어라'라는 표현을 한다. 마음의 소리를 듣기 위해서 상담자는 내담자의 비언어적 표현에 담겨진 의미와 감정을 이해해야 한다.

또한 상담자는 내담자가 자신의 행동을 통해 추구하는 궁극적인 동기가 무엇인가를 이해해야 한다. 내담자가 추구하는 궁극적인 동기 내지 긍정적인 동기를 이해하게 되면 수단과 목적이 혼동해서 생기는 심리적인 문제를 현실적으로 해결할 수 있는 실마리를 찾을 수 있게 된다.

(3) 일치

일치란 내적인 경험과 그에 관한 인식의 합일을 말하며, 한걸음 더 나아가 경험과 인식에 관한 표현이 모두 합치되는 것이다. 상담자가 자신의 내적인 경험과 그 표현을 일치시키지 못한다면 상담은 성공적으로 진행되기 어렵다. 파괴적 경험을 숨김없이 명료하게 하되 이것을 통해 상담관계를 향상시키고, 내담자가 부정적인 감정이나 경험을 삶의 과정에서 어떻게 표현해야 하는가를 학습할 수 있도록 도와주어야 한다.

일치는 수용과 공감적 이해가 선행되지 않고서는 불가능할 것이다. 예컨대 내담자가 한 잘못된 행동을 하나의 사실로 받아들이고, 그에 대해 의논할 자세가 되어 있지 않다면 상담자는 자신의 감정과 행동을 일치시킬 수 없을 것이며 결국 상담관계는 원만하게 이루어지지 못할 것이다. 일치는 상담자 안에서만 필요한 것은 아니다. 이는 상담자와 내담자 그리고 상담의 목적 등에도 필요하다. 상담자와 내담자가 상담을 통해 도달하려고 하는 목표와 동기가 일치될 때 상담은 효과적으로 이루어질 수 있다.

4) 상담의 과정

상담의 계기가 마련되어야 상담이 시작된다. 상담의 계기가 마련되는 것은 다음과 같은 세 가지 경우이다. 첫째, 피상담자가 자신이 원해서 상담자를 찾아오는 경우이다. 둘째, 상담자가 상담을 필요로 하는 학생을 발견해 그 학생을 상담에 응하도록 하는 경우이다. 셋째, 교사나 학부형 등이 학생을 상담자에게 보내옴으로써 상담이 되는 경우이다. 이러한 상담의 단계는 면접 전 활동, 면접 중 활동, 면접 후 활동으로 나누어 볼 수 있다.

① **면접 전 활동**: 상담면접의 보다 효과적인 운영을 위한 준비로서 상담자는 누가

기록부의 분석과 추가적인 자료 수집을 통하여 면접할 학생에 관한 구체적이고 종합적인 정보를 파악한다.

② **면접 중 활동**: 상담자와 피상담자가 대화하고 문제를 분석하고 진단・해석하며 조력한다.

③ **면접 후 활동**: 상담면접에서 상담자가 얻은 정보나 면접과정에서 나타난 특기할 만한 사항이나 앞으로의 지도를 위한 시사 및 면접과정의 전반적 상황을 기술하여 계속적인 지도를 위한 기초 자료를 만드는 일과 다시 같은 문제로 면접할 필요가 없다 해도 면접 후에 그 학생이 건전한 적응을 하고 있는가를 알아보고 평가하는 추수활동이 포함된다.

상담이 시작되어 끝나는 단계에 이르는 모든 과정은 상담자, 내담자, 문제의 특성, 상담 시의 여러 상황 등에 따라 각각 다른 모습을 지니게 되며, 상담의 이론과 학자에 따라 서로 다른 단계를 제시하기도 한다. 여기서는 인본주의적 관점을 취하고 있는 로저스(Rogers)의 12단계를 간략히 살펴보고자 한다(이승원 외, 1997).

① 1단계: 내담자는 도움을 받고자 온 것이다. 많은 경우 표면상 자신의 결정이 아니라 주위의 강요 때문에 오게 되기도 하며, 그래서 아주 수동적이고 거부적인 자세를 취하기도 한다. 이때 상담자는 내담자의 이와 같은 태도를 인지하고 명료하게 해주면 내담자는 점차 상담에 대해 상담자와 자신이 공동 책임을 지는 방향으로 변화하고 마침내 자기결정으로 받아들이며 책임을 지게 된다.

② 2단계: 상담이라는 상황을 정의한다. 내담자는 상담자가 자기 문제에 대한 해답을 가지고 있는 것이 아니며, 내담자가 원할 경우 상담자의 도움으로 자기 스스로 문제를 해결해 나가는 것이 상담이라는 점을 이해해야 한다.

③ 3단계: 상담자는 내담자가 문제에 관한 감정을 자유롭게 표현하도록 격려해 준다.

④ 4단계: 상담자는 내담자가 표출하는 부정적 감정을 받아들이고 정리해 준다.

⑤ 5단계: 부정적 감정을 완전히 표현할 수 있게 된 후에는 미약하고 잠정적이기는 하지만 성격발달에 보탬이 되는 긍정적 감정과 충동이 나타나게 된다.

⑥ 6단계: 상담자는 내담자의 부정적 감정을 받아들인 것과 마찬가지로 긍정적 감정을 인정하고 받아들인다.

⑦ 7단계: 부정적 감정과 긍정적 감정을 경험하면 자기이해와 자기수용, 즉 통찰이 나타난다.

⑧ 8단계: 통찰과 뒤섞여서 여러 가지 의사결정을 할 수 있는 길이 선명하게 보이게 된다.

⑨ 9단계: 내담자는 긍정적인 행동을 취하게 된다.

⑩ 10단계: 보다 깊은 통찰과 성장이 이루어지는 단계이다.

⑪ 11단계: 이제 내담자는 보다 안정되고 통합된 긍정적 행동을 점점 더 많이 하게 된다.

⑫ 12단계: 이제 도움받을 필요를 덜 느끼게 되고 내담자는 치료관계를 종결해야겠다는 생각을 하기에 이른다.

4 학교폭력의 이해

1) 학교폭력의 개념

학교 내외에서 학생을 대상으로 발생한 상해, 폭행, 감금, 협박, 약취・유인, 명예훼손・모욕, 공갈, 강요・강제적인 심부름 및 성폭력, 따돌림, 사이버 따돌림, 정보통신망을 이용한 음란・폭력 정보 등에 의하여 신체・정신 또는 재산상의 피해를 수반하는 행위를 학교 폭력이라고 한다.

학교폭력은 학생을 대상으로 하는 폭력이므로, 가해자가 학생이 아니더라도 피해자가 학생인 경우 반드시 피해학생에 대한 보호조치를 실시해야 한다. 가해자가 학생이 아닌 경우에는 해당 사안을 경찰 등 수사기관에 반드시 신고해야 한다.

2) 학교폭력의 종류

가해자에 대한 선도, 피해자에 대한 보호 등에 관한 학교폭력법 상 학교 내 절차가 진행되는 학교폭력의 종류에는 주먹이나 발이 오고가지 않는 유형도 많다.

(1) 신체적 폭력

- 일정한 장소에서 쉽게 나오지 못하게 하는 행위(감금죄)
- 신체를 손, 발로 때리는 등 고통을 주는 행위(상해죄, 폭행죄)
- 강제(폭행 · 협박)로 일정한 장소로 데리고 가는 행위(약취죄)
- 상대방을 속이거나 유혹해서 일정한 장소로 데리고 가는 행위(유인죄)

(2) 언어적 폭력

- 여러 사람 앞에서 상대방의 명예를 훼손하는 구체적인 말(성격, 능력 등)을 하거나 그런 내용의 글을 인터넷, SNS 등으로 퍼뜨리는 행위(명예훼손 죄) → 내용이 진실이어도 범죄이고, 허위인 경우 가중 처벌
- 여러 사람 앞에서 모욕적인 용어(외모 놀림, 병신, 바보 등 비하하는 내용)를 지속적으로 말하거나 그런 내용의 글을 인터넷, SNS 등으로 퍼뜨리는 행위(모욕죄)

(3) 금품갈취, 강요

- 속칭 뻥(금전) 뜯기(공갈죄)

- 옷, 문구류 등 빼앗기(공갈죄)
- 폭행 또는 협박으로 상대방의 권리행사를 방해하거나 의무 없는 일을 하게 하는 행위(강요죄) → 속칭 빵 셔틀, 와이파이 셔틀 등

(4) 따돌림

- 집단적으로 상대방을 의도적・반복적으로 피하는 행위
- 다른 학생들과 어울리지 못하도록 막기(강요죄)
- 싫어하는 말로 바보취급 등 놀리기(모욕죄)
- 빈정거림, 면박주기, 골탕 먹이기 등(모욕죄)

과거의 학교폭력은 소수의 문제 학생에 의해 주로 발생했으나, 최근에는 다수의 학생들에 의해 반복적, 정서적 폭력의 형태로 이루어지는 하나의 문화현상으로 변질되고 있다. 학교 폭력의 79%가 학교 내에서 일어나며 약 21%가 그 외의 장소에서 발생한다. 대부분의 학교폭력 사건이 학교 내에서 이루어지고 있는 점을 생각해 보면, 학교폭력이 장기적으로 이루어 질 가능성이 많다. 또한 피해학생이 학교를 떠나지 않는 한 혹은 가해 학생이 학교를 나오지 않는 한 학교폭력에서 벗어나는 것이 힘들다. 이러한 특성으로 학교폭력의 피해자는 일화적인 피해가 아닌 더 큰 신체적・정신적 고통을 겪게 될 가능성이 높아 학교폭력에 대한 이해와 대책이 필요하다.

연구 및 토의 과제

1. 생활지도의 의의와 그 특징을 각자 정리해 보자.

2. 생활지도의 원리를 정리하고 토론해 보자.

3. 상담의 경험을 서로 발표해 보자.

4. 학교폭력의 종류에는 어떤 것들이 있는지 정리해 보자.

5. 다음의 개념들을 간략히 설명해 보자.
   ① 공감적 이해
   ② 일치
   ③ 친화감(Rapport) 형성
   ④ 정치(定置)활동
   ⑤ 추후지도 활동

10

Chapter

교육행정

1. 교육행정의 기초
2. 교육행정이론의 발달
3. 학급경영
4. 장학론

본 장에서는 교육의 지원과 운용체제로서의 교육행정에 대한 기초적인 이해를 돕고자 한다. 이를 위해 교육행정이 무엇인가 하는 교육행정의 개념, 그 성격과 기본원리, 교육행정이론 등에 관해 간략히 살펴보고자 한다.

1 교육행정의 기초

교육이란 일정한 조직 속에서 체계적으로 이루어질 때 그 효과가 크다고 할 것이다. 근대 이후 공교육체제로 특징지어지는 학교교육은 교육행정체제를 갖추고 계획적이며 조직적으로 운영된다. 실제적으로 교육활동이 이루어지려면 일정한 교육조직이 구성되고 교육제도가 마련되어야 한다. 또한 교육에 대한 정책을 논의하고 교육계획을 수립한 후 교육행정적 뒷받침과 지원을 받아야만 교육활동이 가능해진다. 교육을 위한 조직의 구성과 같은 준비단계에서부터 학습자와 학습활동을 하고 평가를 하는 과정에 이르기까지 행정적 지원은 꼭 필요한 것이다.

1) 교육행정의 개념

교육행정(educational administration)에 대한 개념은 학자마다 달리 진술하고 있고, 또 어디에 강조점을 두느냐에 따라 다양하게 정의되고 있다. 대체로 많이 논의되어 온 교육행정의 정의들을 정리하면 다음과 같다(정래찬, 2013).

(1) 조건정비설

조건정비설은 교육행정을 교육에 필요한 제반 조건을 정비, 지원해 주는 기능으로 정의한다. 교육에 있어서 '교수-학습'을 핵심으로 보고 '행정'을 보조 수단의 성격으로 보고 있다고 하겠다. 교육행정은 교수-학습 활동이 원활히 이루어지도록 이에 필요한 인적, 물적 자원을 조달 정비하여 효율적으로 활용할 수 있도록 지원, 봉사하는 기능이라는 것이다. 그런데 조건정비설은 교육행정을 수단적, 기술적 측면을 너무 강조하여 행정 주체의 권력 작용을 소홀히 했다는 비판을 받고 있다.

(2) 국가공권설

국가공권설은 교육행정을 교육에 대한 국가의 행정작용으로 보는 입장이다. 교육행정을 국가의 권력기관이 교육정책을 실현하는 과정으로 보는 것으로, 교육법규를 해석하고 교육정책을 집행하는 것에 중점을 두며 교육행정에 있어서 권력적 · 강제적 요소를 강조한다. 국가공권설은 교육행정을 일반 행정의 과정 속에 매몰시켜 교육행정의 전문성 · 독자성 · 특수성을 해칠 위험성이 있다. 법규해석적 정책집행은 그 자체가 중앙집권적이고 관료통제로 흐를 위험성이 있다.

(3) 행정과정설

행정과정설은 기업관리가 일정한 절차에 따라 수행되듯이 교육행정도 일정한 절차를 통하여 이루어진다는 관점이다. Fayol은 과학적 접근으로 기업을 효율적으로 관리할 수 있다고 주장하면서 기획(planning), 조직(organizing), 명령(commanding), 조정(coordinating), 통제(controlling) 등 5개의 기능을 제시한 바 있다. 이 밖에 글릭(Gulick), 시어즈(Sears) 등도 나름대로 단계를 설정하였다. 행정과정설은 교육행정을 이와 같은 여러 기능들이 수행되는 과정으로 보고 있는 것이라 하겠다.

(4) 협동행위설

협동행위설은 교육행정을 교육조직의 공동목표를 달성하기 위해 여러 사람들의 집단적인 협동행위로 정의한다. 행정이 행정가 한사람의 단독행위가 아니라 여러 사람들과 같이 협력하여 이루어지는 집단행위이며, 이럴 때에야 공동목표를 효율적으로 달성할 수 있다고 믿는 것이다. 교육행위 자체가 교사와 학생, 학부모, 행정직원, 상·하급 유관 교육기관, 지역사회 인사 등의 이해와 관심이 맞물려져 있다는 점에서 당연한 접근이기도 하다.

(5) 경영설

이는 경영주의적 관점에서 교육행정을 보는 입장으로서, 능률과 생산성을 그 어는 것보다 중시한다. 성과와 이윤의 극대화를 우선으로 하는 경영의 성격이 공공적 가치 추구를 우선으로 하는 행정의 성격과는 구분된다. 하지만 교육경쟁력 강화가 중시되는 추세와 맞물려 교육에 있어서도 효율성과 효과성이 점점 더 강화되고 있는 것이 사실이다.

(6) 포괄설

표괄설은 여러 정의들의 미비점을 보완하여 보다 포괄적으로 교육행정을 정의하는 것이라 하겠다. 교육목적 달성을 위해 교육관련 법규와 제도 및 정책을 입안, 집행하고 교수-학습에 필요한 제 조건을 정비, 지원, 봉사하는 협동적 집단행위가 교육행정이라는 것이다.

이와 같은 교육행정의 정의유형들을 종합해 본다면 결국 교육행정이란 교육의 법적 기초 위에서 교육정책에 따라 교육목표를 설정하고, 교육목표의 달성을 극대화할 수 있도록 교육조건을 정비·확보하여 교육활동을 효과적으로 수행할 수 있도록 하는 협동적 지원·관리활동이라고 말할 수 있다.

2) 교육행정의 성격

교육행정은 개념의 정의에서 밝혔듯이 일반 행정과 공통된 점을 많이 가지고 있다. 행정활동에서 조직의 공동목표 달성을 위한 합리적 협동행위나 인사, 시설, 재정 등의 관리 및 지도, 감독하는 일들은 어느 조직이나 공통적으로 가지고 있는 성격이라 하겠다. 그러나 교육행정은 그 고유의 특수성이나 독자성도 지니고 있다. 교육행정의 성격을 간략히 살펴보면 다음과 같다(김종철, 1982; 윤정일 외, 1996; 김경철 외, 1997; 정래찬, 2013).

(2) 교육행정의 성격

교육행정의 성격은 그 기능 면에 있어서 상당 부분 일반 행정과 공통된 점을 가지고 있으면서도 교육행정 고유의 특수성을 지니고 있다.

① 조성적 · 봉사적 성격

교육행정은 교육을 위한 행정으로 인적 · 물적 여러 조건을 정비, 확립시키는 것을 목표로 하는 조성적 성격을 지니고 있다. 또한 교육행정은 적극적으로 사회의 공공복지를 증진시키는 것을 목적으로 하고 있으며, 경찰행정처럼 권력의 행사에 의존하는 것이 아닌 지도 · 조언을 수단으로 하는 정신적 · 물질적 봉사에 역점을 두는 행정이다.

② 수단적 · 기술적 성격

교육행정이 설정된 교육목표를 달성하기 위해서는 교육을 위한 행정이 요구된다. 교육행정은 교육목표 달성을 위하여 인적 · 물적 제반 조건을 정비하는 수단적 성격을 지니고 있다. 아울러 교육목표를 효과적으로 달성하기 위해서는 진보적이고 발전적이며 창조적인 기술이 요구되고 있다.

③ 민주적 · 중립적 성격

우리 국가의 기본이념이 민주주의 이념을 바탕으로 하고 있으므로 교육행정의 민주화는 당연히 요구되는 것이다. 최근 교육의 민주화 · 자율화가 강하게 표출되고 있는데 교육행정에서 민주화가 되어야 할 핵심적인 대상은 조직 · 인사 · 내용 · 운영 등 네 가지라고 지적하고 있다(윤정일 외, 1995). 교육행정조직의 민주화는 중앙교육행정, 교육청, 학교의 조직이 자율성과 민주성에 바탕을 두고 이루어져야 하며, 교육인사제도 역시 엄정한 인사평가에 근거를 두고 적재적소 원칙에 따라 교직원을 배치해야 한다.

이러한 교육행정의 민주화를 위해서는 교육행정이 정치, 종교, 당파로부터 분리되어 중립적인 입장을 유지해야 한다. 교육의 정치적 중립성을 보장하기 위한 방법으로는 교육행정이 일반 행정으로부터 분리 · 독립되어야 하며, 특히 교육재정의 자주적 운영이 선행되어야 한다. 물론 교육의 정치적 중립은 상대적인 것이지 절대적인 것은 아니다. 왜냐하면 교육이 정치와 완전히 절연하여 존재할 수는 없기 때문이다.

④ 독자적이고 특수한 성격

교육행정의 특수한 성격은 교육행정에서만 찾아볼 수 있는 것으로 타 부문의 행정과는 구별되는 교육에 더 강조점을 둔 독자적인 성격이라 할 수 있다. 교육행정의 특수성에 대해 캠벨 등은 사회에 대한 중요성, 공개성과 공공성, 기능의 복잡성, 관계의 친밀성, 직원의 전문성, 평가의 곤란성 등 여섯 가지를 제시하였다(R. F. Campbell, et al., 1968). 정태찬은 교육행정의 독자적 성격으로 전문성, 복합성과 친밀성, 포괄적 책임성, 공개성과 민감성, 장기성과 비긴급성, 측정 및 예측 곤란성을 들고 있는데, 간략히 정리하면 다음과 같다(2013; 33-37).

- **전문성:** 교직은 인격을 육성하는 전문직으로서 교원들은 광범위한 자율과 책임을 가지고 있다. 이들은 장기간의 교육을 통해서 교육에 관한 숙련된 지식과 기술을 바탕으로 공익에 봉사하는 전문적인 집단이다. 교육조직 역시 복잡하고 전문화된 조직으로서 다양한 특성을 가진 교사, 학생, 사무직원들로 구성되어 있으며, 이러한 조직을 관리 · 지원하는 행정단위는 고도의 전문성과 독창성이 요구된다. 교육성취의 복잡성과 예측이 어려운 교육을 대상으로 하는 교육행정은 어떤 분야의 행정보다 전문성이 요구되는 것이다.
- **복잡성과 친밀성:** 교육은 전문직으로서 불확실성, 불안정성, 복잡성 등 다양한 특성을 지니고 있으며, 이에 다라 교육행정도 복잡하고 불분명한 교육을 대상으로 하기 때문에 그 목표와 과업 및 절차나 방법 면에서 복잡성을 띤다. 또한 교육행정은 여러 조직 구성원, 그 밖에 여러 교육관계 인사들과의 친밀한 유대 속에서 수행된다. 교육의 효율성을 높이기 위해 학교는 물론 가정, 사회의 지원과 협력이 필수 요소인 것처럼, 교육행정 역시 상 · 하급 교육기관은 물론 교사, 학생, 학부모 및 지역사회와의 친밀한 유대와 협력 속에서 제대로 역할을 수행할 수 있게 된다.
- **포괄적 책임성:** 교육행정에 있어서 자율성에 뒤따르는 책임성도 매우 포괄적이다. 교육행정은 타 분야의 행정과 달리 단순히 법적 규정과 행정 지침을 완수하는 것으로 만족되지 않는다. 학생들의 전인적 성장에 관여하는 교육행정의 경우에 법적, 행정적 책임은 물론 윤리적이고 사회적인 책임도 뒤따른다고 하겠다.
- **공개성과 민감성:** 정보와 지식 및 기술을 학생들에게 전달하고 이것들을 생활에 적용할 수 있는 능력을 길러주는 교육의 경우, 정보와 지시 및 기술은 공개적일 수밖에 없다. 그러므로 교육행정 역시 그 목표와 과정 및 결과 면에서 특별히 비공개로 비밀리에 이행될 이유가 없다. 아울러 교육은 전사회적 관심사이

기 때문에 학생, 학부모, 지역사회 및 정부 관계 인사들 모두 교육행정에 민감하기 마련이다. 정보사회가 보편화 되면서 이러한 현상은 더욱 강화될 것이다.

- 장기성과 비긴급성: 교육행정은 타 부문의 행정에 비해 투입-산출이 장기적이며 비긴급적이다. 교육이란 행위가 장기적인 관점에서 논의되어야 하는 만큼 당연한 것이다. 긴박하게 계획되고 돌발 상황에 대처하는 행정들과는 구분되어야 한다. 그러나 교육행정이 장기성과 비긴급성을 띤다고 하여 타 분야의 행정보다 쉽거나 덜 중요하다는 것을 의미하지는 않는다. 오히려 교육행정이 장기적인 안목에서 체계적으로 계획되고 운용되어야 더욱 바람직하고 효율성을 높일 수 있다고 보아야 한다.
- 측정 및 예측 곤란성: 교육의 성과를 측정하기 어려운 것처럼 교육행정의 효과도 측정하기 어렵다. 측정도 측정이거니와 측정 결과에 대한 교육적 가치를 해석하는 일도 쉽지가 않다. 우리 사회가 추구하는 교육적 가치의 합의도 쉽지 않고, 교육당사자 간 이해관계나 기대감도 서로 다르기 때문에 한 가지 잣대로 측정하기가 쉽지 않다. 아울러 학생들의 교육성과 역시 지 · 덕 · 체의 전인적 발달측면에서 측정되고 예측되어야 한다.

3) 교육행정의 기본 원리

교육행정은 설정된 교육목표를 효율적으로 달성하고 제 기능을 발휘하기 위해서 따라야 할 규범과 원리가 있으며, 본질적으로 지향해야 할 이념이 있다. 교육행정의 기본 원리는 법규상으로 본 기본원리와 운영상으로 본 기본원리로 구분해 볼 수 있다. 교육행정학자들의 주장에 따라 약간의 차이가 있으나 여기서는 8가지의 운영상으로 본 기본원리를 제시하고자 한다(김종철, 1982; 윤정일 외, 1995; 김경철 외, 1997; 이병환 외, 2013; 정래찬, 2013 등 참조).

(1) 민주성의 원리

민주성의 원리는 교육행정을 수행하는 데 독단이나 편견을 배제하고, 교육에 관한 중요 정책을 수립함에 있어서 교육 관련 집단의 광범한 참여를 통하여 공정한 민의를 반영하며, 결정된 정책의 집행과정에 있어서도 권한의 위임을 통하여 기관장의 전횡을 막도록 하는 것으로 국민을 위한 행정을 의미한다.

즉, 교육행정이 국민의 의사를 행정에 반영하고 국민을 위한 행정을 해야 한다는 것을 의미한다고 하겠다. 각종 교육기관 또는 교육행정기관의 장이 그 기관의 운영에 대하여 궁극적인 책임을 가지고 있음에도 불구하고 여러 가지 위원회나 심의회 같은 것을 두어 정책의 결정과정에 있어서 중지를 모으는 것이나, 교직원회, 협의회, 연구회 등을 통하여 의사소통의 길을 개방하고 일방적인 명령이나 지시보다는 협조와 이해를 기초로 하여 사무를 집행해 나가는 것이 민주성 원리의 실천이라고 하였다.

(2) 효율성의 원리

효율성은 효과성(effectiveness)과 능률성(efficiency)을 나타내는 것으로 이는 교육활동에 있어서도 최소한의 인적·물적 자원과 시간, 노력, 비용 등을 투입하고 최대의 효과, 즉 교육적 성과를 가져오게 하는 것을 말한다. 그러므로 효율성은 교육행정의 주요 원리 중의 하나이다. 특히 현대 교육조직을 둘러싸고 있는 여러 가지 상황 변화를 감안할 때 효율성의 문제에 보다 많은 관심을 두지 않을 수가 없다. 교육의 책무성에 대한 일반 사회인의 인식이 높아가고 있으며 교육 규모가 비대해지면서 그 기능이 점차 복잡 다양해지고 있는 점을 들고 있다.

그러나 효율성의 원리는 최소의 노력과 경비로 최대의 효과를 내도록 하는 경제성의 원리이나, 지나치게 강조할 때 교육의 본질이 손상될 수도 있다는 것을 유념해야 한다.

(3) 전문성 보장의 원리

교육행정은 교육을 위한 행정이므로 교육활동의 본질을 이해하고 교육의 특수성을 스스로 체험하며, 교육행정에 관한 이론과 기술을 습득한 훈련을 쌓은 전문가가 담당하여야 한다는 것이다.

교육에 대한, 교육행정에 대한 전문적 소양을 쌓지 않은 사람이 교육행정을 담당할 때 그 피해는 막심할 수 있다. 학교풍토의 특수성이나 교육성과의 장기성 등을 이해하지 못한 채 단기간의 성과적인 교육행정에 집중하여 교육의 피폐를 가져왔던 많은 사례들이 그 위험성을 반증한다고 하겠다.

(4) 안정성 유지의 원리

안정성의 원리는 교육활동의 지속성, 일관성, 안정성을 확보하기 위한 원리이다. 교육정책이 국민의 합의과정을 거쳐 수립・시행될 경우 장기적 안목에서 계속적으로 안정성이 유지되어야 한다. 왜냐하면 교육활동은 그 본질상 장기적 성격이 많이 내포되어 있기 때문에 빈번한 개편이나 개혁은 오히려 행정의 낭비를 초래하고 효율성이 저하되기 쉬우므로 교육정책의 안정 기조 유지와 일관성 있는 집행과정을 지속적으로 보장할 필요가 있기 때문이다.

(5) 적응성의 원리

이 원리는 안정성 유지의 원리와는 대칭되는 것이다. 교육행정이 시대의 발전에 신축성 있게 적응해 나감으로써 능률성을 신장시켜야 함을 의미한다고 하겠다.

시대가 변하고 사회의 각 분야가 변화, 발전됨에 따라 교육에 대한 요구 수준도 달라지게 마련이다. 교육행정에 대한 기대도 달라짐은 당연하다. 수십 년 전의 교육행정 수행 방식만 고집한다면, 교육발전을 저해하는 장애로 남게 될 수 있다. 이런 점에서 안정성의 유지를 염두에 두면서도 교육적 요구와 사회변화에 신축성 있게 대응하는 노력이 조화되어야 한다.

(6) 합목적성의 원리

타당성의 원리라고도 할 수 있는 데, 바람직한 교육정책을 세우고 그 정책의 목표에 타당한 교육행정 활동이 되어야 한다는 것이다. 교육행정 그 자체는 목적이 될 수 없다. 교육과 관련하여 지원, 봉사를 하던, 관리・감독을 하던, 법을 수립하고 실행에 옮기든 그 어떤 교육행정 행위도 교수-학습을 포함한 교육활동에 부합되도록 이루어져야 한다.

(7) 균형성의 원리

균형성의 원리는 교육행정이 어느 특정의 교육 이념이나 목표에 치우치지 않고 이것들을 골고루 반영해야 한다는 원리이다. 또한 여러 이념과 원리들 간의 적절한 균형의 유지가 필요하다는 원리이기도 한다. 민주성과 능률성의 원리 사이에 있어서나 적응성과 안정성의 원리 사이에서의 균형을 얻는 것을 필요하다.

(8) 다양성 및 선택의 원리

다양성의 원리란 교육행정에 있어서 다양한 요구들을 반영할 수 있어야 함을 의미한다. 교육행정은 학교, 교원, 학생의 개별적인 요구에 부응하는 지원 및 조성 활동임으로 이들의 개성과 전문성을 최대한 실현할 수 있도록 다양성을 추구해야 한다. 이는 교육활동과 제도운영에 있어서의 표준화와 획일화를 극복하고 교육의 다양성을 조장하는 것이다. 이러한 다양성 추구는 교육선택권의 존중과 단위 학교 특성의 존중 원리와 밀접하게 연결된다.

2 교육행정이론의 발달

교육행정학 이론의 발달은 시대와 학자에 따라 다양하게 발전해 오고 있는데 크게 네 단계의 발전으로 나누어 볼 수 있다(오영재 외, 1999). 첫째 단계는 1900년부터 1930년대에 과학적으로 능률을 강조하는 과학적 관리론, 행정관리론, 관료제 등의 고전적 조직이론, 둘째 단계는 1930년부터 1950년대 사람에게 관심을 둔 인간관계론과 행동과학론이다. 세 번째 단계는 1960년대부터 과학적 및 행동적 개념과 그 제한점을 인식하고 개념을 통합하고자 하는 체제이론이며, 네 번째 단계인 현대에 들어서서는 교육행정의 주요 이론이 정책결정으로 발전해 오고 있다. 여기서는 간략히 과학적 관리론, 인간관계론, 행동과학이론, 체제적 접근에 대해 살펴보기로 한다(허영부, 1998; 이병환 외, 2013 등 참조).

1) 과학적 관리론

과학적 관리론의 테일러(F. W. Taylor)가 주장한 이론으로 핵심은 인간도 생산과정에서는 하나의 기계로서 작용하는 것이라고 보는 관점이다. 그리하여 이는 직업수행에 있어서 낭비와 비능률을 제거하고 생산과정에서 필요한 지식과 기술을 활용해서 생산의 효과를 올리려는 이론이다. 특히 시간과 동작의 연구를 통하여 인간의 생산 활동을 정확히 측정하고 분석하여 작업과정에서의 시간과 동작상의 낭비를 제거하여 작업의 효율화를 도모하고자 하였다. 그는 과학적 직무분석을 통해 직원을 선발하고, 협력관리와 기능적 감독을 통해 과학적으로 관리하고자 했다.

과학적 관리론은 교육행정에서도 경비절감을 위하여 적용・시도되었는데, 그 대표적 학자는 스폴딩(F. E. Spaulding)과 보비트(J. F. Bobbitt)이다. 보비트는 교육에서도 기업체에서와 마찬가지로 생산품(학생)의 표준화, 생산방법(교육방법), 생산자(교원)의 자격 및 교육과 훈련 등에 과학적 관리론을 적용할 수 있다고 보았다.

이러한 과학적 관리론은 관리의 과학화를 도입함으로써 생산성 향상에 크게 기여한 바는 있으나 인간을 기계의 부품처럼 다룬다는 비판을 받고 있다. 특히 학교에서의 교육을 마치 공장에서 제품을 생산하는 과정과 같은 것으로 생각하는 오류를 범하기도 하였다.

2) 인간관계론

과학적 관리론에서는 인간적 요소가 생산과정에서 기계부품으로 작용한다고 보는데 비하여 인간관계론에서는 인간적 요소가 중시되는 이론이다.

인간관계론은 1924~1932년까지 약 8년간 미국 시카고 근교의 서부전기회사의 호손공장에서 메이요(E. Mayo)와 그의 동료들에 의해 수행된 호손연구(Hawthorne Studies)를 토대로 성립된 이론이다. 조명실험, 전화계전기 조립실험, 면접프로그램, 배전기 권선작업 관찰실험 등을 통해 얻어진 결론은 다음과 같은 것들이었다.

- 경제적 유인만이 중요 동기가 아니며, 비경제적인 사회적 제재가 경제적 유인 효과를 제한한다.
- 노동자들은 개인으로서가 아니라 비공식집단의 성원으로서 관리층에 반응한다.
- 생산수단 생리적 능력에 의해서보다는 비공식조직의 사회적 규범에 의해 더 제한된다.
- 전문화가 반드시 가장 효과적인 조직을 만들어 내는 것은 아니다.
- 비공식적 지도자는 종종 공식적 지도자만큼 중요하다.
- 개인은 적극적인 존재이지 수동적인 기계의 톱니바퀴가 아니다.

인간관계론은 호손연구를 통해 그 이론적 근거가 확립되었으며, 폴렛(M. P. Follet),

메이요(E. Mayo), 레빈(K. Lewin), 여취(W. A. Yauch), 그리피스(D. E. Griffiths) 등에 의해 발전되었다.

폴렛은 행정에서의 인간관계 중요성을 강조하고 모든 조직에서 기본적인 과제는 역동적이며 조화로운 인간관계를 유지·발전시켜야 하는 것으로 보았다. 그리하여 행정에서의 심리적 측면을 중시하여 경직된 과학적 원리와 조직의 원리에 역동감과 창의적인 민주정신을 도입하였다.

인간관계론은 교육과 교육행정에 커다란 영향을 미쳤다. 과학적 관리론이 조직운영에서 합리적·이성적인 측면을 강조하였던 것에 비하여 인간관계론은 조직운영면에서 인간의 정서적·심리적 측면을 강조함으로써 조직구성원의 소속감, 응집력, 사기 등을 높여 주는 데 기여하였다. 인간관계론은 교육행정에서 인간관계를 중시하는 민주적 행정의 원리를 제시했다고 할 수 있다.

3) 행동과학이론

인간관계론이 조직구성원의 인간적·심리적 측면을 강조함으로써 생산성을 향상시키는 데 기여한다는 것을 밝혔으나, 실제 조직운영에서 구성원의 어떤 인간적 요소를 어떻게 통제하여 생산성을 향상시킬 수 있는가에 대해서는 아직 밝혀지지 않았다.

행동과학이론은 과학적 관리론과 인간관계론 양자 간의 입장이 불완전하다고 생각하여 두 이론 간의 갈등을 통합하려는 노력을 전개하는 과정에서 행동과학적 접근을 시도하게 되었다. 인간의 행동과 조직과의 관계를 정립하여 조직의 생산성을 향상시키려는 이론이며, 조직 내의 인간행동을 연구하여 행정이나 경영에 효율성을 높이려는 이론이다.

초기 행동과학이론의 정립에 관심이 많았던 학자는 버나드(C. I. Barnard)와 사이

몬(H. Simon)이었다. 버나드(Barnard, 1938)는 조직을 사회적 협동체로 보고 조직의 요소로서 의사소통, 협동, 공동의 목적 등을 제시하였다. 그는 조직 내의 비공식 집단의 중요성을 강조하면서 공식적 조직과 비공식적 조직 간에 상호작용의 불가피성을 주장했다. 또한 그는 조직이 최대한의 목표 달성을 위해서는 조직 중심적이고 조직목표 달성에 우선을 두는 효과성과 구성원 중심적이고 구성원들의 만족과 사기를 강조하는 능률성이 균형을 이루어야 한다고 했다.

행동과학이론은 교육실제에 많은 영향을 미쳤다. 특히 행동과학이론은 학교의 교육목표 설정에 있어서 종래의 추상적인 목표 설정으로부터 구체적인 행동목표를 진술하는 데 크게 영향을 미쳤으며, 교육행정에 있어서도 종래의 규범적 형태의 연구가 체계적이고 분석적인 형태의 연구로 전환되면서 현장 중심의 학문으로 발전하는 양상을 띠게 되었다.

4) 체제적 접근

1960년대부터 등장하기 시작한 체제이론이 교육행정의 기초 이론으로 도입되어 교육조직의 이해와 교육경영의 개선에 필수적인 것으로 인정받고 있다. 행동과학이 조직 내의 인간행동을 연구하여 조직의 생산성을 향상시키려고 하였지만 복잡하게 얽힌 조직의 동태를 파악하는 데는 한계가 있었다. 그리하여 조직의 생산성 향상과 관련되는 각종 체제를 연구하기 시작하였다. 현대 조직이론에서는 조직의 행동을 체제론적 관점에서 기술하고 분석하려는 경향이 있다.

체제이론은 생물체제에 관심을 둔 버타란피(L. V. Bertalanffy, 1950)의 일반체제이론에서 출발하여 로프(A. Lwoff, 1966)에 와서는 일반체제이론을 생물학에 적용하면서 조직을 살아 있는 유기체에 비유하여 세포는 집단으로 분자는 개인으로 보고 체제이론을 전개하였다(김경철 외, 1997).

체제(system)는 여러 가지 요소나 부분으로 구성되고 이들이 구성하는 하위체제들은 상호작용하며, 이러한 체제들은 목표를 가지고 전체 체제 속에서 움직이게 된다. 또한 이러한 체제는 실체(entity)로서의 체제와 방법으로서의 체제로 나뉜다. 실체로서의 체제는 목적지향성, 전체성, 개방성, 전환, 상호관련성, 통제기제 등의 속성을 가지고 있으며, 방법으로서의 체제는 체제분석과 체제종합으로 나누고 체제의 역동적 과정으로서 투입, 전환과정, 산출로 나누어 조직을 운영하기도 한다.

교육행정에서의 체제이론, 즉 체제적 접근은 단절된 사고를 지양하는 체계적이고 총체적인 사고를 특징으로 한다는 점에서 교육의 계획이나 정책의 수립, 교육적 의사결정 등 다양한 영역에서 그 유용성을 인정받고 있으며, 체제 각 요소에 대한 효율적인 관리를 통해 교육 산출의 극대화를 기할 수 있는 이점을 가지고 있다. 이상에서 살펴본 교육행정체제의 개념을 모형으로 제시하면 [그림 10-1]과 같다(윤정일 외, 1995).

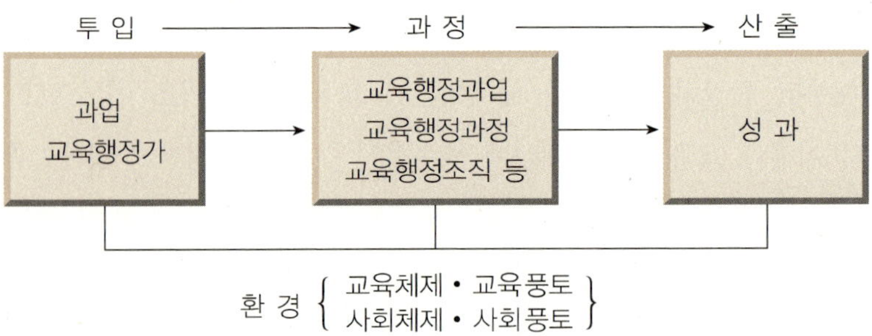

[그림 10-1] 교육행정체제의 개념모형

3 학급경영

1) 학급경영의 개념

학급경영(classroom management)의 의미는 매우 다양하나 크게 질서유지로서의 학급경영, 조건정비로서의 학급경영, 교육경영으로서의 학급경영으로 나눌 수 있다(김충기 외, 2002). 질서유지로서의 학급경영이란 학급경영을 학급활동의 질서를 유지하기 위해 교사가 학급에서 행하는 모든 활동으로 보는 관점이다. 조건정비로서의 학급경영이란 학급경영을 수업을 위한 학습 환경을 조성하는 일로 보는 입장이다. 그리고 교육경영으로서의 학급경영은 학급경영을 경영학적 관점에서 교육조직을 경영한다는 차원으로 보는 입장이다. 이 관점은 학급조직도 다른 조직과 유사한 기능을 수행한다고 보고 다른 조직을 경영하는 방식을 학급경영에도 적용하려고 한다. 다만 학급이 교육조직이므로 교육조직의 독특한 경영 특색이 반영되어야 한다고 보고 있다.

학급경영을 교육경영으로 보는 입장에서 학급경영을 정의하면 학급의 목적을 효율적으로 달성하기 위하여 인적·비인적 자원을 활용하여 계획, 조직, 지도, 통제하는 일련의 활동을 통해서 학급을 운영하는 협동적 활동이다. 이 정의 속에 포함된 주요 요소는 조직의 목적, 자원의 사용, 경영과정, 협동체이다. 이들 요소를 중심으로 학급경영의 정의를 부연하면 다음과 같다.

- 학급경영은 학급의 목적을 추구하는 활동이다.
- 학급경영은 교육자원을 획득하고 배분하고 활용하는 활동이다.
- 학급경영은 계획, 조직, 지도 및 통제 등의 일련의 활동과정으로 이루어진다.
- 학급경영은 집단적 협동체 활동이다.

2) 학급경영의 원리

학급경영을 구상하고 전개하는 데 있어서는 학급을 어떠한 원칙에 입각하여 어떠한 방향으로 운영하겠다고 하는 학급경영의 방침 내지 원리가 필요하다. 학급경영의 네 가지 일반적 원칙을 소개하면 다음과 같다(김충기 외, 2002).

첫째, 교육적 학급경영의 원리이다. 이는 모든 학급경영 활동이 교육의 본질과 목적에 부합되도록 운영하는 것을 의미한다. 교육은 인간 성향의 가변성을 믿고 개인이 지닌 잠재적 가능성을 최대로 발전시키고자 하는 노력이다. 따라서 학급경영은 인간은 교육을 통해서 성장 · 발전한다는 신념 아래 학생 개개인의 지적 · 정의적 · 신체적 능력을 최대로 개발하여 자아실현된 인간에 도달할 수 있도록 운영되어야 한다.

둘째, 학생 이해의 학급경영 원리이다. 학생 이해의 학급경영이란 학급경영의 구상과 전개가 학생의 이해를 기반으로 하여 이루어져야 한다는 것이다. 효과적인 학급경영을 위해서는 학생의 발달단계에 따른 지적 · 정서적 · 신체적 · 사회적 발달의 여러 특징과 학습능력 및 준비도, 그리고 집단의 역학과 사회적 · 심리적 이해를 근거로 하여 학급의 여러 활동이 구성되고 운영되어야 한다.

셋째, 민주적 학급경영의 원리이다. 민주적 학급경영은 민주주의의 이념(인간 존중, 자유 · 평등, 참여, 합의 등)에 입각하여 학급을 경영하는 것을 말한다. 즉, 민주적 학급경영에서는 학급 구성원 개개인의 인격이 존중되고 자유로운 학급 분위기가 조성되며, 학생 스스로 결정할 수 있고 책임질 수 있는 자율적 행동이 조장된다. 이러한 민주적 학급운영은 학급이 민주주의의 학습장이라는 의미에서도 그 의의가 크다고 할 수 있다.

넷째, 효율적 학급경영의 원리이다. 효율적 학급경영은 효과적이고 능률적으로 학급을 운영함을 말한다. 학급경영의 효과성은 학급의 목표를 달성함과 동시에 학급 구성원의 심리적 만족을 충족시키는 학급운영을 통해서 증진시킬 수 있을 것이다.

3) 학급경영의 단계별 과정

학급경영의 계획 수립을 위한 단계별 과정을 간략화한다면 다음과 같이 제시될 수 있을 것이다(김충기 외, 2002).

- 제1단계: 교육목표의 확인-학급경영의 교육목표를 재확인하고 그 목표에 따른 방침을 세운다.
- 제2단계: 지도계획-학급목표를 달성하기 위한 구체적인 지도계획을 수립한다.
- 제3단계: 실시-구체적인 계획에 위거하여 실행한다.
- 제4단계: 평가와 반성-학급경영에 대한 평가와 반성을 한다.

4 장학론

1) 장학의 개념

장학(supervision)에 대한 개념은 학자들에 따라 그리고 시대적 변화에 따라 변화되어 왔는데 그 개념의 변화를 정리하자면 다음과 같다(허영부, 1998).

- 장학의 기본 성격에 있어서 전체주의적인 독학(督學)에서부터 민주적인 지도·조언으로 변화하였다.
- 장학의 대상 영역이 확대되어 교사의 근무실태 평정이라는 좁은 영역에서 탈피하여 교육과정 전반에 걸친 장학으로 확대되었다.
- 장학의 방법에 있어서도 독학을 위한 학교방문에 머무르지 않고, 학교방문, 연구수업, 연구협의 등 다양한 방법을 적용하는 방향으로 변화하였다.

이와 같이 장학의 개념은 교육사조의 변천, 교육행정의 전문화 및 민주화, 교육기술의 발달 등 다양한 영향에 의해 변화하여 왔다. 이러한 변화를 고려하면서 장학에 대한 개념을 설정한다면 교수행위의 개선을 위해 교사에게 제공되는 장학 담당자의 모든 노력이라고(윤정일 외, 2003) 할 수 있으며, 교수・학습활동을 도와주는 행정적, 수업적인 제 조력활동의 성격을 띠고 있다.

2) 장학의 기능

장학은 교사의 전문적 성장, 교육경영의 합리화 및 학습 환경의 개선을 위한 전문적・기술적인 보조 활동이요, 봉사활동이므로 그 기능 역시 장학의 목적을 효율적으로 달성할 수 있도록 지원하는 역할을 담당해야 한다. 그 기능을 네 가지로 정리하면 다음과 같다(김충기 외, 2002).

첫째, 교사의 전문적 성장을 돕는 것이다. 교사의 건전한 교육관을 비롯해 가치관・태도 및 교육에 대한 투철한 사명감, 교과에 대한 지식과 기술 및 학습지도와 생활지도 방법의 개선 등 교육활동 전반에 걸쳐 전문성을 발휘하도록 도와야 한다.

둘째, 교육과정 운영의 개선을 돕는 것이다. 학교경영의 중추가 교육과정의 운영이다. 교육목적을 달성하기 위해 어떤 내용을 어떻게 선정・조직하여 어떤 방법으로 가르쳐 어떻게 평가하느냐의 문제가 바로 교육과정의 운영이다. 사회의 발전을 유도하기 위해서만이 아니라 거기에 적응하기 위해서라도 계속적인 교육과정 운영의 개선이 필요하며, 장학이 이 기능을 도울 수 있어야 한다.

셋째, 교수・학습지도 개선을 돕는 일이다. 이는 교육과정을 돕는 일에 포함될 수 있으나 이것을 독립시킨 것은 교내 장학 내에서는 이미 설정된 교육과정의 개선도 중요하지만 다양한 교수・학습의 방법론을 전개시키면서 개선・발전시키는 것이 더욱 중요하다. 그리고 현대 장학의 궁극적인 목적은 교수・학습지도 개선을 위한 지도・조언이라 할 수 있다. 여기서는 교수・학습지도 방법을 비롯하여 교재・교구 등과 학습 환경 구성에 이르기까지 기술적 문제에 대한 지도・조언 기능을 가리킨다.

넷째, 교육환경과 교육 관리의 개선을 돕는 일이다. 교수・학습을 위한 학습 환경을 개선해 주는 일에서부터 제반 물리적 환경과 심리적 환경을 구성해 주어야 하며, 또한 학교교육 계획에서부터 조직관리, 인사관리, 재무관리, 시설관리, 사무관리 등 제반 행정활동의 개선을 돕는 일이다. 즉, 세 번째 기능이 수업장학이라면 이것은 행정장학 기능의 일부라 할 수 있다.

3) 장학의 유형

장학의 유형에는 크게 행정조직상의 장학 유형과 장학방법상의 유형으로 구분해 볼 수 있다(이병환 외, 2013; 정래찬, 2013 참조).

(1) 행정조직상의 장학 유형

이는 행정 조직 수준에 따른 분류라고 할 수 있다.

- 국가수준의 장학: 중앙장학으로 교육부 내에서 이루어지는 모든 장학을 의미한다. 교육활동의 전반적인 기획, 조사, 연구, 관리, 지도, 감독을 통해 중앙의 교육행정업무를 보좌하는 참모활동을 주축으로 이루어진다. 주로 교육부의 장학관, 교육연구관, 교육연구사에 의해 이루어진다.
- 지방수준의 장학: 각 도의 지방교육청 및 그 하부기관인 시・군・구의 교육청을 중심으로 이루어진다. 최근에는 단위학교의 주도적 참여로 운영되는 컨설팅 장학이 도입・운영되고 있다.
- 학교수준의 장학: 단위 학교에서 교육활동 개선을 위하여 자율적으로 교장과 교감을 중심으로 하여 전체 교직원들이 공동으로 노력하는 과정이라 할 수 있다.

주로 교수-학습의 질을 개선하기 위한 수업장학의 형태를 취하고 있다.

(2) 장학방법상의 유형

- **임상장학**: 교사의 전문적 성장을 도와주기 위해 장학담당자와 교사의 1 : 1의 체계적이고 집중적이며 치밀한 계획으로 이루어지는 장학이라 하겠다.
- **동료장학**: 동료교사들 간에 그들의 교육활동 개선을 위하여 공동으로 노력하는 과정으로, 엄격한 격식이나 철저한 협의 절차 없이도 가능하기에 편리성을 지니고 있다.
- **마이크로티칭**: 한 교사의 수업진행과정을 필름으로 형상화하고 수업절차, 교수방법 및 학습내용을 장학담당자와 함께 보면서 피드백을 제공하는 형태를 띤다.
- **자기장학**: 교사 스스로 자신의 전문적 성장을 위하여 체계적인 계획을 세우고 이를 실천하며 평가·반성하는 과정이라고 할 수 있다.
- **전통적 장학**: 전통적으로 실시해온 장학으로 행정적 장학, 약식 장학이라고 한다. 교장이나 교감이 예고 없이 잠시 방문하여 교사들의 근태와 수업진행상황을 확인하고 간단히 피드백을 해주는 방법이다.

4) 장학의 새로운 동향(이병환 외, 290-291)

① 교사의 자발성과 자율성을 전제로 한 장학의 방법이 강조되고 있다.
② 교육의 질 향상을 위한 수업개선에 초점을 두는 경향이 강조되고 있다.
③ 장학의 형태 및 방법에서 다양화 및 개별화의 중요성이 증대되고 있다.
④ 교사와 장학담당자 간의 원만한 인간관계가 강조되고 있다.

연구 및 토의 과제

1 교육행정에 대하여 정의를 내려 보자.

2 교육행정의 성격을 정리해 보자.

3 교육행정의 원리에 대해 정리해 보자.

4 교육행정의 대표적 이론들을 간략히 정리하고 각각 그 의의와 한계점을 찾아 보자.

5 학급경영의 원리를 자신의 말로 설명해 보자.

6 현대 교육행정에 있어서 장학의 기능을 정리해 보자.

7 다음의 각 개념들을 정리해 보자.
① 과학적 관리
② 비공식조직
③ 체제
④ 동료장학

11

Chapter

교직과 교사

1. 교사의 역할
2. 교사의 자질과 바람직한 교사상
3. 교직의 이해
4. 교직윤리

교사는 학생들의 교육환경의 핵심을 구성하면서 교육의 과정에 강력한 영향력을 행사하는 사람이다. '교육의 질은 교사의 질을 능가하지 못한다.'는 말이 있는 것처럼 좋은 교육은 다른 어떤 조건보다도 좋은 교사에 의해서 가능하다고 할 것이다. 정범모는 교육성과의 최종 결정자는 교사라고 교사의 중요성을 강조했다. 즉, 교육의 목적·과정·방법·평가 그리고 지원구조에 관한 진술과 천명이 아무리 투철하고 적절하고 풍부하다 해도, 학생을 직접 가르치는 교사 자신의 전문적인 식견과 신념 그리고 열정이 있는 실천으로 이루어지지 않는다면 아무 소용이 없고, 그저 공허한 메아리일 뿐이라는 것이다(2009: 255).

이 장에서는 교사의 역할, 교사의 자질과 바람직한 교사상, 교직의 이해, 교직윤리 등에 살펴보고자 한다.

1 교사의 역할

교사의 역할은 그가 수행하는 기능, 그에게 부여된 권한, 그의 개인적 자질과 경험 등에 따라 다양하게 나타나며, 주위의 사람들로부터 기대되는 역할과 이를 교사가 어떻게 지각하느냐에 따라 상이하게 나타나기도 한다.

일반적으로 교사의 역할은 학생교육과련 역할과 학급경영관련 역할로 구분되기도 하고, 학생교육관련 역할도 교과교육활동, 교과 외 교육활동, 학급경영으로 구분된다.

1) 교과교육활동

가장 기본적이고 직접적인 교육활동으로 교사가 학생의 능력과 필요에 알맞은 지식과 기능을 전달하는 것을 말한다. 교사는 직접 가르치기도 하고 또 학습 환경을 조절하고 제공함으로써 간접적으로 수업기능을 수행하기도 한다. 이 활동은 학교교육이 시작된 이래로부터 지금까지 가장 분명하게 인식되어 온 교사의 역할이라 하겠다. 교과교육활동을 잘 수행하는 데 필요한 내용들을 구체적으로 살펴보면 다음과 같다.

(1) 교과목에 관한 전문 지식

교사는 자기가 가르치는 교과목에 관한 전문가적 지식을 소유하고 있어야 한다. 어떤 내용을 가장 잘 가르칠 수 있는 사람은 그 내용에 대하여 가장 잘 아는 사람이다.

(2) 교육방법에 관한 지식

교사는 가르치는 방법에 능통해야 한다. 효율적인 교수법 적용은 교사의 전문성을 구별하는 주요한 잣대이기도 하다. 교사들은 지식의 유일한 원천으로서 그 지식을 전달하는 존재만이 아니라 '수업관리자'로서 그 역할을 감당해야 한다. 수업관리자는 의도한 학습이 학습자에게 일어날 수 있도록 모든 환경을 계획적으로 조성해야 하며, 학습자의 경험을 계획하고 지도해야 한다. 즉, 교사는 수업을 계획하고 실천하고 평가하는 일련의 과정 전반을 운영해야 하며, 이 과정에서 다양한 수업매체들을 적절하게 활용할 수 있어야 한다. 교사들이 교수방법에 관한 전문가적 지식과 기법을 습득할 때 비로소 교직의 전문성을 인정받게 될 것이다.

(3) 인간행동의 발달과 학습에 관한 지식

교육은 인간행동의 형성이나 변화를 목표로 하고 있는 의도적이며 계획적인 활동이다. 그런데 교사가 인간을 대상으로 하고 있는 교육활동을 전개하면서 정작 그

인간에 대하여 모른다면 교육을 성공적으로 수행할 수는 없을 것이다. 따라서 교사는 담당하고 있는 학습자들의 신체적 · 인지적 · 성격적 · 사회적 측면의 행동 특성들과 이들의 발달과정에 대한 지식을 갖추고 있어야 한다. 또한 이러한 인간행동의 변화과정을 주도하는 다양한 학습의 원리와 방법들에 관한 지식과 기법도 습득하고 있어야 한다.

(4) 교육평가에 관한 지식

교사가 학교 상황에서 수행하는 역할 중 학습자에 관한 올바른 판단을 요구하는 일이 상당히 많다. 즉, 학습자의 학습 성과 달성여부를 판단하는 일, 행동을 평가하고 기록하는 일, 수상 대상을 결정하고, 처벌 대상에게 처벌규정을 적용하는 일 등에 있어서 교사는 판단자의 역할을 수행해야 한다. 이러한 판단과정에는 교사의 윤리적 측면과 평가에 관한 전문가적 지식이 요구된다. 학습자에 대한 올바른 판단을 위해서는 최대한 사적 준거를 배제하고 정당성이 있는 객관적 · 공적 준거를 사용하는 윤리적 자세가 요구되며, 아울러 이러한 판단이 과학적인 정확성을 가질 수 있도록 교육평가에 관한 전문적 지식을 습득해야 한다.

2) 생활지도와 상담활동

교과 외 교육활동으로는 생활지도, 진로지도, 상담 및 인성지도, 특별활동, 재량활동, 봉사활동, 수련활동 및 체험활동 등 다양하다. 교과 외 교육활동도 교과교육활동 못지않게 교사에게 요구되는 중요한 역할이다. 이 중 생활지도와 상담활동에 대해 살펴보고자 한다.

교사는 학생들과의 접촉을 통해 그들의 생활지도와 상담활동을 하게 되는데, 이를 위해 생활지도와 상담에 관한 기본 지식들을 소유하고 있어야 하며, 적극적으로 학생들의 학업·진로·성격 등의 문제에 대처할 수 있어야 한다.

상담기능을 잘 수행하는 교사가 가지고 있는 기본적 특징은 학생들에 대해 평소에 관심과 주의를 기울인다는 것이며, 교사 자신이 인격적으로 성숙해 있다는 점이다. 교사는 학생들이 필요할 때 찾아올 수 있을 만큼 학생들과의 신뢰관계를 쌓는데도 지속적인 노력을 해야 한다. 또한 학생들의 세계를 이해하고 적극 공감할 수 있어야 한다. 교사가 평소에 학생들의 이야기를 주의 깊게 듣고 학생들의 눈으로 세계를 바라보려고 노력하는 자세를 견지할 수 있다면 학생들 문제의 심각한 부분을 찾아내고 그 해결방안을 추출하는데도 기여할 수 있을 것이다.

3) 학급경영

교사들은 또한 유능한 학급경영자의 역할을 감당할 수 있어야 한다. 학급경영계획을 수립하고 학생조직을 구성과 학급회의를 효율적으로 지도해야 한다. 수업능률을 제고하면서 바람직한 인성함양에 기여할 수 있는 교실환경을 구성·관리해야 하며, 학부모들과의 연계를 강화하면서 학생지도의 효과성을 제고시키는 것도 중요하다.

2 교사의 자질과 바람직한 교사상

교사는 성장기에 놓여 있는 학생들의 삶과 인격에 직접적인 영향을 미치고 있는 사람이기에 그에 걸 맞는 소양과 자질을 요구하는 것은 당연하다.

1) 교사로서의 자질

교사의 자질이라고 하면 크게 가르치는 지식 및 기술면에서의 자질과 태도 및 가치관 등 인성적 측면에서의 자질로 구분할 수 있을 것 같다. 황정규는 교사의 자질을 외형적 준거와 내면적 준거로 구분하고, 외형적 준거로는 학력, 경력, 지능, 출신배경 등 한 개인에게 주어진 지위로서의 준거를 지칭하고, 내면적 준거에는 교육기술, 지도방법, 평가기술, 교육과정의 이해도, 교직관, 자아개념 등 어린이와 상호작용을 함으로써 그들의 행동 변화에 직접적인 영향을 줄 수 있는 변인을 지칭한다고 하였다.

정범모는 교사에게는 일반교양, 교과교양, 교직교양 등 교사에게 필요한 교양적인 자질과 함께, 모든 직업의 장인(匠人)의 자질과 장인정신이 필요하다고 했다. 그는 장인이란 생업에 대한 첫째 남다른 애착과 사명감, 둘째 남다른 식견과 기량, 셋째 남다른 표준과 윤리를 견지하고 있는 사람이며 교사들에게도 이러한 자질이 요구된다고 보았다. 아울러 학습은 물론 학생생활의 넓은 분야에서 지도자로서의 자질도 필요하다고 보았다. 즉, 학생에게 ① 학습의 목표, 나아가 그 위의 이념과 이상까지 제시할 줄 알아야 하고, ② 배워야 할 내용을 소개하고 소상하게 모두가 알아들을 수 있게 하는 설명력 설득력이 있어야 하고, ③ 그의 일상 언행이 학생들에게 믿음직하고 바람직한 모범이 되어야 하며 ④ 공부 잘하는 학생이건 못하는 학생이건 문제 학생이건 다 포용해서 선도하는 넓은 도량이 있어야 하고, ⑤ 학생의 개인차를 잘 파악하고 거기에 적절한 개인적 지도와 배려를 할 줄 알아야 한다는 것이다(2009: 265-270).

교사의 중요한 자질 중 빼놓을 수 없는 것은 학생들을 선입견, 편견 등에 의해 차별화하지 않고 공평하게 대해 주는 것이다. 교사들이 학생들에게 미치는 영향력은 여전히 심대하며 학생들에게 전달되는 의도적, 무의도적인 판단, 그리고 긍정적, 혹은 부정적 판단은 학생들의 삶에 커다란 영향을 미칠 수 있다. 교사들은 학생들의 학업성취 정도, 가정배경, 외모 등의 요인들에 의해 선입견과 편견을 가지지 않도록 항상 자기 점검을 할 수 있어야 한다. 교사들에게 차별과 편애가 얼마나 잘못된 것인가 새삼 일깨워 주고 본연의 역할을 반성하게 하는 짧은 글을 소개하고자 한다. 거창고등학교 교장을 지내신 전성은 선생의 글이다.

> 피부색의 차이, 장애의 유무 등 그 어떤 것도 우열이 아님을, 삶의 문제를 덜 가진 아이와 더 많이 가진 아이가 있을 뿐, 사랑받을 가치가 있는 아이와 없는 아이가 있는 것이 아니라는 사실을 알아야 한다. 다른 학교 아이들도 예뻐 보여야 한다. 교사의 편견은 어떤 이유로도 독약이다. 편애는 교사가 학생에게 저지르는 범죄 행위다(2011: 197).

교사가 갖추어야 할 자질들은 학자에 따라, 관점에 따라 다양하고 많겠으나, 중요한 자질을 간략히 기술한다면 다음과 같이 정리할 수 있다.

① 신체적으로 건강하고 건전한 정신력을 소유하여 학생들의 요구에 충분히 반응해 줄 수 있고, 실천력이 강한 사람
② 학생과 같은 사회적・정서적 요소를 갖추고 사명의식이 투철한 사람
③ 아동발달과 교육에 관한 충분한 이해와 지식이 많은 명석한 두뇌를 가진 사람
④ 자기 향상을 위하여 계속 연구 노력하는 통찰력과 주의력이 강한 사람, 특히 학생들을 공평하게 대할 수 있는 사람
⑤ 로맨틱하고 명랑한 성격의 소유자로 인간성이 풍부하고 사명감이 투철한 사람

2) 바람직한 교사상

어떤 교사상이 바람직한 교사상이냐의 문제는 시대 · 사회적 특성과 별개의 문제는 아닐 것이다. 그러나 교육본연의 임무라는 측면에서 시대와 사회 · 문화적 상이성을 넘어 그 유사성과 일관성도 찾아볼 수 있을 것 같다.

하트(Hart)는 미국에서 고등학생들로부터 훌륭한 교사와 싫어하는 교사에 대한 반응도를 조사하여 보고하였는데 그 내용을 살펴보면 다음과 같다(임승권, 1991).

먼저 훌륭한 교사에 대한 내용이다.

① 교과를 분명히 철저하게 설명하며, 실례를 잘 들어주는 교사

② 명랑하고 온후하고 유머감각이 있으며 농담을 할 줄 아는 교사

③ 학습집단의 일원으로서 인간적이고 친절하며, 동류(同類) 의식을 가진 교사

④ 학생에게 관심을 갖고 이해하려는 교사

⑤ 학습을 재미있게 이끌고, 학습의욕을 북돋아 주어 학습활동을 즐겁게 하도록 하는 교사

⑥ 엄정하고 존경심이 드는 교사

⑦ 공평하고 편애가 없으며, 신용이 있는 교사

⑧ 무뚝뚝하지 않고 괴팍하지 않으며 잔소리, 빈정거림, 비꼬는 일이 없는 교사

⑨ 확실히 남는 지식이 있는 교사

⑩ 사람을 좋아하고 인간적 친화성이 있는 교사

다음으로 학생들이 가장 싫어하는 교사상은 다음과 같다

① 시무룩하고 괴팍하며, 웃는 일이 없고 잔소리나 빈정거림 혹은 화를 잘 내는 교사

② 설명이 불투명하고 잘 알아들을 수 없게 지도하는 교사

③ 불공평하고 편애를 하며, 신용이 없는 교사

④ 건방지고 거만을 떨며 학생을 본체만체하는 교사
⑤ 학생에 대하여 아량이 적으며, 예절과 절도가 없는 교사
⑥ 시험이나 점수에서 공평하게 하지 않는 교사
⑦ 학생들의 면전에서 힐책을 하거나 겁을 주는 교사
⑧ 학생들에게 관심을 보이지 않으며 이해가 부족한 교사
⑨ 학생들에게 무리한 과제 혹은 숙제를 많이 내주는 교사
⑩ 학급을 잘 조정하지 못하는 교사

일반적인 관점에서 바람직한 교사의 자질은 다음과 같이 정리할 수 있겠다(한국교원교육학회, 2007).

① 교사는 건전한 사고와 가치관을 지니고 교직에 대한 긍정적인 태도를 지녀야 한다.
② 교사는 스스로 자기의 교직능력을 향상시키고, 나아가 학교의 교육발전에 솔선수범해야 한다.
③ 교사는 자신이 담당하는 교과지식에 정통해야 하고, 학습주제에 알맞은 효과적인 교수방법에 능통해야 한다.
④ 교사는 학생을 사랑하고 그들의 학습과정을 사랑으로 보살펴야 한다.
⑤ 교사는 건강한 신체를 유지해야 한다.

자질이란 교사가 될 수 있는 어떤 인간적인 바탕을 뜻하는 것이라면 분명히 개인적인 특성 변인과 무관할 수는 없을 것이다. 그러나 그 자질이란 선천적으로 구비되어 있는 것이라기보다는 관심과 노력 등 자기갱신을 통해 형성되고 발전시킬 수 있는 후천적인 노력의 산물로 보아야 한다. 그런 점에서 교사양성기관의 역할은 주요하며, 아울러 교직임용 후 지속적인 실천적 자기반성이 뒤따라야 할 것이다.

3 교직의 이해

1) 교직의 성격

여기서 논의하는 교사는 직업인으로서의 교사이다. 모든 직업이 그렇듯이 직업은 생계수단 이외에도 직업 자체가 중요한 삶의 부분으로 그 안에서 자아를 발견하고 실현할 수 있는 생업이어야 한다. 또 직업은 나름대로 사회적 책무성을 지니고 있다. 인간을 다루는 교사라는 직업에 있어서는 더할 나위가 없다.

일반적으로 교사란 유치원, 초등 및 중등학교 수준에서 가르치는 사람을 호칭하는 말이다. 교사의 법적 용어는 교원인데, 교원은 교사를 포함해 교육기관에서 학생을 직접 지도하는 사람 모두를 총칭하는 말이다.

교직을 바라보고 인식하는 관점을 교직관이라 할 수 있는데, 크게 세 가지 관점 즉, 성직관, 노동직관, 전문직관으로 구분해 볼 수 있다.

(1) 성직관

교직을 목사나 승려처럼 다른 세속적인 직업과 구분하여 소명의식이 필요한 성스러운 정신적 활동으로 보는 관점이다. 이 관점은 서양 중세사회에서 성직자가 교육을 맡았던 전통에서 유래되었으며 가장 오래된 관점이라고 할 수 있다. 교사는 물질적 보상이나 인사 문제에 대한 요구 등 세속적인 관심과는 거리를 두어야 하며, 소명의식, 헌신과 사랑, 봉사정신, 높은 도덕적 윤리적 행위규범을 갖추어야 한다는 입장에 서있다. 교사는 언제나 교육의 중심에 있어야 하며 지적으로나 도덕적으로 학생들의 모델로 역할을 해야 할 것을 요구받고 있다.

(2) 노동자관

이는 성직관과 극히 대조적인 입장을 취하는 것으로 교직도 일반직종의 하나로 다만 정신적 노동을 위주로 할 뿐이지 교육노동자요 근로자로 보아야 하며 계약에 의해 고용된 상태로 파악하는 것이다. 따라서 정단한 보수와 근무조건을 개선하기 위하여 노동 3권(단체결성권, 단체교섭권, 단체행동권)을 갖춘 노동조합을 결성하여 교사의 권리를 주장해야 한다는 것이다. 이러한 교직관은 세속적, 실리적, 행동적, 투쟁적이며 자기의 의무를 충실히 이행해야 한다는 전제를 가지고 있다.

(3) 전문직관

교직은 변호사나 의사와 같이 고도의 전문성을 토대로 자율성을 최대로 보장받아야 하는 전문직으로 보려는 관점이다. 교직을 이타적인 동기에서 출발한 봉사활동의 바탕에서 이루어지는 지성적·정신적 활동으로 보고 고도의 자율성과 윤리성을 강조한다.

교직을 전문직으로 보는 관점은 최근에 폭넓게 인정되고 있다. 우리나라의 한국교원단체총연합회나 미국의 전국교육협의회(National Education Association), 국제 교원단체인 세계교원단체총연합회(World Confederation of Organization of the Teaching Profession) 등이 이 관점을 취하고 있다. 교직을 전문직으로 보는 입장에서는 교사를 의사나 법관, 교수 등과 동일한 전문가로 이해하며, 따라서 전문가로서 요구되는 사회·경제적 지위를 보장해야 한다고 주장한다(임일남 외, 2003).

교직의 전문직과 관련하여 전문직의 기준으로 장기간의 교육과 훈련, 고도의 정신적 활동과 애타적 동기에서 출발한 봉사활동, 엄격한 자격기준, 고도의 자율성과 사회적 책임성, 윤리강령의 제정과 실천, 자율적 조직체의 구성 등이 제시된다.

그런데, 세 가지 관점은 전적으로 배타적인 관점이라고 보기는 어려우며, 현실적으로 교직의 세 가지 성격이 혼재하고 있다고 볼 수 있다. 특히 전문직 관점과 교육

노동직의 관점은 교직의 복합적인 실제적 성격을 파악하는 유용한 관점으로서 상호 보완적 관점이며, 동시에 교직의 문제를 분석해내는 일종의 두 가지 패러다임으로 해석해 볼 수 있다(한국교원교육학회, 2007).

2) 전문직으로서 교원의 지위

우리나라의 경우 교원에 관해서는 교육기본법 제14조에 잘 명시되어 있다. 그 조항들을 살펴보면 다음과 같다.

① 학교교육에서 교원(敎員)의 전문성은 존중되며, 교원의 경제적 · 사회적 지위는 우대되고 그 신분은 보장된다.

② 교원은 교육자로서 갖추어야 할 품성과 자질을 향상시키기 위하여 노력하여야 한다.

③ 교원은 교육자로서의 윤리의식을 확립하고, 이를 바탕으로 학생에게 학습윤리를 지도하고 지식을 습득하게 하며, 학생 개개인의 적성을 계발할 수 있도록 노력하여야 한다.

④ 교원은 특정한 정당이나 정파를 지지하거나 반대하기 위하여 학생을 지도하거나 선동하여서는 아니 된다.

⑤ 교원은 법률로 정하는 바에 따라 다른 공직에 취임할 수 없다.

⑥ 교원의 임용 · 복무 · 보수 및 연금 등에 관하여 필요한 사항은 따로 법률로 정한다.

이처럼 교육기본법에서는 교원의 전문성 존중과 지위 및 신분 보장, 품성과 자질 함양, 윤리의식, 정파적 행동 금지, 다른 공직 취임 불가 등에 대하여 밝히고 있다. 즉, 전문직으로서 교원의 지위 보장과 그에 상응하는 윤리, 책임에 대하여 구체화하고 있다. 그리고 교원의 임용 · 복무 · 보수 및 연금에 관한 사항, 즉 교원의 처우에 관한 구체적 사항은 시행 법률인 교육공무원법과 사립학교법, 교원지위 향상을 위한 특별법, 사립학교 교직원연금법, 교원의 노동조합 설립 및 운영에 관한 법률 등에서 다루도록 하고 있다. 이러한 시행 법률들 속에는 교원에 대한 보수의 우대, 지위 향상과 신분 보장에 대한 구체적인 사항들이 명기되어 있다.

전문직으로서의 교원에 관한 지위 향상과 관련하여 교육기본법 제15조에는 ① 교원은 상호 협동하여 교육의 진흥과 문화의 창달에 노력하며, 교원의 경제적 · 사회적 지위를 향상시키기 위하여 각 지방자치단체와 중앙에 교원단체를 조직할 수 있다. ② 제1항에 따른 교원단체의 조직에 필요한 사항은 대통령령으로 정한다고 하여 교원단체의 조직을 인정하고 있다.

이와 같이 우리나라의 법률규정만 살펴본다면 교직은 전문직으로 자리매김하고 있다고 할 수 있다. 그러나 우리의 현실을 살펴볼 때 교직을 전문직으로 보기에는 여전히 미흡한 수준이라고밖에 볼 수 없다. 예컨대 교직의 전문성이 의학이나 법률에 비해 고도의 체계화 된 지식과 기술 체계를 갖추지 못했다는 점, 고객의 성격이 다르고, 만남의 형식과 장소의 특성이 다르며, 보수 책정 방식 등에서 현격한 차이가 있다. 또한 교사가 전문직으로서 역할 이외에 비전문적 일에 매달리는 경우가 허다하고, 직업 집단의 대규모성, 여성구성원의 과다, 낮은 사회 계층적 지위, 낮은 수준의 자율성, 직무구조의 단순성, 관료적 통제 등 다른 전문직종과 다른 점을 들 수 있다. 이런 점에서 교직은 완전한 전문직으로 보기는 어렵고 현실적 측면에서 교사, 간호원, 특수한 사회적 노동자 등을 준전문직(semi-profession)으로 분류하기도 한다(한국교원교육학회, 2007).

사실 교육전문가로서 교사의 권리 역시 무한히 자유롭게 인정되는 것은 아니다. 교사의 가르칠 권리는 국가의 공교육제도에서 연유하는 교육과정에서부터 시작된다. 교사의 교육권은 국가로부터 위임받은 것이며, 동시에 국가와 계약을 맺은 학부모로부터 인정받은 권리이지만 국가가 정해 놓은 교육과정 내에서만 인정된다. 국가가 교사들에게 준 자율권은 교육방법에 관한 것이고, 교사들은 그 자율권을 가지고 더 많은 아이들이 올바르게 말하고, 셈하며, 성장하도록 만들어야 한다. 국가는 이것을 전제로 전문가로서의 자율권을 교사에게 부여하고, 학부모는 이러한 효과가 자신의 자녀에게 나타날 것이라는 기대 하에 아이들을 학교에 보내게 된다(천세영·남미정, 2004).

교직이 전문직으로 자리 잡기 위해서는 교육여건의 개선이 선행되며, 교원들의 전문성을 인정해 주고 신분을 보장해 주려는 실질적인 뒷받침이 동반되어야 하고 사회적 인정과 공감대가 이루어져야 한다. 그러나 무엇보다도 교원들 스스로 교직을 전문직으로 인식하고 그에 맞는 자질 함양과 윤리의식 고양을 위해 부단한 노력을 경주해야 할 것이다. 아울러, 교육전문직에 걸맞는 체계화된 지식과 기술 체계를 구축하도록 교원양성체제의 개선도 필요하다고 하겠다.

우리와 비교해 미국의 교사들의 삶은 전반적으로 열악한 편이다. 사회적 지위도 그다지 높지 않고, 업무도 많아 교직 임용 후 5년 이내에 거의 50% 이상이 교직을 떠나는 현상도 빚어지고 있다. 그렇다하더라도 교원의 전문성향상을 높이려는 노력은 우리나라보다 훨씬 더 실천적이고 적극적이다. 미국의 사범대학 교수가 쓴 《교사의 첫 해 나기》라는 책은 제자 초임교사들의 사례 연구를 통해, 초임교사시절을 현명하게 극복하는 법을 알려주고 조언하기 위해 쓰여졌다. 그중 마지막 조언은 우리나라 초임교사들의 전문성 향상을 위해서도 도움이 될 것 같아 그대로 옮겨보았다 (R. V. Bullough, Jr., 한진상 역, 2013: 112-114).

첫 해에 살아남기

일단 당신이 교사로 임용되면, 당신은 무조건 첫 해를 버텨야 한다. 살아야 한다. 살아남아야 한다. 당신의 생존에 도움을 줄 수 있는 몇 가지 조언이 여기에 있다.

1. 교직의 첫 해를 시작하기 전에, 가르칠 것을 확실하고 꼼꼼히 계획하라.
2. 멘토를 찾아라. 경험 많고 연장자인 교사가 좋다.
3. 학교정책과 규정, 특히 훈육과 관리에 관한 정책과 규정을 외워라. 당신이 어디에서 무엇을 할 수 있고 할 수 없는지를 알려준다.
4. 신중히 계획하고 체계적으로 행동해라. 그렇게 해도 첫 해는 힘들다.
5. 당신의 학생들에 대해 파악하되, 학생들과 친구가 되리라고 기대하지 마라. 학생들에 대해 알게 될수록 적당한 커리큘럼을 계획하고 실행하는 것이 쉬워진다. 교사 전략도 쉽게 찾을 수 있게 된다. 하지만 학생들이 당신을 만만하게 볼 수 있는 확률도 높아진다. 학생들에게 사랑이 아닌 존경을 기대하라.
6. 다른 교직원들과 교류해라. 교직원 행사에는 무조건 참여해라. 고립은 생존뿐 아니라 전문성 개발에도 큰 위협이다. 다른 교사들과 함께 점심 식사를 해라. 위원회의 일원이 되겠다고 지원해라. 협회에 가입해라. 교직원 파티에 가라.
7. 건강관리에 힘써라. 첫 해의 스트레스는 피할 수 없다. 수면부족, 불규칙한 식사, 운동부족 등으로 골병이 들 수 있다. 적절한 휴식을 취하고, 영양가 높은 음식을 먹고 정기적으로 운동하는 것이 특히 중요하다.
8. 행정 직원들과 친해져라. 그들은 초임교사의 삶을 쉽거나 어렵게 만들 수 있다.
9. 학생들에게 대한 당신의 권위를 책임감 있게 사용하라. 권위는 양날의 검이다.
10. 웃어라. 그리고 용서해라. 내일은 내일의 해가 뜬다!
11. 성공과 실패를 모두 기록해라. 그리고 그로부터 배워라.

4 교직윤리

윤리라는 말은 법과 같이 강제성은 없어도 개인이나 사회생활에서 꼭 지켜야 할 실천규범을 의미한다. 따라서 법률이 외적·공식적 통제체제라면 윤리는 내적·자율적 통제체제이다. 이러한 윤리는 강제성을 띤 벌의 대상은 아니라 하더라도 그로 인한 영향은 법률보다 더 강력한 힘을 가지고 있는 경우가 많다. 국민교육을 맡고 있는 교사에게는 법규적이고 공식적인 제반 규칙을 준수하는 일도 중요하지만 학생의 학습활동이나 생활지도와 함께 학교라는 조직생활에서 요구되는 직업윤리의 실천 또한 중요하다.

교사는 전문 직업인으로서 자기가 종사하는 직업에 주체적인 신념과 권위를 가져야 할 뿐만 아니라 교육의 대상인 아동·학생에 관한 올바른 이해와 교육철학에 입각한 확고한 아동관을 정립하여야 한다. 이러한 차원에서 교직윤리를 다음 몇 가지 내용으로 정리해 보기로 한다(이승원, 2010).

1) 교사 자신에 대한 윤리

교직이 전문직이라는 특성 때문에 그리고 교직의 핵심인 교육력을 강화하기 위해서 교사 자신에 대한 윤리가 강조되고 있다.

우리나라에서는 이미 1958년 9월 19일에 대한교육연합회에서 교원윤리강령을 제정한 바 있고, 1982년 5월 15일 스승의 날에는 사도헌장과 사도강령을 선포하여 모든 교원들이 이를 지키도록 하고 있다. 교사에 대한 윤리강령이 제정되고 그 실천을 위한 요구가 높다는 것은 다른 측면에서 본다면 일부 교사들의 문제이기도 하지만 윤리의식에 대한 회의가 적지 않다는 반증이기도 하겠다.

우리 사회에서 교권이 매우 높았던 때는 유학(儒學)이 중심이었던 전통교육의 시대로서 지금과는 비교도 할 수 없을 만큼 강했던 것을 볼 수 있다. 즉, '군사부일체(君師父一體)'니 '스승의 그림자는 밟지 않는다'는 말들이 이를 증명해 주고 있다. 그 당시 교권이 이렇게 확립된 이유는 스승의 경제적 지위나 교육방법의 우수성 때문이 아니라 스승의 윤리성이 높았기 때문이라고 하겠다. 스승은 지식의 전달자에서 머물지 않고, 학행일치(學行一致)를 통해 제자들에게 삶의 모범을 보여 주었으며, 제자들의 편에서 볼 때 스승은 도달하기 어려운 고매한 인격의 소유자로 늘 외경의 대상이었던 것이다.

오늘의 교육현장에서 교권이 과연 어느 수준에 와 있는가를 조용히 반성해 보고, 교권 신장을 위한 교사의 윤리실천 방안을 다각도로 검토해 보아야 하겠다. 교직은 그냥 한 번 해보자고 해서 할 수 있는 직업이 아니다. 교사는 자기가 가르치는 학생들로부터 존경받을 수 있는 스승이 되어야 한다. 그러려면 자기가 가르치는 분야의 전공 능력을 구비함은 물론 교직에 대한 자신의 바른 윤리관이 확립되어야 한다. 헤겔(Hegel)의 말처럼 세상에서 위대한 일치고 정열과 감격 없이 성취된 것은 없는 법이므로 스승의 도가 세상에서 가장 숭고한 것임을 깨닫고 소명의식을 가지고 긍정적 자세로 자기 직분에 임하여야 하겠다. 그리고 자기 자신을 늘 점검하고 새롭게 자아 갱신하는 부단한 노력, 자기성찰이 동반되어야 한다.

교사윤리와 관련해 우리를 다시 한 번 살피게 하는 글이 있어 소개하고자 한다(전성은, 201: 199).

어떤 일이 있어도 교사는 교사직으로 받는 월급을 가지고 살아가는 것에 만족해야 한다. 교사라는 직을 월급 이외의 수입을 올리는 수단으로 삼아서는 안 된다. 교육활동의 대가로 월급이외의 돈을 받으면 그 돈은 독약이다. 많든 적든 이유 없는 돈을 받는 순간 인간은 돈의 노예가 된다. 돈의 노예가 되면 양심이 힘을 잃는다. 양심은 내 속에서 나를 지켜보면서 내가 가야 하는 길과 가서는 안 되는 길을 가르쳐주는 내적 힘이며, 참 나다. 그 힘이 있기에 내가 남과 하나가 될 수 있는 것이다. 내가 남과 하나가 되는 것을 참사랑이라 한다. 양심이 힘을 잃으면 참사랑을 하지 못하게 된다. 참사랑을 하지 못하는 교사는 제대로 된 교사가 아니다. 교사직을 주업으로 여겨야지 부업으로 생각해서는 안 된다. 또한 교사직은 생계를 위한 수단으로 가져서는 안 된다. 다른 사회 활동이 교사직보다 우선하는 일은 없어야 한다.

2) 아동 · 학생에 대한 윤리

교사가 학생들의 가능성을 어느 정도로 기대하고 있느냐가 학생들의 학업성취도와 중요한 상관을 가진다는 사실이 로젠탈(Rosenthal)과 쟈콥슨(Jacobson) 등의 실험에서 밝혀졌고(1968), 그밖에도 문화실조 현상을 극복하기 위한 유사한 실험이 많았다. 학생의 바람직한 성장에서 차지하는 교사의 역할은 여전히 크고 중요하다. 학생들과 학부모들에 의해서 이루어지는 교권 침해와 관련한 우려와 자조석인 목소리들이 가끔씩 불거지고 있는 것도 사실이나 낙담하기에 너무 이르다.

필자는 2007년부터 1년 동안의 미국 교환 교수의 경험을 통해 미국의 교수들과 교사들에게서 아시아 국가들의 교육 풍토, 특히 한국의 교육 풍토에 대해서 부러워하는 말들을 많이 들었다. 스승을 존중할 줄 아는 풍토가 여전히 견지되고 있고, 교사들에 대한 사회적 지위가 비교적 높은 한국의 교육이야말로 그들에게는 선망의 대상이 되고 있음을 새삼 확인할 수 있었다.

교사들의 권위가 과거에 비해서 약화되었다고 단언하는 사람이 있을지 모르나 학생들에 대한 교사의 영향력은 여전히 심대하다. 그런 만큼 교사의 영향을 학생들의 학문적 · 인격적 성숙, 즉 전인적인 성장을 위하여 긍정적으로 활용하는 것이 중요하고 시급한 일이라 할 것이다. 교사들은 이러한 사실을 수용하고 좀 더 적극적으로 교육의 주체로서 역할을 담당해야 할 것이다. 교사들은 '미래의 자랑스러운 주인공을 내가 맡아서 씩씩하게 키워 보리라' 하는 의지와 용기를 가져야 한다. 그리고 이러한 과정을 통해 교사들 스스로도 성장하고 발전할 수 있을 것이다.

3) 직장인으로서의 윤리

학교와 같은 교육기관은 행정적 조직을 통한 인적 구성으로 인간의 힘을 하나로 집약해서 효율적으로 그 힘을 활용하기 위하여 만들어진 제도이다. 그러므로 개인은 그의 힘과 능력을 조직의 목표 달성을 위해 합당하게 선용해야 한다. 그리고 개개인의 차원이 아니라 팀워크를 이루어 공동의 목표 달성에 기여할 줄 알아야 한다. 직접적으로 학생의 교육을 맡고 있는 교사도 교육기관의 한 직장인으로서 동료 교사와의 인간관계, 소속기관의 상급자와 동료들과의 관계, 행정가와의 관계 등이 바르게 형성되어야 함은 당연하다. 집단의 일원으로서 자기 역할에 충실한 것이야말로 자신의 권익 증진을 위해서도 요청되는 일이다.

학교에 속해 있는 직장인으로서 교사는 부모나 아동・학생으로부터 존경받는 위치에서 교사의 권위를 확립해 나가고, 동료 교사들과 팀워크를 이루어 협동해야 할 뿐만 아니라 개인의 차원을 넘는 사회적 윤리의식을 지녀야 한다. 사실 교직만큼 개개인의 문제가 사회화되고 교직사회 전체의 일로 매도되는 직업도 드물다고 할 수 있다. 흔히 저질러지는 잘못도 다른 직종의 사람들이 범할 경우 직종 전체의 부정직성이나 문제로까지 부각되는 경우는 거의 찾을 수 없다. 하지만 교사나 교수 등이 연루되어 있을 경우에 전후 사정도 고려하지 않은 채 교직사회가 썩었다느니 하면서 지탄하는 일이 벌어진다. 어찌 보면 억울하고도 비합리적인 처사요, 힘없는 교직사회가 받는 설움으로 여길 수도 있을 것이다. 그러나 어떤 경우에도 2세들을 책임지고 있는 교직사회만은 도덕성을 견지해야 한다는 전체적인 바람의 표시로 이해할 수 있을 것 같다. 이러한 점들을 고려해 본다면 교사들 개개인의 윤리가 전체 교직사회를 대표한다는 책임의식을 절감하면서 사회로부터 부도덕한 교사라고 비난을 받지 않도록 자기 위치를 지켜가야 할 것이다.

교사는 사회적 지도자로서 품위를 유지하고 제자 교육에 헌신적으로 노력해야 하며, 항상 교직사회 전체를 대표한다는 공동의 책임의식을 견지하면서 높은 수준의 사회적 윤리의식을 공유해야 할 것이다.

다음은 교사 또는 교사 지망생을 위한 프랭크(Frank)의 '교사의 기도'이다(이현림 외, 2005). 한 번쯤 우리 자신을 되돌아볼 수 있는 귀한 내용이라고 여겨진다.

오! 학문과 학생의 주님이시여, 저희들은 이 엄숙한 가르치는 사업에 실패한 자들입니다. 저희들의 부족을 부끄럽게 생각합니다. 저희들의 잘못으로 저희들 자신이 벌을 받을 뿐만 아니라 저희들의 과오 때문에 잘못 인도된 사람들의 마음에 영원한 슬픔을 가지게 했습니다. 저희들은 다가올 내일을 위해 지침이 되어야 할 때 죽어버린 어제를 파는 데 만족해 왔습니다. 저희들은 새로운 사상을 위한 호기심 이상으로 낡은 습관에 머물러 왔습니다. 저희들의 대상인 학생보다도 저희들의 과목을 더 많이 생각했고 풍부한 삶의 예언자나 목자가 되어야 할 때 조그마한 정확성을 파는 행상인이 되었습니다. 저희들은 있어야 할 세계를 만드는 데 창의적인 협조자가 되도록 학생들을 도와야 할 때 오히려 학생들로 하여금 현실 세계의 영리한 경쟁자가 되도록 가르쳐 왔습니다. 저희들의 학교를, 발전하는 사회를 이끌어 갈 인재를 키우는 교육의 장이 되게 하지 못하고 기성 사회를 위한 훈련장으로 생각해 왔습니다. 저희들은 지혜보다도 지식을 더 귀중한 것으로 생각했습니다.

저희들의 학생들에게 그들의 마음을 자유롭게 하기 위해 노력해야 했을 때 오히려 그들 마음에 굴레를 씌우는 것을 저희들의 일로 생각했습니다. 그것은 학생들과 함께 협조하며 매일 아침 신선하게 배워야 할 움직이는 현재를 이해하기보다는 움직이지 않는 과거에 대해서 학생들에게 가르치는 것이 더욱 용이했기 때문입니다. 저희들은 이러한 나태의 죄에서 해방되길 원합니다. 저희들로 하여금 과거를 아는 것이 중요하다는 것은 현재를 살기 위함이라는 것을 알게 하옵시고, 옛 성전의 영광을 학생들의 머릿속에 넣어 주기보다는 현대식 대가람의 건축가를 만드는 데 흥미를 가지도록 도와주시옵소서.

학생의 기억이 보물 상자가 되는 동시에 또한 도구가 되지 않으면 안 된다는 것을 깨닫도록 하여 주시옵고, 저희들로 하여금 '하지 마라'는 말보다 '하라'는 말을 더 자주 하도록 도와주시옵소서. 훈계가 점점 필요 없다는 것을 저희들 스스로 알게 하옵소서. 엄격한 의미에서는 아무에게도 그 무엇을 가르칠 수 없다는 것을 저희들이 깨닫게 해 주시고, 다만 저희들이 할 수 있는 일이란 그들이 스스로 배우게 도와주는 것밖에 없음을 알게 하옵소서.

특수한 방면의 결실을 맺게 하는 저희들의 자료가 소중하나 모든 사실은 그들이 다른 나머지 지식과 관련될 때 비로소 가치가 있다는 것을 알게 하여 주시옵소서. 결국 교육이라는 것은 현대 세계를 살아가기 위한 탐험이라는 것을 알게 하여 주시고, 저희들로 하여금 마음의 교사인 동시에 영의 목자가 되게 하옵소서. 오! 교사의 주님이시여, 우리들이 하는 일의 거룩함을 깨닫게 하옵소서. 아멘!

연구 및 토의 과제

1 각자 생각하는 바람직한 교사상에 대하여 토의해 보자.

2 교직에 관한 성직관, 노동자관, 전문직관의 입장을 정리하고, 각자 자신의 견해를 밝혀 보자.

3 교사가 지녀야 할 윤리에 대해 자유롭게 토의해 보자.

부 록

교육기본법

부록 I 교육기본법

(법률 제11690호, 2013. 3. 23)

제1장 총칙 〈개정 2007.12.21.〉

제1조(목적) 이 법은 교육에 관한 국민의 권리 · 의무 및 국가 · 지방자치단체의 책임을 정하고 교육제도와 그 운영에 관한 기본적 사항을 규정함을 목적으로 한다.

[전문개정 2007.12.21.]

제2조(교육이념) 교육은 홍익인간(弘益人間)의 이념 아래 모든 국민으로 하여금 인격을 도야(陶冶)하고 자주적 생활능력과 민주시민으로서 필요한 자질을 갖추게 함으로써 인간다운 삶을 영위하게 하고 민주국가의 발전과 인류공영(人類共榮)의 이상을 실현하는 데에 이바지하게 함을 목적으로 한다.

[전문개정 2007.12.21.]

제3조(학습권) 모든 국민은 평생에 걸쳐 학습하고, 능력과 적성에 따라 교육 받을 권리를 가진다.

[전문개정 2007.12.21.]

제4조(교육의 기회균등) ① 모든 국민은 성별, 종교, 신념, 인종, 사회적 신분, 경제적 지위 또는 신체적 조건 등을 이유로 교육에서 차별을 받지 아니한다.

② 국가와 지방자치단체는 학습자가 평등하게 교육을 받을 수 있도록 지역 간의 교원 수급 등 교육 여건 격차를 최소화하는 시책을 마련하여 시행하여야 한다.

[전문개정 2007.12.21.]

제5조(교육의 자주성 등) ① 국가와 지방자치단체는 교육의 자주성과 전문성을 보장하여야 하며, 지역 실정에 맞는 교육을 실시하기 위한 시책을 수립 · 실시하여야 한다.

② 학교운영의 자율성은 존중되며, 교직원 · 학생 · 학부모 및 지역주민 등은 법령으로 정하는 바에 따라 학교운영에 참여할 수 있다.

[전문개정 2007.12.21.]

제6조(교육의 중립성) ① 교육은 교육 본래의 목적에 따라 그 기능을 다하도록 운영되어야 하

며, 정치적 · 파당적 또는 개인적 편견을 전파하기 위한 방편으로 이용되어서는 아니 된다.

② 국가와 지방자치단체가 설립한 학교에서는 특정한 종교를 위한 종교교육을 하여서는 아니 된다.

[전문개정 2007.12.21.]

제7조(교육재정) ① 국가와 지방자치단체는 교육재정을 안정적으로 확보하기 위하여 필요한 시책을 수립 · 실시하여야 한다.

② 교육재정을 안정적으로 확보하기 위하여 지방교육재정교부금 등에 관하여 필요한 사항은 따로 법률로 정한다.

[전문개정 2007.12.21.]

제8조(의무교육) ① 의무교육은 6년의 초등교육과 3년의 중등교육으로 한다.

② 모든 국민은 제1항에 따른 의무교육을 받을 권리를 가진다.

[전문개정 2007.12.21.]

제9조(학교교육) ① 유아교육 · 초등교육 · 중등교육 및 고등교육을 하기 위하여 학교를 둔다.

② 학교는 공공성을 가지며, 학생의 교육 외에 학술 및 문화적 전통의 유지 · 발전과 주민의 평생교육을 위하여 노력하여야 한다.

③ 학교교육은 학생의 창의력 계발 및 인성(人性) 함양을 포함한 전인적(全人的) 교육을 중시하여 이루어져야 한다.

④ 학교의 종류와 학교의 설립 · 경영 등 학교교육에 관한 기본적인 사항은 따로 법률로 정한다.

[전문개정 2007.12.21.]

제10조(사회교육) ① 국민의 평생교육을 위한 모든 형태의 사회교육은 장려되어야 한다.

② 사회교육의 이수(履修)는 법령으로 정하는 바에 따라 그에 상응하는 학교교육의 이수로 인정될 수 있다.

③ 사회교육시설의 종류와 설립 · 경영 등 사회교육에 관한 기본적인 사항은 따로 법률로 정한다.

[전문개정 2007.12.21.]

제11조(학교 등의 설립) ① 국가와 지방자치단체는 학교와 사회교육시설을 설립 · 경영한다.

② 법인이나 사인(私人)은 법률로 정하는 바에 따라 학교와 사회교육시설을 설립 · 경영할 수

있다.

[전문개정 2007.12.21.]

제2장 교육당사자 〈개정 2007.12.21.〉

제12조(학습자) ① 학생을 포함한 학습자의 기본적 인권은 학교교육 또는 사회교육의 과정에서 존중되고 보호된다.

② 교육내용 · 교육방법 · 교재 및 교육시설은 학습자의 인격을 존중하고 개성을 중시하여 학습자의 능력이 최대한으로 발휘될 수 있도록 마련되어야 한다.

③ 학생은 학습자로서의 윤리의식을 확립하고, 학교의 규칙을 준수하여야 하며, 교원의 교육 · 연구활동을 방해하거나 학내의 질서를 문란하게 하여서는 아니 된다.

[전문개정 2007.12.21.]

제13조(보호자) ① 부모 등 보호자는 보호하는 자녀 또는 아동이 바른 인성을 가지고 건강하게 성장하도록 교육할 권리와 책임을 가진다.

② 부모 등 보호자는 보호하는 자녀 또는 아동의 교육에 관하여 학교에 의견을 제시할 수 있으며, 학교는 그 의견을 존중하여야 한다.

[전문개정 2007.12.21.]

제14조(교원) ① 학교교육에서 교원(敎員)의 전문성은 존중되며, 교원의 경제적 · 사회적 지위는 우대되고 그 신분은 보장된다.

② 교원은 교육자로서 갖추어야 할 품성과 자질을 향상시키기 위하여 노력하여야 한다.

③ 교원은 교육자로서의 윤리의식을 확립하고, 이를 바탕으로 학생에게 학습윤리를 지도하고 지식을 습득하게 하며, 학생 개개인의 적성을 계발할 수 있도록 노력하여야 한다.

④ 교원은 특정한 정당이나 정파를 지지하거나 반대하기 위하여 학생을 지도하거나 선동하여서는 아니 된다.

⑤ 교원은 법률로 정하는 바에 따라 다른 공직에 취임할 수 있다.

⑥ 교원의 임용 · 복무 · 보수 및 연금 등에 관하여 필요한 사항은 따로 법률로 정한다.

[전문개정 2007.12.21.]

제15조(교원단체) ① 교원은 상호 협동하여 교육의 진흥과 문화의 창달에 노력하며, 교원의 경

제적 · 사회적 지위를 향상시키기 위하여 각 지방자치단체와 중앙에 교원단체를 조직할 수 있다.

② 제1항에 따른 교원단체의 조직에 필요한 사항은 대통령령으로 정한다.

[전문개정 2007.12.21.]

제16조(학교 등의 설립자 · 경영자) ① 학교와 사회교육시설의 설립자 · 경영자는 법령으로 정하는 바에 따라 교육을 위한 시설 · 설비 · 재정 및 교원 등을 확보하고 운용 · 관리한다.

② 학교의 장 및 사회교육시설의 설립자 · 경영자는 법령으로 정하는 바에 따라 학습자를 선정하여 교육하고 학습자의 학습성과 등 교육의 과정을 기록하여 관리한다.

③ 학교와 사회교육시설의 교육내용은 학습자에게 미리 공개되어야 한다.

제17조(국가 및 지방자치단체) 국가와 지방자치단체는 학교와 사회교육시설을 지도 · 감독한다.

[전문개정 2007.12.21.]

제3장 교육의 진흥 〈개정 2007.12.21.〉

제17조의2(남녀평등교육의 증진) ① 국가와 지방자치단체는 남녀평등정신을 보다 적극적으로 실현할 수 있는 시책을 수립 · 실시하여야 한다.

② 국가 및 지방자치단체와 제16조에 따른 학교 및 사회교육시설의 설립자 · 경영자는 교육을 할 때 합리적인 이유 없이 성별에 따라 참여나 혜택을 제한하거나 배제하는 등의 차별을 하여서는 아니 된다.

③ 제1항에 따른 시책에는 체육 · 과학기술 등 여성의 활동이 취약한 분야를 중점 육성할 수 있는 교육적 방안이 포함되어야 한다.

④ 학교교육에서 남녀평등을 증진하기 위한 학교교육과정의 기준과 내용 등 대통령령으로 정하는 사항에 관한 교육부장관의 자문에 응하기 위하여 남녀평등교육심의회를 둔다. 〈개정 2008.2.29., 2013.3.23.〉

⑤ 제4항에 따른 남녀평등교육심의회 위원의 자격 · 구성 · 운영 등에 필요한 사항은 대통령령으로 정한다.

[전문개정 2007.12.21.]

제17조의3(학습윤리의 확립) 국가와 지방자치단체는 모든 국민이 학업 · 연구 · 시험 등 교육의

모든 과정에 요구되는 윤리의식을 확립할 수 있도록 필요한 시책을 수립·실시하여야 한다.
[전문개정 2007.12.21.]

제17조의4(건전한 성의식 함양) ① 국가와 지방자치단체는 학생의 존엄한 성(性)을 보호하고 학생에게 성에 대한 선량한 정서를 함양시킬 수 있도록 필요한 시책을 수립·실시하여야 한다.

② 제1항에 따른 시책에는 학생 개인의 존엄과 인격이 존중될 수 있는 교육적 방안과 남녀의 성 특성을 고려한 교육·편의시설 마련 방안이 포함되어야 한다.
[전문개정 2007.12.21.]

제18조(특수교육) 국가와 지방자치단체는 신체적·정신적·지적 장애 등으로 특별한 교육적 배려가 필요한 자를 위한 학교를 설립·경영하여야 하며, 이들의 교육을 지원하기 위하여 필요한 시책을 수립·실시하여야 한다.
[전문개정 2007.12.21.]

제19조(영재교육) 국가와 지방자치단체는 학문·예술 또는 체육 등의 분야에서 재능이 특히 뛰어난 자의 교육에 필요한 시책을 수립·실시하여야 한다.
[전문개정 2007.12.21.]

제20조(유아교육) 국가와 지방자치단체는 유아교육을 진흥하기 위하여 필요한 시책을 수립·실시하여야 한다.
[전문개정 2007.12.21.]

제21조(직업교육) 국가와 지방자치단체는 모든 국민이 학교교육과 사회교육을 통하여 직업에 대한 소양과 능력을 계발하기 위한 교육을 받을 수 있도록 필요한 시책을 수립·실시하여야 한다.
[전문개정 2007.12.21.]

제22조(과학·기술교육) 국가와 지방자치단체는 과학·기술교육을 진흥하기 위하여 필요한 시책을 수립·실시하여야 한다.
[전문개정 2007.12.21.]

제22조의2(학교체육) 국가와 지방자치단체는 학생의 체력 증진과 체육활동 장려에 필요한 시책을 수립·실시하여야 한다.
[전문개정 2007.12.21.]

제23조(교육의 정보화) 국가와 지방자치단체는 정보화교육 및 정보통신매체를 이용한 교육을 지원하고 교육정보산업을 육성하는 등 교육의 정보화에 필요한 시책을 수립·실시하여야 한다.

[전문개정 2007.12.21.]

제23조의2(학교 및 교육행정기관 업무의 전자화) 국가와 지방자치단체는 학교 및 교육행정기관의 업무를 전자적으로 처리할 수 있도록 필요한 시책을 마련하여야 한다.

[전문개정 2007.12.21.]

제23조의3(학생정보의 보호원칙) ① 학교생활기록 등의 학생정보는 교육적 목적으로 수집·처리·이용 및 관리되어야 한다.

② 부모 등 보호자는 자녀 등 피보호자에 대한 제1항의 학생정보를 제공받을 권리를 가진다.

③ 제1항에 따른 학생정보는 법률로 정하는 경우 외에는 해당 학생(학생이 미성년자인 경우에는 학생 및 학생의 부모 등 보호자)의 동의 없이 제3자에게 제공되어서는 아니 된다.

[전문개정 2007.12.21.]

제24조(학술문화의 진흥) 국가와 지방자치단체는 학술문화를 연구·진흥하기 위하여 학술문화시설 설치 및 연구비 지원 등의 시책을 수립·실시하여야 한다.

[전문개정 2007.12.21.]

제25조(사립학교의 육성) 국가와 지방자치단체는 사립학교를 지원·육성하여야 하며, 사립학교의 다양하고 특성있는 설립목적이 존중되도록 하여야 한다.

[전문개정 2007.12.21.]

제26조(평가 및 인증제도) ① 국가는 국민의 학습성과 등이 공정하게 평가되어 사회적으로 통용될 수 있도록 학력평가와 능력인증에 관한 제도를 수립·실시할 수 있다.

② 제1항에 따른 평가 및 인증제도는 학교의 교육과정 등 교육제도와 상호 연계되어야 한다.

[전문개정 2007.12.21.]

제26조의2(교육 관련 정보의 공개) ① 국가와 지방자치단체는 국민의 알 권리와 학습권을 보장하기 위하여 그 보유·관리하는 교육 관련 정보를 공개하여야 한다.

② 제1항에 따른 교육 관련 정보의 공개에 관한 기본적인 사항은 따로 법률로 정한다.

[전문개정 2007.12.21.]

제27조(보건 및 복지의 증진) ① 국가와 지방자치단체는 학생과 교직원의 건강 및 복지를 증진

하기 위하여 필요한 시책을 수립 · 실시하여야 한다. 〈개정 2008.3.21.〉

② 국가 및 지방자치단체는 학생의 안전한 주거환경을 위하여 학생복지주택의 건설에 필요한 시책을 수립 · 실시하여야 한다. 〈신설 2008.3.21.〉

[전문개정 2007.12.21.]

제28조(장학제도 등) ① 국가와 지방자치단체는 경제적 이유로 교육받기 곤란한 자를 위한 장학제도(奬學制度)와 학비보조제도 등을 수립 · 실시하여야 한다.

② 국가는 다음 각 호의 자에게 학비나 그 밖에 필요한 경비의 전부 또는 일부를 보조할 수 있다.

1. 교원양성교육을 받는 자
2. 국가가 특히 필요로 하는 분야를 국내외에서 전공하거나 연구하는 자

③ 제1항 및 제2항에 따른 장학금 및 학비보조금 등의 지급 방법 및 절차, 지급받을 자의 자격 및 의무 등에 관하여 필요한 사항은 대통령령으로 정한다.

[전문개정 2007.12.21.]

제29조(국제교육) ① 국가는 국민이 국제사회의 일원으로서 갖추어야 할 소양과 능력을 기를 수 있도록 국제화교육에 노력하여야 한다.

② 국가는 외국에 거주하는 동포에게 필요한 학교교육 또는 사회교육을 실시하기 위하여 필요한 시책을 마련하여야 한다.

③ 국가는 학문연구를 진흥하기 위하여 국외유학에 관한 시책을 마련하여야 하며, 국외에서 이루어지는 우리나라에 대한 이해와 우리 문화의 정체성 확립을 위한 교육 · 연구활동을 지원하여야 한다.

④ 국가는 외국정부 및 국제기구 등과의 교육협력에 필요한 시책을 마련하여야 한다.

[전문개정 2007.12.21.]

부칙 〈법률 제5437호, 1997.12.13.〉

제1조 (시행일) 이 법은 1998년 3월 1일부터 시행한다.

제2조 (다른 법률의 폐지) 교육법은 이를 폐지한다.

제3조 (다른 법률의 개정) ①교원지위향상을위한특별법중 다음과 같이 개정한다.

제4조 (다른 법령과의 관계) 이 법 시행당시 다른 법령에서 종전의 교육법 또는 그 규정 을 인용한 경우에는 이 법중 그에 해당하는 규정이 있는 때에는 종전의 교육법 또는 그 규정에 갈음하여 이 법 또는 이 법의 해당조항을 인용한 것으로 본다.

부칙 〈법률 제6214호, 2000.1.28.〉

이 법은 공포후 6월이 경과한 날부터 시행한다.

부칙 〈법률 제6400호, 2001.1.29.〉 (정부조직법)

제1조 (시행일) 이 법은 공포한 날부터 시행한다. 〈단서 생략〉
제2조 생략
제3조 (다른 법률의 개정) ① 내지 ⑦생략
⑧교육기본법중 다음과 같이 개정한다.
제17조의2제3항중 "교육부장관"을 "교육인적자원부장관"으로 한다.
⑨ 내지 〈79〉생략
제4조 생략

부칙 〈법률 제6738호, 2002.12.5.〉

이 법은 공포한 날부터 시행한다.

부칙 〈법률 제7071호, 2004.1.20.〉

이 법은 공포한 날부터 시행한다.

부칙 〈법률 제7253호, 2004.12.30.〉 (지방교육양여금법폐지법률)

제1조 (시행일) 이 법은 2005년 1월 1일부터 시행한다.

제2조 (다른 법률의 개정) ①교육기본법중 다음과 같이 개정한다.

제7조제2항중 "지방교육재정교부금 및 지방교육양여금"을 "지방교육재정교부금"으로 한다.

②생략

부칙 〈법률 제7399호, 2005.3.24.〉

이 법은 공포한 날부터 시행한다.

제8조제1항제5호를 다음과 같이 한다.

5. 교육기본법 제15조제1항의 규정에 의하여 중앙에 조직된 교원단체에서 추천하는 자

제11조제1항중 "교육법 제80조의 규정에 의한 교육회"를 "교육기본법 제15조제1항의 규정에 의한 교원단체"로 한다.

제13조제1항중 "교육회"를 "교원단체"로 한다.

② 도농복합형태의시설치에따른행정특례등에관한법률중 다음과 같이 개정한다.

제9조중"교육법 제8조의2의 규정에 의하여"를 "교육기본법 제8조제1항의 규정에 의하여"로 한다.

제4조 (다른 법령과의 관계) 이 법 시행당시 다른 법령에서 종전의 교육법 또는 그 규정 을 인용한 경우에는 이 법중 그에 해당하는 규정이 있는 때에는 종전의 교육법 또는 그 규정에 갈음하여 이 법 또는 이 법의 해당조항을 인용한 것으로 본다.

부칙 〈법률 제7685호, 2005.11.8.〉

이 법은 공포한 날부터 시행한다.

부칙 〈법률 제8415호, 2007.5.11.〉

이 법은 공포 후 3개월이 경과한 날부터 시행한다.

부칙 〈법률 제8543호, 2007.7.27.〉

이 법은 공포한 날부터 시행한다.

부칙 〈법률 제8705호, 2007.12.21.〉

이 법은 공포한 날부터 시행한다.

부칙 〈법률 제8852호, 2008.2.29.〉 (정부조직법)

제1조 (시행일) 이 법은 공포한 날부터 시행한다. …〈생략〉… 부칙 제6조에 따라 개정되는 법률 중 이 법의 시행 전에 공포되었으나 시행일이 도래하지 아니한 법률을 개정한 부분은 각각 해당 법률의 시행일부터 시행한다.

제2조부터 제5조까지 생략

제6조 (다른 법률의 개정) ①부터 〈70〉까지 생략

〈71〉 교육기본법 일부를 다음과 같이 개정한다.

제17조의2제4항 중 "교육인적자원부장관"을 "교육과학기술부장관"으로 한다.

〈72〉부터 〈760〉까지 생략

제7조 생략

부칙 〈법률 제8915호, 2008.3.21.〉

이 법은 공포 후 3개월이 경과한 날부터 시행한다.

부칙 〈법률 제11690호, 2013.3.23.〉 (정부조직법)

제1조(시행일) ① 이 법은 공포한 날부터 시행한다.

② 생략

제2조부터 제5조까지 생략

제6조(다른 법률의 개정) ①부터 〈26〉까지 생략

〈27〉 교육기본법 일부를 다음과 같이 개정한다.

제17조의2제4항 중 "교육과학기술부장관"을 "교육부장관"으로 한다.

〈28〉부터 〈710〉까지 생략

제7조 생략

참고문헌

고미숙 (2006). 교육철학. 서울: 문음사.

구광현 외 (2005). 학교상담의 이론과 실제. 서울: 학지사.

김경철 외 (1997). 교육학의 이해. 서울: 양서원.

김동규 (1984). Freud: Libido의 발생과정과 성격형성론. 서울: 교육과학사.

김대현, 김석우 (1996). 교육과정 및 교육평가. 서울: 학지사.

김미환 외 (2006). 현장 교육학. 서울: 동문사.

김병년, 최홍일 (2013). 과보호적 부모양육태도가 스마트폰 중독에 미치는 영향에 대한 자기통제력의 매개효과-대학생을 중심으로-, 사회과학연구, 제29집 제1호, 1-25.

김병성 (1994). 교육과 사회. 서울: 학지사.

김병희 (1995). 교육의 선험적 기반. 서울대 대학원 박사학위논문.

김수동 (1999). 교육이란 잊혀진 후에 마음에 남는 것이다. 서울: 양서원.

김언주 (1989). 신교육심리학. 서울: 문음사.

김용주 외 (2006). 학교 및 학급경영의 이해. 서울: 양서원.

김재복 외 (1995). 새로 쓴 교육학의 이해. 서울: 삼경사.

김정규, 김영수 (1986). 교육방법 및 교육공학. 서울: 형성출판사.

김정규 (1993). 교육과정 및 교육평가. 서울: 형성출판사.

김정환 (1976). 교육의 본질과 과제. 서울: 박영사.

김정환 (1982). 교육의 철학과 과제. 서울: 박영사.

김정환 (1989). 교육철학. 서울: 박영사.

김정환 (1997). 전인 교육 어떻게 할 것인가. 서울: 내일을 여는 책.

김정환 (2007). 한국교육이야기 백가지. 서울: 박영사.

김정환, 강선보 (1998). 교육철학. 서울: 박영사.

김종서 외 (1993). 최신 교육학개론. 서울: 교육과학사.

김종철 (1982). 교육행정의 이론과 실제. 서울: 교육과학사.
김진규 (2002). 프로그램 평가방법. 서울: 학지사.
김충기 외 (2002). 교육학개론. 서울: 동문사.
김태련, 장휘숙 (1987). 발달심리학. 서울: 박영사.
나일주, 정인성 (1996). 교육공학의 이해. 서울: 학지사.
노승윤 (1996). 실기교육방법론. 서울: 양서원.
문선모 (2004). 교육심리학. 서울: 양서원.
박용헌 외 (1981). 학교와 지역사회. 서울: 교육출판사.
박의수 외 (2008). 교육의 역사와 철학. 서울: 동문사.
변창진 외 (1996). 교육평가. 서울: 학지사.
서봉연, 이순형 (1983). 발달심리학: 아동발달. 서울: 중앙적성출판부.
성균관대 대동문화연구원 (1984). 맹자.
손영환, 권미량 (2008). 교육학개론. 서울: 창지사.
송병순 (1981). 교육사회학. 서울: 문음사.
송인섭 외 (2000). 교육심리학. 서울: 양서원.
신연식 (1984). 유아교육개론. 대구: 형설출판사.
신차균, 안경식, 유재봉 (2006). 교육철학 및 교육사의 이해. 서울: 학지사.
안기성 (1992). 교육학개론. 서울: 학지사.
윤정일 외 (1995). 교육행정학원론. 서울: 학지사.
윤정일 외 (2003). 신 교육의 이해. 서울: 학지사.
이돈희 (1985). 교육철학개론. 서울: 교육과학사.
이무근 (1991). 실기교육방법론. 서울: 배영사.
이병환 외 (2023). 최신 교육행정 및 교육경영. 서울: 태영출판사.
이성진 (1996). 교육심리학 서설. 서울: 교육과학사.

이승원, 강혜원 (1997). 교육학개론. 대구: 일일사.
이승원 (2002). 한국교육사상의 전개와 발전. 서울: 보고사.
이종각 (1996). 교육사회학총론. 서울: 동문사.
이 중 (1976). 교육과 사회. 서울: 배영사.
이현림 외 (2005). 새교육학개론. 서울: 원미사.
이형행 (1997). 교육학개론. 서울: 양서원.
이홍우 (1973). 브루너 교육의 과정. 서울: 배영사.
이홍우 (1992). 교육의 개념. 서울: 문음사.
임규혁 (1997). 교육심리학. 서울: 학지사.
임일남 외 (2003). 교육학개론. 서울: 동문사.
임창재 (1995). 교육사철학. 서울: 양서원.
전성연 (2006). 교수-학습의 이론적 탐색. 서울: 원미사.
전성은 (2011). 왜 학교는 불행한가. 서울: (주)메디치미디어.
정진영, 하정희 (2013). 일상적 스트레스와 정서표현이 초등학교 고학년 학생들의 스마트폰 중독에 미치는 영향, 가족과 상담, 제3권 제1호, 61-77.
정래찬 (2013). 교육행정 및 교육경영의 이해. 서울: 태영출판사.
정명화 (2009). 교육학의 이해. 고양:공동체.
정범모 (1978). 교육과 교육학. 서울: 배영사.
정범모 (2010). 교육의 향방. 서울: 교육과학사.
정일환 외 (2002). 교육학 기초. 서울:동문사.
정찬기오, 백영균, 한승록 (1995). 교육방법 및 교육공학. 서울: 양서원.
주영흠, 이승원, 심승환 (2010). 교육철학 및 교육사-사유와 실천-. 서울: 신정.
차석기 (1988). 교육사 교육철학. 서울: 집문당.
천세영, 남미정 (2004). 교사와 윤리. 서울: 원미사.

최정웅, 양경숙 (2004). 교육사회학. 서울: 양서원.

한기언 (1984). 교육학개설. 서울: 박영사.

한기언 (1985). 교육철학 및 교육사. 서울: 양서원.

허영부 (1998). 현대 교육학개론. 서울: 학문사.

허정무 외 (2007). 교육의 이해. 서울: 학지사.

홍순정 (1999). 지능과 창의성. 서울: 양서원.

황정규 (1984). 학교학습과 교육평가. 서울: 교육과학사.

AECT. (1977). The Definition of Educational Technology. Washington D.C.

Ausubel, D. P. (1968). *Educational Psychology: A Cognitive View*. New York: Holt Rinehart & Winston.

Ausubel, D. P., & Robinson, F. G. (1969). *School Learning*. New York: Holt Rinehart & Winston.

Bandura, A. (1969). Social-learning theory of identificatory process, pp.109-141 in David A. Goslin (ed.). *Handbook of Socialization Theory & Research*, Chicago: Rand McNally.

Barnard, C. I. (1938). *The Functions of Executive*. Cambridge, Mass: Harvard University Press.

Bertalanffy, L. V. (1950). An Outline of General Systems Theory, *British Journal of Philosophical Science*, 1.

Bertalanffy, L. V. (1960). *General System Theory: Foundations, Davelopment, Application*. N.Y.: George Braziller, Inc.

Bloom, B. S. (1956). *Taxonmoy of Educational Objectives, Handbook I. Cognitive Domain*, New York: David Mcky.

Bollnow, O. F. (1977)., *Existenzphilosophie und Pădagogik*, Stuttgart: Kohlhammar.

Brophy, J. E., & Good, T. L. (1970). Teacher's communication of differential expectations for children's classroom performance: some behavioral data. *Journal of Educational Psychology*, 61.

Bruner, J. S. (1960). *The Process of Education.* Massachusetts: Harvard University Press.

Bruner, J. S. (1966). *Toward a Theory of Instruction*, Massachusetts: Harvard University Press.

Bullough, R. V. (2013). 교사의 첫 해 나기. 한진상 역. 고양: 공동체.

Campbell, R. F., Corbally, J. E., & Nystrand, R. O. (1968). *Introduction to educational dministration,.* N.Y.: Teachers College Press.

Corey, M. S. (1971). The nature of instruction. in M. D. Merrill (ed.). *Instructional Design: Reading*, Englewood Cliffs, N.J.: Prentidec−Hall.

Dewey, J. (1915). *School and Society.* Rev. ed., Chicago: University of Chicago Press.

Edwards, P. (ed) (1978). *The Encyclopedia of Philosophy*, New York: Macmillan.

Erikson, E. H. (1968). *Identity: Youth and crisis.* New York: Noton.

Fiedler, F. E. (1967). *Theory of Leadership Effectiveness.* N.Y.: McGraw−Hill.

Finn, J. D. (1964). *The Revolution in the School, Technology and the Instructional Process*, Edited by Ronald Gross Judith Murphy. New York: Harcourt, Brace World.

Getzels, J. W., & Guba, E. G. (1957). Social behavior and the admin− istrative process. *School Review*, 65.

Getzels, J. W., & Jackson, P. W. (1962). *Creativity and Intelligence.* New York: Wiley.

Glaser, R., & Nitko, A. J. (1971). Measurement in learning and instruction, in R.L. Thorndike (ed.), *Educational Measurement*, 2nd ed., Washington, D.C.: American Council Education.

Guilford, J. P. (1967). *The Nature of Human Intelligence.* New York: McGraw−Hill.

Jensen, A. R. (1969). How much can we boost IQ and Scholastic achivement? *Harvard Educational Review*, 34.

Kneller, G. F. (1971). *Introduction to the Philosophy of Education*, New York: John Wiley & Sons.

Lewin, K. (1935). *A Dynamic Theory of Personalty*. New York: McGraw-Hill Book Co.

Lieberman, M. (1956). *Education of a Profession*. Englewood Cliffs: Prentice Hall.

Lowry, R. P., & Rankin, R. P. (1972). Sociology. U.S.A: Scribners.

Massialas, B. G., & Cox, C. B. (1966). *Inquiry in Social Studies*. New York: McGraw-Hill Book Co.

Monroe, P. (1921). *A Brief Course in the History of Education*. London: Macmillan Co. Ltd.

Peters, R. S. (1978). *Ethics and Education*, London: George Allen and Urwin Ltd.

Piaget, J. (1952). *The Origens of Intelligence in Children*. New York: International University Press.

Piaget, J. (1950). *The Psychology of Intelligence*. London: Routhedge.

Rich, J. M. (1985). **인간주의교육학**. 김정환 역. 서울: 박영사.

Rogers. C. R. (1942). *Counseling and Psychotherapy*. Boston: Houghton Mifflin Co.

Rosenthal, R., & Jacobson L. (1968). *Pygmalion in the Classroom*, New York: Holt, Rinegart &Winston.

Sears, J. B. (1950). *The Nature of the Administrative Process*. N.Y.: McGraw-Hill.

Simon, H. A. (1957). *The Administrative Behavior*. N.Y.: The Free Press.

Skinner, B. F. (1938). *The Behavior of Organisms: An Experimental Analysis*. New York: Appleton-Century-Crotfs.

Skinner, B. F. (1968). *Contingencies of Reinforcement: A Theoretical Analysis*. New York: Appleton-Century-Crotfs.

Spaulding, F. E. (1913). *Inproving Shcool Systems through Scientific Management*. Washington. D.C.: National Education Asso- ciation.

Spaulding, S. (1965). Lifelong Education: A Modest Model for Planning and Research, *Comparative Education, 10*.

Taylor, F. W. (1947). *Scientific Management.* New York: Harper & Brothers.

Thorndike, E. L. (1898). Animal intelligence: an experimental study of the associative processes in animals. *Pshchoiogical Monographs, 8.*

Thorndike, E. L. (1913). *Psychology of Learning:* Educational Psychology (Vol.2). N.Y.: Teachers College Press.

Traxler, A. E., & Humphreys, T. A. (1954). *Guidance Service.* Chicago: Science Research Associates.

White, J. (1982). *The Aims of Education Restated.* London: Routledge Keganpaul.

찾아보기

〈인명〉

〈내용〉

저자 소개

이승원

서울대학교 대학원 교육철학 및 교육사 전공(교육학 석사)
고려대학교 대학원 교육철학 및 교육사 전공(교육학 박사)
서라벌대학 유아교육과 교수(1995~1998)
현 백석대학교 사회복지학부 교수

송선희

고려대학교 대학원 교육학 전공(문학 석사)
고려대학교 대학원 교육심리 전공(교육학 박사)
고려대학교 교육문제연구소 연구조교수(2000~2001)
현 호서대학교 교양교직학부 부교수

새로 쓴 교육학의 이해

2015년 3월 5일 1판 1쇄 인쇄
2015년 3월 10일 1판 1쇄 발행

지 은 이 이승원 송선희
펴 낸 이 최용구
펴 낸 곳 도서출판 신정

주 소 (140-846) 서울시 용산구 원효로 89길 19 (원효로1가)
전 화 3211-4782 · 0266(영업부), 3211-4783(편집부), 3211-4784(팩스)
이 메 일 shinjeong72@naver.com
홈페이지 www.sjbook.co.kr
등 록 2001년 5월 11일 제13-702호

기획마케팅 최용구 장만동 송대용
책임편집 석기은 황가연 심다혜
본문편집 예나루
표 지 SDY

ISBN 978-89-5912-355-1 93370

정가 17,000원